中国式现代化背景下
民营经济发展研究

中国民营经济研究会　编著

中华工商联合出版社

图书在版编目（CIP）数据

中国式现代化背景下民营经济发展研究 / 中国民营经济研究会编著 .
北京 : 中华工商联合出版社, 2025. 5. -- ISBN 978-7
-5158-4237-0

Ⅰ. ① F121.23

中国国家版本馆 CIP 数据核字第 2025VN3581 号

中国式现代化背景下民营经济发展研究

作　　者: 中国民营经济研究会
出 品 人: 刘　刚
策划编辑: 于建廷
责任编辑: 臧赞杰　效慧辉　王　欢
装帧设计: 周　源
责任审读: 傅德华
责任印制: 陈德松
出版发行: 中华工商联合出版社有限责任公司
印　　刷: 北京虎彩文化传播有限公司
版　　次: 2025 年 10 月第 1 版
印　　次: 2025 年 10 月第 1 次印刷
开　　本: 787mm × 1092mm　1/16
字　　数: 240 千字
印　　张: 19.75
书　　号: ISBN 978-7-5158-4237-0
定　　价: 88.00 元

服务热线: 010-58301130-0（前台）
销售热线: 010-58301132（发行部）
010-58302977（网络部）
010-58302837（馆配部）
010-58302813（团购部）
地址邮编: 北京市西城区西环广场 A 座
19-20 层，100044
http://www.chgslcbs.cn
投稿热线: 010-58302907（总编室）
投稿邮箱: 1621239583@qq.com

《中国式现代化背景下民营经济发展研究》编写组名单

组　　长：沈丽霞

执行组长：罗贞礼

成　　员：张淑敏　顾爱华　高梦琴　刘宇琪　胡晓婧　宋雪静

前　言

中国式现代化是强国建设、民族复兴的一项前无古人的开创性事业；而民营经济是社会主义市场经济的重要组成部分，是推进中国式现代化的生力军，是高质量发展的重要基础，是推动我国全面建成社会主义现代化强国、实现中华民族伟大复兴的重要力量。毫无疑问，民营经济，作为我国经济体系中最具活力与创新力的重要组成部分，在实现中国式现代化进程中必将发挥重要作用；持续、健康、高质量发展的民营经济，也必将成为助推中国经济高质量发展的重要力量。

本书以国家社科基金项目（23STA016）“中国式现代化背景下民营经济发展研究”成果为基础，坚持以习近平新时代中国特色社会主义思想为指导，采取理论研究、文献研究、案例分析、实地调研等多种方法，分“中国式现代化内涵的具体认识和实践探讨”“我国民营经济的理论综述和实践事实”“基于所有制理论创新来重新认识民营经济”“中国式现代化背景下民营经济的作用定位”“中国式现代化的民企实践：动能模型与特色案例”“民营经济高质量发展：中国式现代化的历史使命”等共6大章21小节，对中国式现代化的认识体系进行探讨，对民营经济相关争论的理论谬误进行辨析；通过多视角重新认识民营经济，系统化构建中国式现代化民企实践动能模型，多路径梳理民企实践重要特色案例，并聚焦民营经济高质量发展的优势营造、推进路径、对策建议等进行深入探讨，力求做到理论与实践相结合、学术价值和应用价值相统一，为在中国式现代化背景下推动民营经济发展提供理论支持和实践指导。

希望本书能够为促进民营经济发展做出一定的贡献，同时也希望它能够成为广大研究者和爱好者的良师益友。因成书时间较为仓促，难免有不当之处，敬希诸位方家及读者指正。

目录

第一章　中国式现代化内涵的具体认识和实践探讨

第一节　中国式现代化基本内涵的认识 / 003
第二节　中国式现代化基本特征的把握 / 012
第三节　中国式现代化生动实践的遵循 / 020
第四节　中国式现代化实践经验的借鉴 / 027

第二章　我国民营经济的理论综述和实践事实

第一节　改革开放以来民营经济的理论探索 / 041
第二节　民营经济相关争论的理论谬误辨析 / 051
第三节　我国民营经济发展的实践事实 / 060

第三章　基于所有制理论创新来重新认识民营经济

第一节　我国所有制理论的发展分析 / 072

第二节　我国所有制理论的创新与发展 / 082
第三节　所有制实践的创新与未来方向 / 087
第四节　多视角重新认识“民营经济” / 091

第四章　中国式现代化背景下民营经济的作用定位

第一节　民营企业在现代化经济体系中的作用与贡献 / 120
第二节　民营经济融入中国式现代化的特征、逻辑和路径 / 129
第三节　民营经济在中国式现代化中的重要作用定位 / 147

第五章　中国式现代化的民企实践：动能模型与特色案例

第一节　中国式现代化的民企实践：“1+5”动能模型构建 / 161
第二节　中国式现代化的民企实践：驱动影响分析 / 166
第三节　中国式现代化的民企实践：典型案例探讨 / 178

第六章　民营经济高质量发展：中国式现代化的历史使命

第一节　民营经济高质量发展机遇与挑战 / 213
第二节　民营经济高质量发展的优势营造 / 219
第三节　民营经济高质量发展的推进路径 / 230
第四节　民营经济高质量发展的对策建议 / 243
附件一　我国的改革开放与民营经济发展新态势 / 260
附件二　近年来我国出台的支持民营经济发展的部分重要文件相关内容 / 262
附件三　民企立法应覆盖企业维权和合规建设 / 279

结　语 / 285

参考文献 / 288

后　记 / 306

第一章
中国式现代化内涵的具体认识和实践探讨

第一节 中国式现代化基本内涵的认识

现代化是一个已渗透到社会政治、文化、思想等多领域、多层次与多阶段的社会历史进程，是世界历史发展的潮流，具有深刻的内涵和显著的特征。从历史发展脉络来看，现代化是世界范围内的、以工业化为发端的、以人类文明最新成果革新社会经济、政治、文化、思想状况的历史进程，是世界历史发展和人类文明进步的必然趋势。[1] 现代化虽然是人类社会发展规律的内在要求，但受每个国家的国情、历史以及社会制度差异的影响，最终决定了现代化不会是一种统一或标准的模式。自1840年以来，中国人开始不断探索中国现代化的实现之路。中国共产党成立后，为实现中国的现代化目标进行了艰辛探索，形成了中国自己的现代化道路。

与西方靠野蛮掠夺和推行霸权主义所实现的现代化不同，中国式现代化是立足本国国情、回应本土需要的现代化，是在马克思主义的指引下，从闭关锁国到改革开放逐步嬗变的现代化，从过去的依靠外部到依靠内生动力模式转变了的现代化，从以物为本到以人为本立场跨越的现代化。[2] 习近平总书记强调："中国式现代化是我们党领导全国各族人民在长期探索和实践中历经千辛万苦、付出巨大代价取得的重大成果。"[3] 这一科学论断深刻体现了中国式现代化与中国共产党成立以来的百年变迁无论是在时间上还是在空间上的叠合性特征。

一、基于概念深化的历史演进

从中国共产党对现代化道路的百年探索考量，中国式现代化的概念深化是动态且不断完善的渐变过程，其历史演进表征为“工业化—四个现代化—中国式的现代化—中国式现代化”的逐级嬗变，属于自觉内生的逻辑，是现代化从“单一”领域对象发展到“多元”领域对象的历史必然。[4][5]

（一）“工业化”：探索中国现代化道路上的第一个内涵表征

工业化是指一国或地区的国民经济中，工业在其中的比重不断提升并取代农业成为经济主体的过程，简单说就是农业社会向工业社会的转变过程。由于工业化既是现代化的基础和前提，也是现代化的主干和核心，所以国内外在很长时间内都将工业化等同于现代化。[4]我国的“工业化”探索，包括了新民主主义工业化道路（1921—1952年）和过渡时期工业化道路（1953—1956年）两个阶段，其对现代化问题的认识很大程度上是以工业化作为内涵基点的，也即强调通过工业化来实现中国的现代化。

新民主主义时期工业化道路。1921年中国共产党的诞生是一件开天辟地的大事，党的一大党纲提出的消灭资本私有制和阶级、建立劳动阶级的民主国家等，就彰显了中国共产党对现代化理解的本质不同，中国现代化由此走向了一个新的历史拐点。在以往社会各阶层探索的基础上，中国共产党自诞生之日起就将完成国家工业化和实现民族复兴作为使命目标。为此，在新民主主义革命和新中国成立之初，党的第一代中央领导集体就对这一问题进行了持续探索，创造性地提出新民主主义工业化道路，初步明确了新民主主义工业化道路的建设路径和体制依托，并完整擘画了“四步走”的新民主主义工业化建设蓝图，即首先恢复农业及一切可能恢复的工业，在此基础上发展农业和轻工业以及少数必要的重工业，然后发展重工业，最后进一步发展农业和轻工业。[4]

过渡时期工业化道路。鉴于落后的重工业严重制约着工业化进程，同时近代以来屡遭欺凌的历史教训，特别是新中国成立之初的朝鲜战争再次证明拥有强大国防的必要性和紧迫性，加之在我国缺乏工业化经验，而苏联模式备受瞩目且对华友好的情况下，走苏联工业化道路遂成为首当其冲的选择。[6]为此，党中央放弃了此前的新民主主义工业化道路，启动实施了新中国第一条现代化道路——过渡时期的工业化道路，并衍生出“一化三改”的过渡时期总路线，其中“一化”就是逐步实现国家的社会主义工业化，这是主体；“三改”即逐步实现国家对农业、手工业、资本主义工商业的社会主义改造。过渡时期总路线提出后，全党和全国人民聚焦社会主义工业化，一齐步入了新中国大规模计划经济建设高潮当中。

（二）“四个现代化”：标定了当时中国式现代化建设的基本内涵

中国共产党对“四个现代化”道路（1957—1978年）的探索，经历了一个概念内涵不断拓展与深化的发展过程，在1945年党的七大上，毛泽东在强调“我国由农业国变成工业国”的同时就提出了中国的工业化和农业近代化这一“两化”目标；在1954年的一届全国人大上，周恩来提出要建立现代化的工业、现代化的农业、现代化的交通运输业、现代化的国防，这成为“四个现代化”的最初提法；1957年，毛泽东提出要将我国建设成具有现代工业、现代农业、现代科学文化的社会主义国家，1958年，党的八大二次会议将这“三化”目标确立为社会主义建设总路线的基本点；随后毛泽东在读苏联《政治经济学教科书》时就对这一目标进行了补充并指出：“建设社会主义，原来要求是工业现代化，农业现代化，科学文化现代化，现在要加上国防现代化”，“四个现代化”目标由此形成。在此基础上，周恩来代表党中央于1964年的第三届全国人民代表大会第一次会议上正式提出“现代农业、现代工业、现代国防和现代科学技术”的奋斗目标和“两步走”

的战略规划。这标志着“四个现代化”道路的构成、内涵、路径等已定型成熟，从此成为党和全国各族人民的共同奋斗目标，成为凝聚和团结全国各族人民不懈奋斗的强大精神力量。

（三）“中国式的现代化”：开辟了适合本国国情的现代化道路

1978年后，党中央通过学习借鉴世界先行现代化国家的成功经验，在党的十一届三中全会后，邓小平根据当时的中国实际国情，提出了要建设“中国式的现代化”的论断。“中国式的现代化”道路（1979—2012年），包含了多个“中国式”的特定内容。首先，根据实际发展水平和自身能力大小，为纠正以往在现代化建设上急于求成的问题，主动降低现代化标准，改叫“中国式的现代化”；其次，重新科学确定了现代化目标，即“我们要实现的四个现代化，是中国式的四个现代化”，也就是说“中国到那时也还是一个小康状态”，体现了以居民生活水平所达到的状态来形象地表达现代化诸多层次中的最低标准；再次，突出“中国式”的政治特色，即“中国式的现代化，必须从中国特点出发”，也就是“实现四个现代化必须坚持四项基本原则”。[7] 由此开辟了能覆盖到社会生活方方面面的“中国式的现代化”道路，并助推“小康社会”这一特定现代化建设目标的最终实现。

（四）“中国式现代化”：开启了中国式现代化发展的新纪元

2012年党的十八大以来，以习近平同志为核心的党中央对我国所处的历史方位、时代特点、主要矛盾、使命任务等进行了深入分析，做出“进入新发展阶段、贯彻新发展理念、构建新发展格局”的重大判断和战略部署。在此基础上，2021年在庆祝建党百年的讲话中习近平总书记正式提出我国已“创造了中国式现代化新道路”。在新时代，中国现代化的基本内涵完成了由改革开放初期提出的“中国式的现代化”向新时代凝练而成的“中国式现代化”的转变，不仅实现了在中国特色社会主义建设覆盖面上向更加多向高维的方向发展，明晰了“中国式现代化”的科学内涵，更是锚定了“建设社会主义现代化强国”的时空坐标，正在走出一条能为世界提供“中国方案”的发展中国家的现代化之路。习近平总书记在党的二十大报告中是这样阐释“中国式现代化”的基本内涵的：“中国式现代化是人口规模巨大的现代化，是全体人民共同富裕的现代化，是物质文明和精神文明相协调的现代化，是人与自然和谐共生的现代化，是走和平发展道路的现代化。”[8]

二、基于价值导向的理念把握

在几千年的历史发展中，中华民族创造了悠久灿烂的中华文明。但是近代以后，因受西方列强入侵与封建腐败统治的影响，中国逐渐沦为半殖民地半封建社会，中华民族遭受了前所未有的苦难。1921年，在中华民族内忧外患、社会危机空前深重的背景下，中国共产党诞生了。探讨共产党人对中国式现代化价值导向的理念把握，从“前”与“后”承接之大历史观出发，即从“站起来”到“富起来”，再到“强起来”的社会主义建设进程中，价值导向贯穿着中国现代化的始末，并影响着中国式现代化的诸多方面。其价值导向表征为：从“建设一个新中国”的初心，到“建立和完善社会主义制度”和“建设小康社会”的目标追求，再到当下“建设社会主义现代化强国”的中华民族伟大复兴之梦。[4]毫无疑问，中国式现代化是伴随着时代与实践的进步，而不断地被赋予其新价值导向并能实现历史性飞跃；其背后，则是在中国共产党的领导下，中国人民创造幸福生活与实现中华民族伟大复兴中国梦的生动实践。

（一）“建设一个新中国”

新民主主义革命时期的现代化价值导向是完成推翻三座大山的革命历史任务，争取民族独立与人民解放，建设一个崭新的中国。期间，中国现代化的基本内涵与相应的价值导向是相辅相成、高度耦合的，即建设一个由广大人民群众当家作主的新中国这一价值导向是坚定不移的。正是在这种价值导向的指引下，中国共产党人才可能以大无畏的勇气进行自我革命，才可能经过长期的浴血奋斗，领导全国各族人民彻底推翻三座大山，建立起了崭新的中华人民共和国。由此，中华民族实现了从几千年封建专制政治向人民民主政治的伟大蜕变，为实现中华民族伟大复兴、在新的制度框架下探索现代化新路奠定了基本的前提条件。[5]

（二）“建立和完善社会主义制度”

中华人民共和国的成立，彻底结束了旧中国半殖民地半封建社会的历史，并彻底废除了列强强加给中国的不平等条约和帝国主义在中国的所有特权，实现了中国从几千年的封建专制政治向人民民主的伟大飞跃，这是中国历史上一个重要的里程碑。从此，中国人站立起来，中国人民成为国家、社会和自己命运的主人；党的领导集体也更加认识到中国的现代化应当要更换新赛道，需要在新的制度框架中进行探索深耕，并明确了中国的现代化道路探索方向必然是社会主义，其价值导向就是为了建立并完善社会主义制度，让中国现代化继往开来，不断为社会主义服务，为广大人民群众服务。[5]

（三）“建设小康社会”

以党的十一届三中全会为界，中国现代化的外延进一步扩大，开始由一维的经济范式扩展到政治、文化和社会等多维度领域，其价值导向被确定为“建设小康社会”，并越来越贴近彼时群众的实际需要。党的十三大详细规划了“小康社会”的具体推进步骤，并将其作为中国现代化“三步走”发展战略的有机组成部分；党的十六大则在已有实践成果的基础上将“建设小康社会”的价值意蕴进一步提升为“全面建设小康社会”的奋斗目标，大幅度地增强了社会主义社会的发展活力，从而确保我国先后顺利实现了温饱、总体小康和全面小康的阶段性目标，[4]同时也为“中国式的现代化”向“中国式现代化”的伟大飞跃，准备了鲜活的体制保证和深厚的物质基础。[5]

（四）“建设社会主义现代化强国”

新时代的中国式现代化锚定了“建设社会主义现代化强国”的清晰坐标，在这种价值目标导向的引领下，中国式现代化克服了一系列前所未有的重大危机和艰难挫折，尤其值得提及的是，我们在中华大地上消除了绝对贫困，在实现中华民族伟大复兴中国梦的道路上迈出了坚实的一步。聚焦于纾解“第二个百年”该向何处去的难题，党的十九大在综合研判国内外发展形势的基础上，提出了中国式现代化“两步走”的战略规划，[9]赋予其以“建设社会主义现代化强国”为价值导向的鲜明时代特色，规划了中国现代化未来的发展方向，并汇聚成以中国共产党为核心力量的现代化运动之浩浩荡荡的现实合力，以中国式现代化推进中华民族伟大复兴。

三、基于理论创新的科学认知

现代化是一个世界性现象，不同国别或地区的现代化路径、模式与进程，皆具有鲜明特色和显著差异；中国式现代化是世界现代化的一部分，既体现世界现代化的共同特征，也彰显自己的独特性，正如中国式现代化研究课题组等所指出的，中国式现代化既有国家社会经济发展状况和发达水平达到世界先进和前沿、世界各国现代化共同的量的规定，又有符合人口规模巨大国情、实现全体人民共同富裕、物质文明与精神文明相协调、人与自然和谐共生、走和平发展道路等中国自身特色的质的特性。[10]应该说，中国式现代化是对世界现代化理论和实践的重大创新，打破了“现代化=西方化”的迷思，展现了现代化的另一幅图景。

现代化理论研究起步于20世纪50年代。世界现代化理论研究大致经历了经典现代化理论、后现代化理论、新现代化理论等不同发展阶段，而中国式现代化理论是马克思主义基本原理同中国具体实际相结合、同中华优秀传统文化相结合的重大理论创新，不仅超越了资本主义现代化模式，也发展了马克思主义经典著作构想的现代化，其研究主要聚焦于理论渊源、内在逻辑与时代价值等不同视角，并形成了在马克思主义中国化时代化最新成果指导下中国式现代化的伟大实践，从而构建起厚实的中国式现代化理论基础[11]。在学习贯彻党的二十大精神研讨班开班式上，习近平总书记指出“概括提出并深入阐述中国式现代化理论，是党的二十大的一个重大理论创新，是科学社会主义的最新重大成果。”自此，“中国式现代化”概念正式确立，中国式现代化新道路逐渐成熟定型，关于中国式现代化理论的研究也进入一个新阶段。[12]

（一）中国式现代化的理论渊源

任何思想理论的形成都离不开一定的时代条件和社会背景，同样也离不开一定的思想渊源，中国式现代化也是如此。习近平总书记指出：“坚持以马克思主义为指导，是当代中国哲学社会科学区别于其他哲学社会科学的根本标志，必须旗帜鲜明加以坚持。”[13]中国式现代化道路是中国共产党领导的社会主义现代化建设事业不断取得进步的道路，是党领导广大人民奋力实现中华民族伟大复兴的道路。中国式现代化相关理论体系的形成不是无源之水，无本之木，而是有其深厚的学理支撑，并根植于马克思主义政治经济学理论和习近平新时代中国特色社会主义思想，来源于新中国特别是改革开放以来对社会主义基本经济制度的长期理论探索和发展实践。[12]

（二）中国式现代化的理论逻辑

中国式现代化理论汲取了马克思主义的科学世界观和方法论，继承了中华优秀传统文化蕴含的丰厚精神内涵，继承了共同富裕、人与自然和谐共生、和平发展的价值思想，构筑起代表中国特质、中国方式、中国主体性的独特道路，体现了区别于西方的独特价值选择。[14]中国式现代化理论体系的精髓在于它既基于自身国情又借鉴世界各国经验，既传承历史文化又融合现代文明，既深刻改变中国又广泛影响世界，展现出不同于西方现代化模式的新图景，创造了一种全新的文明形态，深刻体现了中国共产党强烈的理论自信、历史自信和文化自信。[15]坚持以人民为中心的发展思想，是贯穿中国式现代化理论的内在逻辑。

（三）中国式现代化的理论创新

习近平总书记在学习贯彻党的二十大精神研讨班开班式上的重要讲话中提出了一个重要论断："中国式现代化蕴含的独特世界观、价值观、历史观、文明观、民主观、生态观等及其伟大实践，是对世界现代化理论和实践的重大创新。"中国式现代化理论突破了西方现代化理论的固有局限，拓展了发展中国家走向现代化的路径选择，为人类对更好的社会制度的探索提供了中国方案，为全面建成社会主义现代化强国提供了理论指南，为广大发展中国家独立自主走向现代化提供了新的选择，为人类文明发展进步提供了有历史意义的镜鉴。中国式现代化所形成的理论体系，具有原创性与主体性，是基于中国国情、中国现实的重大理论创新，是一场关于现代化问题的深刻变革，体现了我国现代化发展方向，是对全球现代化理论的重大创新。[16]

第二节　中国式现代化基本特征的把握

从大历史的全球比较视野来看，现代化是人类文明不断进步的历程。现代化最早发轫于近代的欧洲社会，后逐渐拓展形成全世界范围内的普遍潮流，进而成为世界各国共同追求的发展目标。在西方资本主义现代化影响下，中国和许多发展中国家起初被动卷入现代化进程。中国共产党成立后，中国人民经过艰辛探索，顽强走出了一条中国式现代化道路，创造了人类文明新形态，推动中国式现代化实现了多重超越。[17]党的二十大报告明确概括了中国式现代化5个方面的基本特征，即人口规模巨大的现代化是中国式现代化的“显著特征”、全体人民共同富裕的现代化是中国式现代化的“本质特征”、物质文明和精神文明相协调的现代化是中国式现代化的“崇高追求”、人与自然和谐共生的现代化是中国式现代化的“鲜明特点”、走和平发展道路的现代化是中国式现代化的“突出特征”。[18]

一、显著特征：中国式现代化是人口规模巨大的现代化

（一）人口规模巨大是中国的特殊国情

我国拥有14亿多人口，占世界总人口的1/5，庞大的人口规模是我国的特殊国情，也是中国现代化进程的主要特点。全国14亿多人全面进入现代社会，实际上相当于3个欧盟或4个美国的现代化，其规模远远大于目前发达国家的总人数，其

难度与复杂程度也是空前的。[19]迄今为止，世界实现了工业化的国家不超过30个，人口总数不超过10亿。由于人口基数大，在中国再小的问题只要乘以14亿多，就会变成世界性的难题，而再多的财富总量只要除以14亿多，人均量就会立即变小；[18]中国式现代化不同于几十万人、几百万人、几千万人的现代化，而是十四亿多人口的现代化，其发展途径和推进方式必然具有基于自己国情的鲜明特色。毫无疑义，人口规模巨大的中国式现代化，最终将是人类历史上规模最大的现代化，也是难度最大的现代化。

（二）人口规模巨大必须走自己的路

中国悠久的历史、灿烂的文化、独特的价值观念和人文精神，决定了中国推进现代化，没有现成的模式可学，没有先例可循。西方现代化经历的是一个工业化、城镇化、农业现代化、信息化发展的“串联式”过程，中国式现代化将是一个工业化、信息化、城镇化、农业现代化叠加发展的“并联式”过程。[18]中国式现代化的发展途径和推进方式必然具有自己的特点、具有中国特色。人口规模巨大的现代化“显著特征”要求我们，在推进中国式现代化进程中，必须从中国的国情出发想问题、作决策、办事情，既不好高骛远，也不因循守旧，保持历史耐心，坚持稳中求进、循序渐进、持续推进，并走出一条属于自己的道路。

二、本质特征：中国式现代化是全体人民共同富裕的现代化

习近平总书记在党的二十大报告中提出：“中国式现代化是全体人民共同富裕的现代化”“共同富裕是中国特色社会主义的本质要求”，[20]实现全体人民共同富裕是中国式现代化的重要特征和社会主义的本质要求，是中国式现代化不同于西方现代化的根本标志，是激发广大人民群众建设社会主义的内生动力，是团结全体人民、整合社会力量的方向标和凝聚剂，彰显了马克思主义中国化、时代化的

真理力量和实践魅力，体现了我们党的奋斗目标、价值追求和广大人民的共同期盼。从历史必然、价值导向、实现路径维度，对中国式现代化语境中的全体人民共同富裕加深理解，就能更加明确为什么要推进中国式现代化建设。[21]

（一）准确把握全体人民共同富裕目标的历史必然性

中国式现代化是全体人民共同富裕的现代化，其历史必然性包括：一是由社会主义的本质要求决定的，中国特色社会主义是一种人类文明新形态，是无产阶级和劳动人民翻身得解放的社会形态，更是社会生产力充分解放和发展的文明阶段，也是人的全面发展的社会形态；二是由中国共产党的初心使命决定的，中国共产党是为了广大人民的解放和幸福生活而奋斗的马克思主义政党，其初心使命就是为中国人民谋幸福、为中华民族谋复兴；三是由中国共产党百年奋斗的历史经验决定的，中国共产党百年奋斗的历史经验告诉我们，中国式现代化就是实现全体人民共同富裕、确保每一个人的生活都得到改善和提高的现代化，是由全体人民的共同心愿决定的，只有全心全意为了人民的利益不断地努力工作，我们党的事业才能取得成功。[21]

（二）深刻认识全体人民共同富裕目标导向的价值意蕴

中国式现代化是全体人民共同富裕的现代化，其目标导向的价值意蕴：第一，全体人民共同富裕是中国共产党人的使命所在和中国人民的生活期盼，中国人民在先后实现了站起来、富起来伟大飞跃的基础上，进入全面推进中华民族伟大复兴的强起来的新时代，全体人民共同富裕就成为中国式现代化的本质要求和重要特征；第二，中国式现代化不同于西方式现代化的内在本质和文明进程，在“资本—国家—群众”三者构成的社会力量结构中，国家必然是坚持劳动群众当家作主的社会治理结构，必然是贯彻全心全意为人民谋幸福的使命责任和实践逻辑，从而确立全体人民共同富裕的目标导向，成为中国式现代化不同于西方现代化的根本标志和本质区别；第三，实现全体人民共同富裕，既是执政党的初心使命，也是凝聚人民的意志、团结人民的力量、统一人民的行动的价值目标，更是广大人民群众对美好生活需要的现实呼唤和真实表达，最终彰显了马克思主义中国化、时代化的真理力量和实践魅力。[21]

（三）正确选择全体人民共同富裕目标实现的良好路径

实现全体人民共同富裕的价值目标不是一蹴而就的，而需要遵循人类社会发展规律和中国特色社会主义发展规律，需要中国人民长期的努力奋斗。一是要分阶段长期推进全体人民共同富裕，在不同阶段采取不同的推进策略，既要发挥战略目标的引领作用，又要防止机械固化与急躁冒进思想，在统筹兼顾、系统谋划中通过十几年的艰苦奋斗，力争使全体人民共同富裕不断取得实质性进展；二是要通过科技创新推进全体人民共同富裕，通过加快培育新质生产力，以颠覆性创新加快形成新产能、新业态、新就业岗位，推动产业转型，以高质量发展提升人民的生活水平，形成促进共同富裕社会建设的良好发展态势；三是要通过共同奋斗推进全体人民共同富裕，促进社会团结和社会整合，营造现代化建设的良好氛围，不断铸牢中华民族共同体意识，并真正凝聚起具有共同富裕本质特征的社会主义现代化强国建设合力。[22]

三、崇高追求：中国式现代化是物质文明和精神文明相协调的现代化

（一）“两个文明”相协调：中国式现代化的崇高追求

习近平总书记明确强调：“既要物质富足，也要精神富有，是中国式现代化的崇高追求。”[23]有鉴于此，正确认识和准确把握这一“崇高追求”，将对在实践中卓有成效地推进中国式现代化至关重要。物质文明和精神文明相协调的现代化，

必须坚持协调发展理念。协调发展的理念就是要推动物质文明和精神文明共同发展，促进国家“硬实力”和“软实力”同步提升，确保“两个文明”成果为全体人民所共享，通过物质生活和精神生活的富裕和共享，促进人的全面发展。物质文明和精神文明相协调的现代化“崇高追求”，是一条彻底打破“现代化=西方化”迷思的、不同于西方现代化的新道路，需要我们在推进中国式现代化进程中，必须不断厚植现代化的物质基础，不断夯实人民幸福生活的物质条件，同时大力发展社会主义先进文化，加强理想信念教育，传承中华文明，促进物的全面丰富和人的全面发展。[19]

（二）“两个文明”相协调：中国式现代化的内在逻辑

“中国式现代化是物质文明和精神文明相协调的现代化”这一重要论断，极为鲜明地标识出“两个文明”相协调是中国式现代化之“中国特色”所在。而“两个文明”相协调的中国式现代化所遵循的理论逻辑、历史逻辑和实践逻辑，又是其具有基于自己国情的中国特色的重要理据。其中，从理论逻辑视角看，“两个文明”相协调是中国式现代化遵循历史唯物主义原理的必然结果；从历史逻辑视角看，中国共产党对“两个文明”相协调的历史探索具有接续性特征；从实践逻辑视角看，中国式现代化的历史性实践以“两个文明”相协调为价值导向。不难看出，中国特色社会主义道路既是对物质文明与精神文明相协调的坚持，亦是对物质文明和精神文明相协调的拓展。[24]因此，物质文明和精神文明相协调既是社会主义的基本要求与人类社会发展的必然趋势，也是对中华文明的传承弘扬和对实践的探索及经验的总结，更是中国式现代化不同于西方现代化的重要区别。[18]

四、鲜明特点：中国式现代化是促进人与自然和谐共生的现代化

人与自然的关系是历史形成的，由来已久；人与自然和谐共生，关切重大。

以习近平同志为主要代表的当代中国共产党人战略性、创造性、前瞻性地提出了人与自然和谐共生的中国式现代化重大命题，表明党和国家、中华民族和全社会对生态文明建设的认识达到了新的高度，对于全面推进中国式现代化建设具有重要的战略意义和现实的指导作用。[25]

（一）人与自然和谐共生的现代化是“两个结合”的创新成果

“两个结合”既承认马克思主义基本原理的科学性和强大生命力，又立足中华优秀传统文化，把马克思主义思想精髓同中华优秀传统文化精华贯通起来，不断赋予人与自然和谐共生鲜明的中国特色，深刻揭示了人与自然和谐共生的现代化是“两个结合”的产物，不仅继承发展了马克思主义自然观、马克思主义中国化的生态观，而且创造性转化、创新性发展了“天人合一”“道法自然”“仁民爱物”等中华优秀传统生态思想，并彻底超越了西方生态观，是以习近平同志为主要代表的中国共产党人对人与自然关系的科学总结和理性判断。[25]

（二）人与自然和谐共生是中国式现代化的鲜明特征和本质要求

自然是人类文明发展最基本的条件；现代化的成败取决于是否实现人与自然和谐发展。一方面，人与自然和谐共生是中国式现代化的鲜明特质，始终坚持人与自然和谐共生，已成为生态文明融入中国式现代化建设的战略指向，又为中国式现代化的方方面面提供了内驱动力和重要保障；另一方面，人与自然和谐共生是中国式现代化的实践载体，所蕴含的战略交汇点、支撑点和关节点等多维性功能，对于当代实践与长远发展都具有重要的引领和保障作用。因此，建设人与自然和谐共生的现代化是中国共产党治国理政的重大抉择，也是中国特色社会主义建设的重大创新。[25]

（三）人与自然和谐共生的现代化蕴含多重要义

人与自然和谐共生的中国式现代化，顺应绿色低碳的世界发展潮流，代表着人类文明新形态发展方向，开启了人类文明高水平发展新征程，并为人类现代化贡献了新方案、新智慧和文明发展新形态，是习近平生态文明思想的重要内容，蕴含了中国式现代化的多重要义。第一，“尊重自然、顺应自然、保护自然”是人与自然和谐共生的基本要求；第二，“绿水青山就是金山银山”是人与自然和谐共生的绿色思想和科学道路；第三，“统筹外部约束和内生动力”是人与自然和谐共生的必然要求和重要举措；第四，“坚持系统观念”是人与自然和谐共生的科学思想和根本方法。[25]

五、突出特征：中国式现代化是走和平发展道路的现代化

中国式现代化是走和平发展道路的现代化，这是中国共产党领导全国人民进行长期探索做出的正确选择，是顺应时代发展潮流和历史发展大势的必然结果。

（一）走和平发展道路是中华文明的固有基因

走和平发展道路，根植于中华民族崇尚和平的文化基因，是中华优秀传统文化的传承和发展之路，是马克思主义思想精髓同中国具体实际相结合、同中华优秀传统文化精华相贯通的产物。中国人民自古以来就热爱和平，中华民族是一个爱好和平的民族。中国历史上很早就提出“大道之行，天下为公”的理念，并倡导“亲仁善邻”“协和万邦”的道德，深知“国虽大，好战必亡”的道理，[18]强调以和为贵是中华民族处理人与人关系、国与国关系的重要准则，亲仁善邻是中国与周边国家睦邻友好、维持和平的重要途径，协和万邦、天下大同是中华民族走和平发展道路的崇高理想。[26]

（二）走和平发展道路是中国人民正确的战略抉择

在人类文明史上，大国崛起往往伴随血腥和冷战，免于战争、缔造和平、共

谋发展，是一代代人的共同愿望。当前，世界进入新的动荡变革期，和平与发展面临严峻挑战。中国坚持走和平发展道路，是中国人民从对历史、现实、未来的客观判断中得出的结论和作出的战略抉择。中国坚定不移走和平发展道路，来源于中华文明的深厚渊源，来源于中国共产党对自身使命的自觉担当，来源于对实现中国发展目标条件的认知，来源于对世界发展大势的把握，是造福中国、利好世界的互利共赢之路。无论国际风云如何变幻，中国始终是地区和世界和平的捍卫者、建设者和贡献者。[27]

（三）走和平发展道路的现代化为人类文明进步做出巨大贡献

中国式现代化造福中国、利好世界，不仅使中国在短短几十年时间内成为“世界现代化的增长极”，也创造了人类文明新形态，并且将继续为推动人类文明进步做出巨大贡献。中国将始终不渝奉行独立自主的和平外交政策，坚持在和平共处五项原则基础上同各国发展友好合作关系，不断为维护世界和平展现中国担当；将坚定奉行互利共赢的开放战略，继续与各国共同培育全球发展新动能，不断为促进全球共同发展做出中国贡献；将继续发挥负责任大国作用，为破解全球性问题与人类文明进步，不断为推动全球迈向平衡协调包容发展新阶段、迈向持久和平普遍安全的康庄大道贡献中国方案。[28]

第三节　中国式现代化生动实践的遵循

中国式现代化寄托着中华民族的夙愿和期盼，凝结着中国人民的奋斗和汗水，是党和人民历经千辛万苦、付出巨大代价取得的宝贵成果。以习近平同志为核心的党中央统筹中华民族伟大复兴战略全局和世界百年未有之大变局，深刻阐述了中国式现代化的一系列重大理论和实践问题，深化了对中国式现代化的内涵和本质的认识，初步构建了中国式现代化的理论体系，[29]为中国式现代化提供了政治前提，做出了方向指引，明确了核心宗旨，锚定了首要任务，诠释了“追本溯源”的动力源泉，使中国式现代化实践更加清晰科学、可感可行。

一、政治前提：坚持和加强党的全面领导

中国共产党领导，是全党全国各族人民共同意志和根本利益的体现，是中国特色社会主义最本质的特征，是中国特色社会主义制度的最大优势，是党和国家的根本所在、命脉所在，是全国各族人民的利益所系、命运所系，也是全面推进中国式现代化的根本政治前提。只有坚持和加强党的全面领导，才能确保中国式现代化的社会主义发展方向，确保全体中国人民有最可靠的主心骨，从而不断推动中国式现代化行稳致远。[30]

（一）党的领导决定着中国式现代化的根本性质

人类历史的发展表明，现代化的进程是一场深刻的革命，必须有先进的政治领导力量来推动。中国共产党自成立之日起就把马克思主义作为我们的根本指导思想，党的百年奋斗历程表明，中国式现代化是我们党扎根祖国大地、立足中国实际、历尽千辛万苦独立自主探索出来的，中国式现代化进程的推进，需要立足中国实际，代表人类文明进步的发展方向，必须坚持以马克思主义为指导，必须毫不动摇坚持党的领导，最终确保中国式现代化的根本方向；党的百年历史也都充分证明，没有中国共产党，就没有新中国，也就没有中国式现代化。[31]

（二）党的领导激发建设中国式现代化的强劲动力

习近平总书记指出："党的领导激发建设中国式现代化的强劲动力，我们党勇于改革创新，不断破除各方面体制机制弊端，为中国式现代化注入不竭动力。"[32]回望过去，中国共产党领导人民仅用几十年时间就走完发达国家几百年走过的工业化历程，创造了经济快速发展和社会长期稳定两大奇迹。展望未来，推进中国式现代化，必然会遇到各种可以预料和难以预料的风险挑战、艰难险阻甚至惊涛骇浪，但只要坚持和加强党的全面领导，坚决维护党的核心和党中央权威，使党始终成为风雨来袭时全体人民最可靠的主心骨，中国式现代化建设就会被源源不断注入其强劲动力。[33]

二、方向指引：走中国特色社会主义道路

方向决定道路，道路决定命运，道路就是党的生命。中国特色社会主义是党和人民历经千辛万苦、付出巨大代价取得的根本成就，是实现中华民族伟大复兴的正确道路。这条道路符合中国实际、反映中国人民意愿、适应时代发展要求，

不仅走得对、走得通，而且走得稳、走得好，是创造人民美好生活、实现中华民族伟大复兴的康庄大道。[30]实践充分证明，中国式现代化只能在中国特色社会主义道路上实现。

（一）强化对中国特色社会主义道路的认同

中国共产党经过长时间的探索，终于带领人民找到了一条光荣、伟大、正确的道路，即中国特色社会主义道路。而中国式现代化是从中华大地长出来的现代化，不是照搬照抄其他国家的现代化，强化对中国特色社会主义道路的认同，是赋予中国式现代化以深厚底蕴的应有之义。为此，要着力构建以科学认知为逻辑起点、以价值引导为核心环节，以话语表达为重要媒介、以实践参与为逻辑归宿的协同机制，不断强化对中国特色社会主义道路认同，为新时代大力推进社会主义国家现代化建设进行保驾护航，从而凝聚起建设中国式现代化的磅礴力量。[34]

（二）中国特色社会主义道路是实现中国式现代化的必由之路

现代化不是抽象的，是在一定社会制度基础上开展并推进的，中国式现代化是中国共产党领导的社会主义现代化；新征程上，全面建成社会主义现代化需要坚持以公有制为主体，需要坚定中国特色社会主义道路自信、理论自信、制度自信、文化自信，需要坚持党的基本理论、基本路线、基本方略，坚持以经济建设为中心，坚持四项基本原则，坚持改革开放，坚持独立自主、自力更生，坚持把中国发展进步的命运牢牢掌握在自己手中，不断推进和拓展中国式现代化，既不走封闭僵化的老路，也不走改旗易帜的邪路，而是坚定不移走中国特色社会主义道路。[30]

三、核心宗旨：以人民为中心

人民性是马克思主义的本质属性，人民立场是马克思主义政党的根本政治立场。中国共产党自成立之日起，就把为中国人民谋幸福、为中华民族谋复兴确立为自己的初心使命，始终坚持全心全意为人民服务的根本宗旨，把人民放在心中最高位置。“江山就是人民，人民就是江山。”人民永远是我们党最坚实的依托、最强大的底气；以中国式现代化全面推进中华民族伟大复兴，就是要实现好、维护好、发展好最广大人民的根本利益。[30]

（一）以人民为中心：中国式现代化的价值追求

现代化建设，不仅要坚持马克思主义理论的科学指导和坚持中国共产党的领导，更要凝聚亿万群众的智慧和力量。中国式现代化，是中国共产党领导的社会主义现代化，既有各国现代化的共同特征，更有基于自己国情的中国特色；中国式现代化始终以人民为中心作为根本价值取向，是为了人民、依靠人民、与人民共享的现代化，全体人民共享发展成果是中国式现代化的根本目标。充分发挥人民群众在改革发展中的主体地位，坚持以人民为中心，是马克思主义的理论情怀，是中国共产党始终不变的价值追求，也是持续推进中国式现代化实践的必然要求。[35]

（二）以人民为中心：推进中国式现代化

实现现代化是近代以来中华民族孜孜以求的梦想。习近平总书记指出：“现代化的本质是人的现代化”。党的二十大概括提出并深入阐述中国式现代化理论，对以中国式现代化全面推进中华民族伟大复兴做出战略部署。新征程上，我们要坚持以人民为中心的发展思想，站稳人民立场、把握人民愿望、尊重人民创造、集中人民智慧，紧紧依靠人民，坚持发展为了人民，坚持发展依靠人民，在更高水平上做好做大“蛋糕”的同时进一步分好“蛋糕”，让现代化建设成果更多更公平惠及全体人民，努力推动实现人的现代化，并不断推进和拓展中国式现代化。[36]

四、首要任务：推动高质量发展

发展是党执政兴国的第一要务，没有坚实的物质技术基础，就不可能全面建成社会主义现代化强国；高质量发展是中国式现代化的本质要求，是解决我国社会主要矛盾的关键举措，也是扎实推动共同富裕的必然选择。[37]习近平总书记在党的二十大报告中提出："高质量发展是全面建设社会主义现代化国家的首要任务。"这一重要论断明确了推进中国式现代化的必然选择，科学谋划、精准落实高质量发展，对全面建设社会主义现代化国家具有重大意义。

（一）把握好高质量发展的科学内涵和基本要求

高质量发展不只限于经济范畴的相应要求，而是对经济社会发展方方面面的总要求；不只是对经济发达地区的要求，而是所有地区发展都必须贯彻的要求；不是一时一事的要求，而是必须长期坚持的要求。在宏观上，高质量发展一定是供给和需求协调均衡的发展，是供给和需求良性互动、动态均衡的发展；在微观上，高质量发展一定是高效率发展；在结构上，高质量发展一定是协调的发展；从发展的承受力来说，高质量发展一定是具有非常强的系统抵御风险的能力；高质量发展一定是制度型高水平开放的发展，也一定是推动社会与经济的可持续发展。[38]

（二）以高质量发展扎实推进中国式现代化建设

高质量发展是当前我国经济社会发展的主题，是全面建设社会主义现代化国家的首要任务。以高质量发展扎实推进中国式现代化建设，必须要有高水平的创新与高质量的改革，需要不断提高创新能力，提高其生产关系的保障能力；在现代开放条件下，面对当前复杂的国际国内环境，兼顾改革和开放，还需要有高水平的安全。所以，高水平的创新、高水平的改革、高水平的开放、高水平的安全，是实现高质量发展的基本要求，坚持高质量发展是硬道理，推进中国式现代化则是最大的政治，而中国式现代化建设成功的经验将给更多的国家与民族开辟出一条通向美好明天的途径。[38]

五、追本溯源：以优秀传统文化守正创新

党的二十大报告指出："中华优秀传统文化源远流长、博大精深，是中华文明的智慧结晶，其中蕴含的天下为公、民为邦本、为政以德、革故鼎新、任人唯贤、天人合一、自强不息、厚德载物、讲信修睦、亲仁善邻等，是中国人民在长期生产生活中积累的宇宙观、天下观、社会观、道德观的重要体现，同科学社会主义价值观主张具有高度契合性。"追本溯源，从中华优秀传统文化中不断发掘中国式现代化道路的深厚文化底蕴，这是一件特别有意义的事情。

（一）中国式现代化蕴含中华优秀传统文化基因

党的二十大报告深入阐述了中国式现代化具有的五大特色，共同构成了中国式现代化的重要内涵，蕴含着丰富的中华优秀传统文化基因，其中，人口规模巨大的现代化昭示"刚健有为""自强不息"的精神气质；全体人民共同富裕的现代化内含传统文化中的"富民"与"民本"思想；物质文明和精神文明相协调的现代化凸显出传统文化中的"中和"思想；人与自然和谐共生的现代化对"天人合一"思想的历史传承；推进和平发展道路的现代化是"亲仁善邻""协和万邦"思想的继承和发展。因此，中华优秀传统文化为我们在新时代新征程上推动构建中国式现代化新范式提供了强大动力。[39]

（二）中国式现代化以"守正创新"为演进向度

"守正才能不迷失方向、不犯颠覆性错误，创新才能把握时代、引领时代。"

中国式现代化既有各国现代化的共同特征，更有基于自己国情的中国特色。这条道路没有教科书，更没有现成答案。中国共产党从“民为邦本、本固邦宁”的民本思想、“大道之行也，天下为公”的大同思想、“言必信、行必果”的诚信精神、“周虽旧邦，其命维新”的创新意识、“天人合一、道法自然”的生态思想等中华文明中汲取智慧，在守马克思主义基本原理之正、中华优秀传统文化之正的基础上，同时创人类文明之新，以“守正创新”为演进向度，不断谱写中国式现代化新篇章。[40]

第四节　中国式现代化实践经验的借鉴

现代化作为人类文明的结晶和全人类的共同追求，有普遍性规律可循；现代化的本质是大规模社会化生产方式的变革，而工业化是现代化的基础，直接带来了现代生产方式和组织形式的革命，催生了现代企业和企业家精神。中国式现代化具有全球视野、中国特色，在遵循世界现代化的一般规律的同时，没有照抄照搬国外现代化发展的模式，而是扎根中国土壤、厚植中国文化、立足中国历史，深深地嵌入中华民族文化基因，打上“中国式”烙印；是建立在独立自主、自力更生基础上的和平发展之路，始终站在历史正确的一边、站在人类文明进步的一边。中国式现代化以大同主义世界情怀，为解决人类重大问题贡献中国智慧、中国方案、中国力量，构建人类命运共同体，本身就是对世界的重大贡献，同时也为广大发展中国家提供了实现现代化的新的道路选择，其实践经验具有全球共享与重要借鉴意义。[41]

一、中国式工业化的全球共性

鉴于工业化既是现代化的基础和前提，也是现代化的主干和核心，“工业化”自然成为探索中国现代化道路上的首个内涵表征，并最终建成了门类齐全的现代工业体系。众所周知，新中国是从半殖民地半封建社会起步的，通过依靠毛泽东工业化思想的前瞻性与原创性理论支撑，逐渐突破各种发展壁垒，并强调以经济建设为中心，形成中国新型工业化的时代特征和特色，不断解放和发展生产力，培育新质生产力，才实现独立自主的现代化工业体系建设；中华人民共和国成立以来，工业增加值从1952年的120亿元增加到2023年的39.9万亿元，按不变价格计算年均增长10.5%，工业经济实现了规模总量的跨越式增长和发展质量的显著提升，并以强大的实力推动我国由农业国成长为世界第一制造业大国。①因此，中国式现代化能满足全球发展中国家对于现代工业体系强烈诉求的模式选择，是符合人类命运共同体价值观的全人类共同发展的现代化模式；中国式工业化也就具有全球共性意义。[42]

（一）毛泽东工业化思想对中国式现代化道路的贡献

毛泽东工业化思想在新中国工业化的实践进程中提供了许多极具前瞻性、原创性的理论支撑，其思想核心就是“以农业为基础、以工业为先导，坚持工农并举”；中国式现代化道路的选择及拓展，更离不开毛泽东工业化思想的指导，并将对全球的工业化发展提供有益借鉴。从本质上看，毛泽东工业化思想无疑是社会主义性质的工业化思想，致力于提升国家社会生产力、提高人民生活水平；从理论特征看，毛泽东工业化思想表现为毛泽东对中国工业化道路探索的开辟和拓展，是在前人理论成果的影响和引领新中国革命的过程中不断发展完善，并为中国特色社会主义工业化建设提供了强大的理论驱动力；[43]从目标看，毛泽东工业化思想是在特定时代背景、历史条件之下确立的，其所形成的工业化目标就是“中国工业化”和“先进工业国”，并从无到有积累了工业化发展经验；从贡献看，具体表现为对农业现代化、科学文化现代化、国防现代化、人口规模巨大的现代化、全民共同富裕的现代化、人地共生的现代化、和平发展道路现代化等多重实践探索和理论思考。[44]

---

① 工业经济实力大幅跃升 制造强国建设步伐坚定——新中国75年经济社会发展成就系列报告之三[EB/OL]. 国家统计局 https://www.stats.gov.cn/sj/sjjd/202409/t20240910_1956335.html

（二）新型工业化的时代特征及中国特色

主动应对新科技革命和产业变革的全球化进程，是形成我国新型工业化的时代特征和特色的最大动力。一是形成了新型工业化的时代特征。数字经济是新型工业化最重要的增长源泉，平台经济是新型工业化中新的组织形态，绿色低碳是新型工业化的准则和约束，同时也带来新的发展机遇，能不断增强推进新型工业化的活力，更好地服务构建新发展格局、推动高质量发展和实现中国式现代化。二是形成了新型工业化的中国特色。首先是以人民为中心的工业化特色。新型工业化所创造的财富，能有效满足人民日益增长的美好生活需要；能有力推动劳动者素质的提升，并更好实现共同富裕。其次是科技自立自强的工业化特色。我国的综合技术能力已经迈向世界前列，技术创新的路径和目标也已从“模仿”“赶超”向“原创”“引领”转变，正在为全球技术进步贡献中国力量。第三是和平发展和高水平的工业化特色。坚持新型工业化开放发展，在继续利用超大规模市场、完整产业体系条件吸引国际投资的基础上，不断推动我国参与国际竞争，加快构建更加公平和更符合和平发展的国际贸易、分工秩序，努力为全球现代化建设与世界和平发展贡献中国力量。[45]

二、中非携手共逐现代化之梦

（一）全球化提升现代化动力

全球化的演进过程。所谓全球化，是指伴随着现代化进程的推进，尤其是伴随着现代生产力、市场经济以及科学技术的发展，从整个世界范围来看，各个国家在经济上以及其他多个方面的相互依赖程度越来越高、相互间的流动性越来越强、相互间的影响越来越大，由此越来越呈现出某种整体化生存和发展的趋势，以至于从长远来看任何一个国家都越来越无法脱离别的国家而单独地存在或发展。[46]宏观来看，全球化可以分为早期的全球化，即古代社会至15世纪大航海时代开始前；近代的全球化，即从大航海时代开始至18世纪中期的第一次工业革命前；现代的全球化，即18世纪中期至今，也是工业文明和资本主义形成后的全球化。其中“现代的全球化”，又可分为三个阶段：第一阶段是第一次工业革命期间的全球化，即18世纪中期至19世纪中期；第二阶段是第二次工业革命至第二次世界大战前，即19世纪中期至20世纪中期；第三阶段是从20世纪中期至当前。[47]

全球化的驱动力量。全球化是现代化的有机组成部分，也是人类社会发展的必然趋势，在其演进过程中，多种要素发挥了重要推动作用，从而提升国家的现代化动力。其中，除了市场是全球化发展的基本驱动力量、大国成为全球化的主导和重要推动力量外，制造、交通、通信等技术的进步也成为全球化发展的重要促进力量，而国际政治环境也是全球化发展的重要影响因素；近代以来，随着资本主义的确立，资本的逐利本性驱使其向外扩张以获取最大利益，正持续不断为全球化提供着不竭的动力。[48]总体而言，全球化能够使每一个进行现代化建设的国家，能从前所未有的对外交往中获得不同于传统社会的多维动力：一是从国家载体的维度看，全球化能够激发一个国家进行现代化建设的内在活力即内生动力；二是从物质基础的维度看，全球化能够促进一个国家生成现代经济生产能力和创造力，有助于其物质财富的持续增长；三是从现代化建设主体的维度看，全球化能够持续大幅度提升并充分发挥人进行现代化建设的能力。[49]

（二）中非携手推进现代化

实现现代化是世界各国不可剥夺的权利。西方现代化进程曾给广大发展中国家带来了深重苦难，尤其是西方主导下的经济全球化，不仅使得非洲丧失工业传统而且使它受束缚于单一经济无法构筑起外部资金技术、劳动力收益和国内外市场需求之间的良性循环，工业丧失起飞的环境。[50]而今，非洲（拉丁文：Africa，全称阿非利加洲）[①]无论是在经济、贸易和投资，气候变化、冲突和稳定，还是在城市化和迁徙模式方面，都在迅速发展；中国和非洲的合作历史悠久，立足于中非双方的社会现实，相互尊重主权，并在互利共赢原则的基础上深化全球化合作，同时发挥中国工业化的全球共享优势，有利于满足非洲国家对于建立现代工业体系的强烈诉求。另外，近年来中非贸易也持续保持稳步增长势头，作为中非贸易发展状况“晴雨表”和“风向标”的中国—非洲贸易指数，于2023年首次突破1 000点，呈现良好发展态势。目前，中国已成为非洲最主要的外国直接投资来源国之一，也是南非最大的贸易伙伴。[②]非洲正经历新的觉醒，朝着非盟《2063年议程》描绘的现代化目标稳步迈进。

中国和非洲占世界总人口的三分之一，没有中非的现代化，就没有世界的现代化。2024年中非合作论坛北京峰会，围绕“携手推进现代化，共筑高水平中非命运共同体”主题，于2024年9月4日至6日在北京举行。习近平主席在开幕式主旨讲话中宣布，中非关系整体定位提升至新时代全天候中非命运共同体，将实施中非携手推进现代化十大伙伴行动（详见表1–1），明确“现代化道路上一个都不能少，一国都不能掉队”，以中非现代化助力全球南方现代化；同时从6个方面，即要携手推进公正合理的现代化、要携手推进开放共赢的现代化、要携手推进人民至上的现代化、要携手推进多元包容的现代化、要携手推进生态友好的现代化、要携手推进和平安全的现代化，具体指明了中非携手共逐现代化之梦的现实路径。中非共逐现代化之梦，必将掀起全球南方现代化热潮，谱写构建人类命运共同体的崭新篇章。[③]

---

① 联合国非洲经济委员会

② 国际社会展望中非合作论坛：将为非洲现代化建设作出新贡献［EB/OL］.http: //news.china.com.cn/2024-09/03/content_117404002.shtml

③ 习近平在中非合作论坛北京峰会开幕式上的主旨讲话（全文）［EB/OL］.https://www.gov.cn/yaowen/liebiao/202409/content_6972495.htm

表 1–1 中非携手推进现代化十大伙伴行动

序号	主题	内 容
1	文明互鉴伙伴行动	中方愿同非方打造中非治国理政经验交流平台，设立中非发展知识网络和 25 个中非研究中心。依托非洲领导力学院培养治国理政人才，邀请 1 000 名非洲政党人士来华交流，深化双方治党治国经验交流。
2	贸易繁荣伙伴行动	中方愿主动单方面扩大市场开放，决定给予包括 33 个非洲国家在内的所有同中国建交的最不发达国家 100% 税目产品零关税待遇，成为实施这一举措的首个发展中大国和世界主要经济体，推动中国大市场成为非洲大机遇。扩大非洲农产品准入，深化电商等领域合作，实施“中非质量提升计划”。中方愿同非方商签共同发展经济伙伴关系框架协定，为中非贸易投资提供长期、稳定、可预期的制度保障。
3	产业链合作伙伴行动	中方愿同非方打造产业合作增长圈，着力建设中非经贸深度合作先行区，启动“非洲中小企业赋能计划”。共建中非数字技术合作中心，建设 20 个数字示范项目，共同拥抱新一轮科技革命和产业变革。
4	互联互通伙伴行动	中方愿在非洲实施 30 个基础设施联通项目，携手推进高质量共建“一带一路”，打造陆海联动、协同发展的中非互联互通网络。中方愿为非洲大陆自由贸易区建设提供帮助，深化物流和金融合作，助力非洲跨区域发展。
5	发展合作伙伴行动	中方愿和非方共同发表在全球发展倡议框架内深化合作的联合声明，实施 1 000 个“小而美”民生项目。注资中国—世界银行伙伴关系基金，助力非洲发展。支持举办 2026 年青奥会和 2027 年非洲杯，促进发展成果更好惠及中非人民。
6	卫生健康伙伴行动	中方愿同非方成立中非医院联盟，共建联合医学中心。向非洲派遣 2 000 名医疗队员，实施 20 个医疗卫生和抗疟项目，推动中国企业投资药品生产，继续对非洲遭遇的疫情提供力所能及的帮助。支持非洲疾控中心建设，提升非洲各国公共卫生能力。
7	兴农惠民伙伴行动	中方将向非洲提供 10 亿元人民币紧急粮食援助，建设 10 万亩农业标准化示范区，派遣 500 名农业专家，建设中非农业科技创新联盟。实施 500 个公益项目。鼓励中非企业“双向奔赴”投资创业，把产业附加值留在非洲，为非洲创造不少于 100 万个就业岗位。
8	人文交流伙伴行动	中方愿同非方深入推进“未来非洲职业教育”计划，共建工程技术学院，建设 10 个“鲁班工坊”。重点面向非洲妇女和青年，提供 6 万个研修名额。共同实施中非“文化丝路”计划和“广电视听创新合作计划”。双方商定将 2026 年确定为“中非人文交流年”。

续表

序号	主题	内　容
9	绿色发展伙伴行动	中方愿在非洲实施30个清洁能源项目，建设气象早期预警业务平台，开展防灾减灾救灾和生物多样性保护合作。设立中非和平利用核技术论坛，共建30个联合实验室，开展卫星遥感、月球和深空探测合作，助力非洲实现绿色发展。
10	安全共筑伙伴行动	中方愿同非方建立落实全球安全倡议伙伴关系，打造倡议合作示范区，向非方提供10亿元人民币无偿军事援助，为非方培训6 000名军队人才和1 000名警务执法人员，邀请500名青年军官访华。开展中非军队联演联训、联合巡航，实施“助力非洲摆脱雷患行动”，共同维护人员和项目安全。

三、中国式现代化的世界借鉴

党的二十大报告指出：“中国式现代化为人类实现现代化提供了新选择”。中国式现代化打破了现代化等于西方化的迷思，现代化可以有不同模式、不同路径，中国悠久的历史文化、社会主义制度和独特国情条件都决定了中国式现代化道路不同于西方式现代化道路。当然，强调中国式现代化的独特性，并不意味中国式现代化没有普遍性；[51]而开放是中国式现代化的鲜明标识，面对全球百年未有之大变局，中国式现代化创造的发展经验具有世界借鉴意义。

（一）世界百年变局正加速演进

今日之世界体系和国际格局正在发生深刻的调整与变革，这是世界之变、时代之变、历史之变。于是，2017年年末，习近平总书记在接见我国驻外使节发表重要讲话时，做出了“放眼世界，我们面对的是百年未有之大变局”的重大战略判断。[52]面对着世界多极化、经济全球化、社会信息化、文化多样性的深入推进，以中国为代表的新兴市场国家和发展中国家，改变了由西方国家单一主导人类命运的世界体系。与此同时，世界经济中心正由西方逐步向东方转移，新兴经济体与发展中国家改写了世界经济版图；国际力量对比发生了近代以来最具革命性的变化，发展中国家的整体实力得到整体上升，而且有力推动了世界多极化趋势；新的科学技术渗透到人类生活的各个领域，新科技革命加快重塑世界；在动荡变革的世界中，全球治理体系变革加速推进；维护人类文明多样性成为新的历史潮流。由此，世界历史走到了一个新的历史拐点，站在了新的十字路口，一个更契合全人类共同价值的多极化世界正在到来。[53]

纵观经济全球化发展历史，全球化虽然是经济发展的大势所趋，但逆全球化始终根植于经济全球化进程之中，始终是全球经济发展中的不稳定因素。近年来，在西方民粹主义的推波助澜下，“逆全球化”现象不断上演，如英国“脱欧”、美国贸易保护主义、欧洲极右民粹主义等，对世界各国政府参与国际合作的意愿产生极大影响；尤其是随着中国综合国力、国际地位和影响力的逐步提升，以美国为首的西方发达国家担心旧有国际经济格局被颠覆，企图通过贸易战、科技战、舆论战等方式来遏制中国发展。另外，新冠疫情持续肆虐，局部战争风险加剧，叠加逆全球化影响扩大，导致全球治理变得更加无序和碎片化。[54]总体而言，逆全球化影响持续升温的背后，是经济、政治、社会等多重因素的共同驱动，其本质还是世界经济、政治、军事等格局的系统性重建。

（二）中国式现代化的世界借鉴

中国式现代化经验具有普遍意义。中国式现代化理论在深刻总结中国和世界不同国家现代化实践经验教训的基础上，全面系统回答了中国作为人口规模巨大的社会主义国家，现代化的目标路径是什么（共同富裕），为什么（践行高质量发展），怎样做（推进现代产业体系建设），实现了现代化理论的实践创新；[55]其创造了具有世界普遍意义的多项经验，即必须保持长期国家统一与政治稳定，不断形成具有主导力、凝聚力的政治力量；必须坚持以不断发展生产力为中心，始终推进经济发展并引领人类科技进步发展；必须形成包容不同群体的现代化模式，推进现代化过程的共同参与和平等参与、现代化成果的公平分配以实现共同富裕；必须对传统社会进行根本性与全面性变革，同时又要在不割裂传统文明的前提下，不断推动传统文明的现代化转型；必须借鉴所有先进现代化的成果，在开放协同中推进现代化，同时要保持自主性，根据自身的国情选择道路，不断积累内生发展动力，避免陷入依附式发展；必须坚持和平发展道路，不从事对外扩张，同时还要加强国家安全保障，防范外部的政权颠覆，反对地区或者国际霸权。[56]党的二十届三中全会又对中国式现代化新要点进行了系统梳理（见图1–1）。应该说，中国式现代化的成功实践，大大拓宽了其他发展中国家实现现代化的道路选择，为非西方国家实现现代化提供了有益参考和借鉴，为全人类建设更加美好的未来提供了中国智慧、中国方案。

- 高水平社会主义市场经济体制是中国式现代化的重要保障。
- 高质量发展是全面建设社会主义现代化国家的首要任务。
- 教育、科技、人才是中国式现代化的基础性、战略性支撑。
- 科学的宏观调控、有效的政府治理是发挥社会主义市场经济体制优势的内在要求。
- 城乡融合发展是中国式现代化的必然要求。
- 开放是中国式现代化的鲜明标识。
- 发展全过程人民民主是中国式现代化的本质要求。
- 法治是中国式现代化的重要保障。
- 中国式现代化是物质文明和精神文明相协调的现代化。
- 在发展中保障和改善民生是中国式现代化的重大任务。
- 中国式现代化是人与自然和谐共生的现代化。
- 国家安全是中国式现代化行稳致远的重要基础。
- 国防和军队现代化是中国式现代化的重要组成部分。
- 党的领导是进一步全面深化改革、推进中国式现代化的根本保证。
- 中国式现代化是走和平发展道路的现代化。

图1–1　中国式现代化的新要点①

① 中共中央关于进一步全面深化改革 推进中国式现代化的决定［N］. 人民日报，2024–07–22（001）.

以“一带一路”重塑世界新格局。中国式现代化属于中国，也奉献世界。自中国提出共建“一带一路”倡议以来，在各方共同努力下，共建“一带一路”在世界范围内拓展延伸，中国与150多个国家、32个国际组织签署200余份共建“一带一路”合作文件，形成3 000多个合作项目，拉动近万亿美元投资规模。在中国正以高质量发展全面推进中国式现代化的同时，共建“一带一路”国家则普遍加快工业化进程，基础设施、产业发展等领域需求也不断释放；共建“一带一路”以互联互通串联起世界各国的发展机遇，以共商、共建、共享汇聚起携手实现现代化的全球合力。①站在新的历史起点上，中国与东盟各国等“全球南方”国家在经济全球化进程中的应对策略相对成功，总体上获得了经济全球化的红利，也在应对“逆全球化”的各种危机中通过合作共建“一带一路”等形式，如从政策沟通加强中国—东盟的宏观政策协调、设施联通提升中国—东盟的全球互联互通、贸易畅通增强中国—东盟的全球比较优势、资金融通确保中国—东盟的经济稳定运行、民心相通夯实中国—东盟的社会相融相通等，找到了合力应对经济全球化问题的良性路径，标志着从“经济全球化+‘一带一路’”到“‘一带一路’+经济全球化”的视角转化，中国—东盟共建“一带一路”在一定程度上展现出引领全球化的趋势，成为“全球南方”走在推动构建人类命运共同体前列的范例，[57]并为各国树立全球视野，借鉴中国式现代化实践经验、高质量共建“一带一路”，重塑世界新格局，提供更多发展机遇。

① 共建“一带一路”成果和机遇属于世界［EB/OL］.https://www.yangtse.com/content/1919936.html

第二章
我国民营经济的理论综述和实践事实

我国民营经济及其概念是特定的历史条件下和特定的制度环境下产生的。一是从学术研究视角看，“民营经济”的概念使用比较久。虽然早期关于民营经济的研究数量较少，但从1993年开始，以民营经济为主题发表的学术文章骤然增加，到1995年，“国有民营”成为民营经济研究领域的热门主题；进入21世纪，随着中国加入世贸组织，“走出去”成为民营经济研究领域的重要主题，同时民营经济高质量发展也成为新时代研究热点。二是从政策文本视角看，出现“民营经济”的时间相对较晚。早期政策文本中多使用“个体经济”“私营经济”“非公有制经济”等概念，与“民营经济”相关的概念还包括“民间投资”和“民营企业”；党的十八大以来，“民营经济”概念开始不断出现于各级政策文本中，中共中央、国务院于2023年7月印发的《关于促进民营经济发展壮大的意见》中，“民营经济”则已成为核心概念。[58]因此，本课题后续研究中，也自然涵盖了不同语境下使用代表“民营经济”的不同概念。

我国的民营经济政策是马克思主义中国化的重要组成部分，是对马克思主义所有制理论的继承和发展，在社会主义革命和建设时期，先后经历了扶持和限制政策、改造政策、“新经济”政策等发展阶段；在改革开放和社会主义现代化建设中，经历了“看一看”“允许存在”“鼓励引导”“社会主义市场经济重要组成部分”“两个毫不动摇”“平等保护私有产权”等发展阶段；新时代则经历了构建“亲、清”新型政商关系、“完善产权保护制度”、鼓励民营企业依法进入更多领域等发展阶段。[59]

民营经济作为我国社会主义市场经济的重要组成部分和多种所有制经济里的中坚力量，已成为我国改革开放实践的重要组成部分，并伴随着社会主义建设实践而不断向前发展。党的十八大以来，以习近平同志为核心的党中央围绕新的时代背景就民营经济、民营经济高质量发展和民营企业家等相关内容做出了许多新的论述，重申了民营经济发展的信心，为纠正“国进民退”、“民营经济离场论”及部分民众对民营经济发展存在的偏见和误区做出了理论支撑，从中彻底破解了民营经济的许多“理论困境”，对引导民营经济高质量发展实践具有重要的时代意义。[60]

第一节　改革开放以来民营经济的理论探索

民营经济的概念最早由毛泽东同志在1942年12月所作的报告《抗日时期的经济问题和财政问题》中提出，是一个与公营经济相对的概念。中华人民共和国成立，薄弱的经济基础需要尽快恢复，政府对于发展民营经济持鼓励和支持态度；1953年国家形成向社会主义过渡的总路线，开始对民营经济采取“利用、限制和改造”的政策；1956年社会主义改造基本完成，1958年中共八届六中全会宣布，要全面实现全民所有制，受其影响，到1965年民营经济的工业产值下降为0，[61]直到改革开放前民营经济所剩无几。因此，民营经济的发展，是在我国改革开放战略的全面实施背景下，出现的一种具有鲜明时代特色、烙有深刻的中国特色社会主义印记的社会生产关系和经济组织形式，是“在中国共产党的方针政策指引下发展起来的、在中国共产党领导下开辟出来的一条道路”，①但其发展并非一帆风顺。改革开放以来的实践反复证明，思想的解放和理论的突破，尤其是民营经济发展理论的完善与创新探索，深刻地影响甚至决定着民营经济的生存与发展。[62]

一、民营经济社会地位和功能的理论探索

民营经济不同阶段的实践探索始终伴随着各种各样的理论争论。可以说，在

① 习近平．毫不动摇坚持我国基本经济制度推动各种所有制经济健康发展［EB/OL］．人民网 http://jhsjk.people.cn/article/28183110

反复的争论与思想解放、理论升华中曲折前行，这一极富中国特色的发展路径正是中国民营经济发展的一大特色。民营经济的每一次快速发展，都与思想的解放、与民营经济理论及中国特色社会主义市场经济理论的创新、与相关的政策推动密切相关。民营经济发展过程中的每一次波折甚至停顿，都与落后甚至错误的思想观念和理论认知相关。从与民营经济发展相关的理论认识与争论中，能够清晰地看到改革开放以来中国特色社会主义关于所有制、关于经济体制改革、关于基本经济制度等诸多理论问题认识的不断深化，也能够深刻地体会到思想解放、理论突破之至关重要性。[61]

（一）基于民营经济的社会地位视角

民营经济是具有中国特色的一种经济概念和经济形式，从所有制看，民营经济包括国有民营经济、个体经济、私营经济、混合所有民营经济等；从企业形式看，民营经济包括私营企业、个体工商户、民营科技企业、农村专业合作社等①。改革开放四十多年来，中国经济发展取得了举世瞩目的伟大成就。我国民营经济发展到今天，具有“五六七八九”的特征，即：贡献了50%以上的税收，60%以上的国内生产总值，70%以上的技术创新成果，80%以上的城镇劳动就业，90%以上的企业数量。民营经济已经成为推动我国发展不可或缺的力量，在社会主义市场经济体制下的地位不断强化。一是成为解决国计民生这个根本问题的重要力量与解决社会就业的主要渠道，二是成为我国经济快速发展的重要引擎与社会固定资产投资的主要力量，三是成为社会财富的重要来源与国家税收的重要来源，四是成为科技进步的重要推动者与自主创新的重要贡献者，五是成为出口创汇的重要主体与参与国际竞争的有生力量，六是成为社会保障体系的重要支撑与扶贫开发和公益慈善事业的重要力量。[63]

---

① 发展民营经济关键在于解放思想 深化认识［EB/OL］. 东方财富网 https://finance.eastmoney.com/a/202303132659720839.html

（二）基于民营经济的认识经历视角

从理论上看，对民营经济社会地位和功能的认识经历了四个重要阶段。一是提出“必要的”和“有益的”补充作用。十二届三中全会明确了个体经济“必要的”“有益的”补充作用；党的十三大报告又强调对城乡合作经济、个体经济和私营经济等经济成分“都要继续鼓励它们发展”①，并从理论上为与私营经济雇用劳动相关的争论画上了句号。二是强调“多种经济成分共同发展”。党的十四大报告明确指出，我国经济体制改革的目标是建立社会主义市场经济体制，“多种经济成分长期共同发展”成为我国发展所有制理论、推进所有制改革的重要思想基础。三是明确非公经济是“社会主义市场经济的重要组成部分”。党的十五大报告进一步将“公有制为主体、多种所有制经济共同发展”上升为我国的基本经济制度，强调非公有制经济是“我国社会主义市场经济的重要组成部分”，民营经济的社会地位和功能进一步明确。四是不断重申“毫不动摇鼓励、支持、引导非公有制经济发展”。党的十六大报告中首次提出“两个毫不动摇”原则，进一步从基本经济制度的高度消除了对公有制经济与非公有制经济的对立理解②；十六届三中全会从根本上消除体制性障碍，特别强调要进一步放宽市场准入；党的十七大强调要“形成多种所有制经济平等竞争、相互促进的新格局”；党的十八大报告指出要“毫不动摇鼓励、支持、引导非公有制经济发展”；党的二十大再次强调，构建高水平社会主义市场经济体制必须坚持“两个毫不动摇”原则；2022年12月召开的中央经济工作会议则进一步要求切实落实“两个毫不动摇”原则，从政策和舆论上不遗余力地鼓励支持民营经济发展壮大；2023年7月，中共中央、国务院印发《关于促进民营经济发展壮大的意见》(以下简称《意见》)，明确提出31条支持民营

---

① 沿着有中国特色的社会主义道路前进［EB/OL］. 中华人民共和国中央人民政府 http://www.gov.cn/test/2007-08/29/content_730445.htm，2007-08-29.

② 即“毫不动摇巩固和发展公有制经济，毫不动摇鼓励、支持和引导非公有制经济发展”。

经济发展壮大的政策措施。

（三）基于民营经济的功能定位视角

2023年7月19日《意见》的发布，引发社会广泛关注。2023年7月25日原统战部副部长，中华全国工商业联合会原党组书记、第一副主席胡德平在中国民营经济50人谈“落实《意见》，提振信心”座谈会上的发言中表示：“除了我们的经济制度和市场经济这个角度上说明民营经济的必要性，还提出了这么一个要求，从理论上也要有一些新的说明，这一点和我们的解放思想，和彻底解决民营企业的历史必然性作用是有很大关系的。”尤其是民营经济的发展，闯过的第一关就是“理论关”[①]。《意见》是新时代党和国家对民营经济高质量发展的全新战略指引，也是系统优化民营经济高质量发展的行动宣言书，并首次明确了新时代民营经济的功能定位，第一，民营经济是推进中国式现代化的生力军。首先，民营经济为解决人口规模巨大的高质量就业提供“原动力”；其次，民营企业积极承担社会责任，为全面推进全体人民共同富裕提供“压舱石”；最后，民营企业积极推动绿色创新体系建设，为全面推进人与自然和谐共生提供“催化剂”。第二，民营经济是高质量发展的重要基础以及推动我国全面建成社会主义现代化强国、实现第二个百年奋斗目标的重要力量。高质量发展是全面建设社会主义现代化国家的首要任务。在所有制层面，经济高质量发展既包括国有经济，也包括民营经济，这也意味着，在产权层面，高质量发展涵盖国有企业、民营企业、混合所有制企业等多种所有制经济。[②]

---

① 彻底破解民营经济的“理论困境”，是时候了！［EB/OL］. 腾讯网 https://new.qq.com/rain/a/20230818A06TEW00

② 重新审视民营经济的功能定位与现实情境［EB/OL］. 中国社会科学网 https://www.cssn.cn/skyl/skyl_skyl/202307/t20230725_5670393.shtml

二、民营企业家社会地位和功能的理论探索

改革开放四十多年来，我国民营企业数量超过2 700万家[①]，个体工商户超过6 500万户，注册资本超过165万亿元。民营企业已经成为推动我国发展不可或缺的力量，成为创业就业的主要领域、技术创新的重要主体、国家税收的重要来源。民营企业家带领民营企业为我国社会主义市场经济发展、促进政府职能转变、加快农村富余劳动力转移、开拓国际市场等方面发挥了重要作用，同时作为先富带后富的重要群体，在稳定增长、促进创新、增加就业和改善民生等方面也发挥着重要的作用。[②]

（一）承认个体工商户的社会地位和作用

在我国，对民营经济地位和作用的认识始于个体经济，对民营企业家地位和作用的认识则始于个体工商户。1980年12月11日，温州颁发出全国第一份个体工商户营业执照（个体工商户为年仅19岁的章华妹）[③]，标志着个体工商户正式成为我国经济体系中的一个新经济成分，开启了全国各地个体工商户迅猛发展的新时代。而《个体工商户条例》是2011年发布的，曾分别于2014年和2016年修订，2022年10月25日国务院发布的《促进个体工商户发展条例》（下称《条例》）是第三次修订，自2022年11月1日起施行。新修《条例》顺应时代发展，明确管理权责，并明确个体经济的地位，称其是社会主义市场经济重要组成部分，个体工商户是重要的市场主体。截至2023年底全国登记在册个体工商户1.24亿户，占经

① 1995年5月6日《中共中央、国务院关于加速科学技术进步的决定》中正式使用民营企业的概念。

② 民营企业家的贡献与关系特点［EB/OL］. 产业经济读书百家号创作者，2023-09-12，https://baijiahao.baidu.com/s?id=1776789342669301966&wfr=spider&for=pc

③ 章华妹个体户营业执照上的内容："姓名：章华妹；经营地址：解放北路38号；生产经营范围：小百货；开业日期：1979年11月30日；注册资本150元"。

营主体总量的67.4%，支撑近3亿人就业①，在稳增长、促就业、惠民生等方面发挥着重要作用。

（二）强调私营企业主是“中国特色社会主义事业的建设者”

肯定个体工商户的地位和作用只是第一步。由于理论上对私营经济雇用劳动、雇工人数多少等问题的认识模糊不清，私营企业主的社会地位与作用最初不仅得不到社会承认，往往还可能承担着政治风险。直到1984年11月9日，由姜维创建的光彩实业有限公司经国务院特批成立，成为第一家私营企业，才真正开启了后续私营经济作为“公有制经济的补充”的“光彩”之路。1988年4月第七届全国人大通过《中华人民共和国宪法修正案》，在《宪法》第十一条下增加如下规定：“国家允许私营经济在法律规定的范围内存在和发展。私营经济是社会主义公有制经济的补充。国家保护私营经济的合法权利和利益。对私营经济实行引导、监督和管理”；1988年6月25日《中华人民共和国私营企业暂行条例》正式颁布并强调，“私营经济是社会主义公有制经济的补充”。所有这一切，从宪法和法律上初步确立了私营企业在中国经济、社会和政治生活中的历史地位，对民营企业发展具有里程碑意义。在2000年，党中央就曾提出过“非公有制经济健康发展”“非公有制经济人士健康成长”的“两个健康”要求②；2001年又进一步指出，“民营科技企业的创业人员和技术人员……个体户、私营企业主……也是中国特色社会主义事业的建设者”③。这是党从“三个代表”的高度，第一

① 截至2023年底我国个体工商户达1.24亿户［EB/OL］. 中国经济网，2024-02-01，https://baijiahao.baidu.com/s?id=1789668629176446393&wfr=spider&for=pc

② 2000年12月4日至6日，全国统战工作会议在北京召开。时任中共中央总书记江泽民发表重要讲话，强调要“着眼于非公有制经济健康发展和非公有制经济人士健康成长，帮助他们树立在党的领导下走建设有中国特色社会主义道路的信念”。参见：江泽民文选（第三卷）［M］. 北京：人民出版社，2006：138-156.

③ 在庆祝中国共产党成立八十周年大会上的讲话［A］. 江泽民文选（第三卷）［M］. 北京：人民出版社，2006：264-299.

次将曾被视为“异己”的民营经济人士纳入“中国特色社会主义建设者”队伍中来，从理论上消除了对民营企业主的对立理解。在此基础上，2002年召开的十六大正式将包括个体户、私营企业主在内的相关社会阶层人士列为“中国特色社会主义事业的建设者”。由此，中国私营企业主阶层①的经济、社会和政治地位也日益提高。

（三）明确定性民营企业家是“自己人”

全球金融危机以来，我国民营经济的发展一度面临较多困难。这其中有国外经济形势冲击的影响，也有民营经济自身转型发展的困难，还有国内思想和舆论环境方面的不利影响。针对当时社会上出现的否定、怀疑民营经济的言论，习近平总书记在2018年11月1日的民营企业座谈会上明确指出：“民营经济是我国经济制度的内在要素，民营企业和民营企业家是我们自己人”。这一创新论断，表明了党对民营经济的认识和定位达到了新的高度。民营经济产生于人民群众的迫切需要，植根于人民群众的开拓奋斗，在党的方针政策指引下不断发展壮大。“民营企业和民营企业家是我们自己人”的重要思想，是党在坚持和发展社会主义基本经济制度上取得的又一次重大理论成果，是对社会上出现的“民营经济离场论”“新公私合营论”等错误论调的正面回应和有力驳斥，充分肯定了民营经济的地位作用，极大地鼓舞了民营企业家的信心。[64]事实上，早在浙江工作期间，习近平同志就曾根据浙江实践指出“民营经济是老百姓经济”②。“自己人”思想本质上是对“老百姓经济”观点的进一步深化与发展。起步于改革开放战略、迅速成长于市场

① 所谓私营企业主阶层，是指国家工商行政管理部门认定的各种类型私营企业（个人独资企业、合伙企业、有限责任公司、股份有限公司以及其他混合所有制类型企业）的自然人出资者，以及在法人出资者中拥有权益的自然人，他们在自己出资举办的企业中主要从事经营管理活动，并享有作为出资人应当享有的全部权益。参见：陈光金．中国私营企业主的形成机制、地位认同和政治参与［J］．黑龙江社会科学，2011，124（1）：63–74.

② 习近平．干在实处，走在前列：推进浙江新发展的思考与实践［M］．北京：中共中央党校出版社，2006：81–82.

化取向改革、在新的历史时期承担促进共同富裕与现代化建设的民营经济，是名符其实的老百姓经济，而民营企业和民营企业家就是广大人民群众的自己人。

三、民营经济演进逻辑的理论探索

（一）民营经济演化逻辑的理论构架

我国民营企业从诞生之日起，其所承担的历史使命既不同于旧时代的资本主义工商业，也根本不同于资本主义私有制条件下的私人经济。随着民营经济的不断发展壮大，随着其越来越深刻地参与市场化的改革实践，民营经济演化逻辑的理论构架研究，由于其具有内生性、动态性及系统开放性等诸多特点，可以应用进化论的研究范式，但应当注意的是，民营经济演化与生物界的进化会存有差异，因民营企业家有主观能动性，任何企业家个体在做决定时会受到其本能、习惯和偏好的影响，会做出增强自身适应力的决定，[65]而本能和习惯又会常常成为个人偏好形成的原因；而对于民营企业组织层面的反应规则，一般认为惯例较为合适，惯例会协调组织成员间的关系，使组织对外在环境形成相对稳定的反应，能有效提高组织的适应能力；[66]政府也是一个组织，政策是其应对外在环境的反应表现，外在环境相对稳定的情况下，政策推动下的民营经济演化发展会表现出相对稳定性。当环境发生较大变化时，惯例的影响机制就会减弱，在偏好和理性作用下，与之相应的政策也会发生较大变化，并在特定场景中逐渐形成“因”“果”相互作用，最终呈现出累积因果的演化规律，从而构建起一个民营经济演化逻辑的理论构架（图2–1）。

从图2–1可以看出环境、政策、民营经济多层级、结构化的演化过程，各层级间相互存在着作用与反作用关系；政府在偏好、惯例和环境约束的共同作用下形成政策，对民营经济产生积极或者消极作用；而民营经济一般都是业主领导，业主在本能、习惯和偏好的共同作用下做出决定，会增强或者减弱民营经济适应环境的能力。[67] 因此，从理论视角来看，社会经济体系的演化逻辑会有其复杂化的成因及影响。[68]

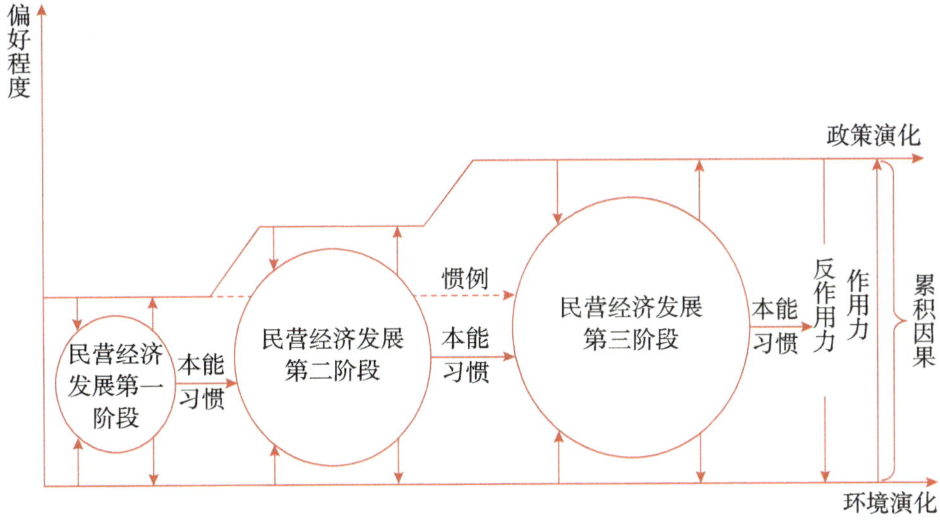

图2-1　民营经济演化逻辑的理论构架

（二）民营经济演进逻辑的理论探索

作为一种经济组织形态，基于民营经济演化逻辑的理论构架分析，因受发展环境、政府政策、民营经济业主等多重因素影响，民营经济在我国经历了从无到有、从弱到强、从小到大的发展过程；民营经济的发展与演进逻辑内生于我国四十多年的市场化取向改革与开放实践中，并成为我国社会主义建设事业的内在组成部分。首先，民营经济是改革开放战略的内生产物。没有改革开放，就没有农村生产力水平的提高以及农村集市贸易的出现，就没有为解决农村剩余劳动力等问题的乡镇企业和乡村私营企业的大力发展；民营经济是内生于我国改革开放战略、实现先富带动后富、最终促进共同富裕的一种经济组织形式。其次，民营经济是市场化取向改革的内在选择。民营经济是天生的市场派，市场打开了，以市场为导向的投资和生产也随之快速地发展起来，早期“苏南模式”中的乡镇企业也在一次次市场化改革的洗礼中实现了向产权清晰的现代企业的转型；理解民营经济的重点就在于“民”和“营”二字，其中“民”指出了发展的路径和目标（即依靠人民和为了人民），“营”则指出了发展的手段（即立足市场、自主经营），民营经济的不断发展和壮大就是市场化取向改革的内在产物。第三，民营经济是我国社会主义建设事业的内在组成部分。随着我国计划经济体制的逐渐解体以及市场经济体制的最终确立，作为原本计划经济体制外的力量，民营企业在“脱贫攻坚”“乡村振兴”等重大战略中做出积极贡献，民营经济已经自然而然就成为当下体制——社会主义市场经济的内在力量，并且在未来新的历史征程中，民营经济还将是“中国共产党长期执政、团结带领全国人民实现‘两个一百年’奋斗目标和中华民族伟大复兴中国梦的重要力量”①，是我国社会主义现代化建设事业的内在组成部分。[62]

① 习近平．在民营企业座谈会上的讲话［EB/OL］．人民网，2018-11-02.https://jhsjk.people.cn/article/30377329

第二节　民营经济相关争论的理论谬误辨析

实践是理论之源，习近平总书记在《开辟马克思主义中国化时代化新境界》一文中指出："理论的飞跃不是体现在词句的标新立异上，也不是体现在逻辑的自洽自证上，归根到底要体现在回答实践问题、引领实践发展上。马克思主义是实践的理论。我们推进理论创新是实践基础上的理论创新，而不是坐在象牙塔内的空想，必须坚持在实践中发现真理、发展真理，用实践来实现真理、检验真理。"经过改革开放四十多年的实践与探索，党和国家在发展民营经济的大政方针上，已经跨越了制度、政治、法律和政策障碍。如制度上，从党的十三大到党的十九届四中全会，非公经济已由公有制经济的必要补充成为社会主义市场经济的重要组成部分，"公有制为主体、多种所有制经济共同发展"由社会主义初级阶段基本经济制度的组成部分，变成社会主义基本经济制度的组成部分；政治上，"两个毫不动摇""两个不可侵犯""两个同等保护"在党的文献中多次重申，非公经济人士[①]已从"资本家"变成中国特色社会主义事业的建设者，成为"自己人"，许多民营企业家不仅当了政协委员、人大代表，还入了党，当了劳模；法律上，《中华人民共和国宪法》和《中华人民共和国民法典》都确立了民营经济的合法地位，强调私有财产不可侵犯；政策上，非公经济前后"36条"、民营经济"31条"等

① 指全民所有制和集体所有制企事业单位以外的人，非公有制经济是相对于公有制经济而产生的一个名词。

一系列文件的出台，都表明民营经济发展的政策障碍也正在消除①。但在民营经济发展理论方面缺乏根本性突破，社会上对民营经济的认知存在很多谬误并引发争论，如"民营经济离场论"的理论谬误、剥削与私有制等同起来的认识谬误、国有经济和民营经济对立的认知谬误等。针对出现的相关争论与认知谬误进行理论上的回应，并及时剖析其背后的理论难题，不仅是中国民营经济进一步高水平高质量发展所必须正视的，也是新的历史时期全面迈向中国式现代化必须扫清的理论障碍。

一、"民营经济离场论"的理论谬误

近年来，以"民营经济离场论"为代表的相关言论曾引发热议，一定程度上混淆了对民营经济社会地位和作用的理论认知。2018年1月，题为《共产党人可以把自己的理论概括为一句话：消灭私有制》的文章在思想和舆论界掀起了不小的争论；单纯从理论上看，最终消灭私有制的说法似乎并无太大问题，但在当时民营经济面临诸多困境的背景下，该提法在互联网上的不断发酵造成了一种似乎可以无视我国社会主义初级阶段的现实条件而谈论消灭私有制的幻像，使得民营经济的发展信心受到极大的影响②。2018年9月12日，有自媒体发表署名为吴小平的文章《中国私营经济已完成协助公有经济发展的任务，应逐渐离场》在网上迅速传播，再次对民营经济的发展信心造成冲击。正是在此背景下，中央召开了民营企业座谈会，旗帜鲜明地驳斥了以"民营经济离场论"为代表的相关言论。因此，在全面建设社会主义现代化国家的新征程中，民营经济也是"只能壮大、不能弱化；不仅不能'离场'，而且要走向更加广阔的舞台"。

---

① 长期稳定民营企业信心，亟需进一步理论创新——两场民营经济理论专家座谈会观点综述[EB/OL].经观数字报

② 习近平.在民营企业座谈会上的讲话[EB/OL].人民网

（一）现阶段民营经济不可能离场

《共产党宣言》明确提出，“共产主义的特征并不是要废除一般的所有制，而是要废除资产阶级的所有制”[①]。作为社会主义市场经济条件下的一种经济组织形式，我国的民营经济以城乡劳动者多种形态的自主劳动为基础，显然不是共产党人应废除的资产阶级私人所有制经济。从实践看，民营经济从小到大、从弱到强，经历了从“必要的”和“有益的”补充，到成为我国社会主义市场经济的重要组成部分的发展历程，地位不断提升和巩固；[69]民营经济不仅不可能离场，还需要在未来改革开放与中华民族伟大复兴的新征程中发挥重要作用。作为在我国社会主义初级阶段与公有制经济共同发展的社会经济形态，民营经济的发展具有正当性、合法性，理应受到国家宪法和法律的保护。[62]

（二）民营经济仍需进一步发展壮大

以“民营经济离场论”为代表的相关言论，本质上都是认为民营经济只能在一定时期一定范围内存在，认为民营经济是我国发展社会主义市场经济的阶段性工具，最终必然要走向消亡。事实上，若论及“工具”，任何形态的所有制都可以说是工具，都是最终实现共同富裕、实现人的全面发展的工具。从理论看，我国社会主义经济制度中关于民营经济的性质、地位与作用的定位，是民营经济发展壮大的理论基础和体制根基。[69]因此，在我国社会主义初级阶段乃至整个社会主义阶段，民营经济不仅不应被消灭，还应进一步发展壮大；甚至在未来的共产主义阶段，作为一种资源配置的组织形式，只要“民”仍存在，只要仍然需要一定形式保障资源有效配置的“营”，民营经济就仍然可能继续存在。[62]

---

① 马克思，恩格斯．共产党宣言［EB/OL］．共产党员网

（三）“晋江经验”对民营经济发展的理论贡献

“晋江经验”是习近平同志2002年在福建省工作时提出的，他先后于当年8月与10月在《人民日报》《福建日报》发表了两篇关于“晋江经验”的调研论文，首次较为系统深入地阐述了民营经济发展的若干重要理论问题，特别是从马克思“过渡时期”理论出发，阐释“晋江经验”重要论述在社会主义初级阶段中的理论意义。事实上，马克思对于资本主义之后的社会发展有一个重要的“过渡时期”理论，但对于“过渡时期”所有制经济如何发展并没有给出现成的答案。“晋江经验”重要论述所蕴含的该不该发展民营经济、如何做大做强民营经济、民营企业家怎么办以及政府在民营经济发展中的作用等理论思想，进一步论证、充实以及完善了马克思的“过渡时期”理论，是对民营经济发展实践的理论提升，对于驳斥“民营经济退场论”等错误观点，以及进一步促进民营经济高质量发展具有实践意义。[70]

二、剥削与私有制等同起来的认识谬误

非公有制经济在我国的发展，已经消除了政治、法律和政策上的障碍。但是，非公有制经济在发展中，“恐私、怕私、惧私”的传统观念影响仍然存在。究其缘由便不难得知，人们之所以痛恨和诅咒私有制，并不在于私有制本身，而在于人们赋予私有制的一个似乎是与生俱有的属性——剥削；[71]把剥削与私有制看作孪生兄弟，甚至等同起来，是阻碍民营经济正常发展的重大理论障碍，要通过理论创新把二者分割开来，消灭剥削不意味着就一定要消灭私有制。因为劳动是创造价值的源泉，但不是唯一源泉，其他生产要素同样参与价值创造，同样有权参与价值分配，获得与其贡献相应的份额。党的十六大报告提出“确立劳动、资本、技术和管理等生产要素按贡献参与分配的原则”；党的十九届四中全会强调要“健

全劳动、资本、土地、知识、技术、管理、数据等生产要素由市场评价贡献、按贡献决定报酬的机制”。党中央确定的生产要素按贡献参与分配的原则、机制和制度，为保护私有财产和发展民营经济提供了重要的政治依据和充分理论基础。①现在允许私有制存在，确定“按生产要素分配”，以生产要素按贡献参与分配，其实仍是按劳分配，并非意味必然要以默认剥削为代价。总之，在不消灭生产资料私有制的前提下，也完全能消灭所有的剥削和剥削阶级。[72]

（一）广义价值论：揭示了各生产要素按贡献参与分配的价值基础

广义价值论把价值创造与价值分配统一起来，把使用价值（物质财富）和价值（社会财富）统一起来，把生产与消费、供给与需求统一起来，从而与按生产要素贡献分配理论构成了统一的逻辑一致的价值分配理论，故称之为“广义价值论”。[73]根据广义价值论和按生产要素贡献分配理论，[74]可以对剥削重新加以定义：所谓剥削，就是在利用他人拥有的生产要素时所付报酬低于其贡献，其实质是对他人要素贡献的无偿占有。判断剥削与否的标准是报酬与贡献是否一致：如果一个人（及其所拥有的要素）的报酬低于其贡献，他就是被剥削了；如果其报酬高于其贡献，他就是剥削了别人；如果报酬与贡献一致，就是按贡献分配，其中既不存在剥削，也不存在被剥削。[75]因此，以要素贡献为基础的非劳动收入不应再视为剥削，剥削与所有制没有必然联系，私有制未必产生剥削，公有制未必没有剥削。这样，消灭剥削和发展非公有制经济就可以并行不悖了，保护私有财产也不再是权宜之计，而是天经地义。

（二）企业劳动产权理论：可以将按劳动分配与按要素分配统一起来

劳动产权理论从马克思的剩余价值理论和建立个人所有制理论出发，具体论

---

① 长期稳定民营企业信心，亟需进一步理论创新——两场民营经济理论专家座谈会观点综述［EB/OL］. 经济观察网 http://www.eeo.com.cn/2023/1207/617694.shtml

述了“企业的各种劳动要素应该各按其劳动贡献获得企业公共积累或企业增量资产中的排他的个人权利份额”这一基本思想，是现代制度经济学与马克思劳动价值理论的一种成功结合。而所谓企业的劳动产权，指的就是企业的增量产权的归属问题。[76]为此，企业劳动产权理论认为，企业的增量产权可以分割为三个方面：一是企业投资的利息回报（过去劳动的回报），不承担风险的投资回报，等于市场利息。二是企业的风险劳动回报，企业风险劳动具有二重性，作为投资额的风险抵押（动产或不动产），它是一种过去的劳动；作为企业主在企业运营中的“操心”，它是一种活劳动。三是企业的活劳动回报。按照传统经济学理论，企业增量产权中还有第三块收入，即企业主收入，但在企业风险劳动回报和利息回报独立出来之后，就不存在传统的企业主行为，剩余的收入就应该是企业内部劳动者各按其贡献大小得到的活劳动回报（参与分割企业纯利润中超过市场利息部分）①。

（三）中国民营经济论：提出了民营企业家的五个报酬理论

《意见》明确提出，“要加强理论研究和宣传，引导社会正确认识民营企业的重大贡献和重要作用，正确看待民营经济人士通过合法合规经营获得的财富。”为此，由滕泰、张海冰所著的《中国民营经济论：活力、生态与未来》，[77]从“三民”，即民营企业家、民营企业与民营经济的视角来梳理和创新中国民营经济理论，提出了“中国民营经济十论”的理论体系，其中的民营经济的“报酬五论”从理论上论证了民营企业家的资本、创新、风险、管理与复杂劳动五种要素的角色和贡献，公正客观地评价了民营企业家在创造财富过程中的特殊贡献，以及民营企业家获得报酬的合理性与正当性，批驳了剥削论、原始积累论等一些错误的观点，从理论上阐述民营经济人士的合法财富来源，[78]可以说是填补了民营经济理论研究的空白，非常有意义，有助于对民营经济理论正本清源，有助于提振民

① 长期稳定民营企业信心，亟需进一步理论创新——两场民营经济理论专家座谈会观点综述［EB/OL］. 经济观察网，http: //www.eeo.com.cn/2023/1207/617694.shtml

营企业家的信心，有助于民营经济的健康稳定可持续的繁荣与发展①。

三、国有经济和民营经济对立的认知谬误

多种经济成分共生繁荣是完整的生态系统，试图把国有经济和民营经济彻底对立起来的言论，不管是片面地硬挺国有还是片面地硬挺民营，都是错误的。国有民营两种经济形式同时存在，有分工、有协作、有竞争，做强做优做大国有企业就是同时在为做大做优做强民营经济创造更好的环境和条件，我国经济发展能够创造中国奇迹，民营经济功不可没；坚定不移地做大做强国有经济和坚定不移地支持民营经济发展，是一体两面的关系，也是中国经济体制的一大优势。[79]另外，支持民营经济发展已不单纯是一个经济问题，如果从政治层面考虑，“自己人”定位则是习近平总书记关于民营经济的又一重大论断。新的历史时期，进一步将“自己人”重要思想和精神融入中国特色社会主义市场经济理论体系中，在实践中切实落实“自己人”思想，是当前理论和实践创新的重要课题。无论是从社会基础和社会情感上论，还是从经济基础和理论认知上论，民营企业和民营企业家都是“自己人”。

（一）国有经济与民营经济已进入共生发展关系

根据我国宪法关于多种所有制经济共同发展的表述，在社会主义初级阶段，国有经济与民营经济也应是共同发展、齐头并进的关系。事实上，国有经济与民营经济不仅是共同发展的关系，而且还应该是共生发展的关系，即二者互为对方发展的条件，即国有经济与民营经济已进入共生发展关系。一是国有经济与民营经济总体上有着各自不同的经济定位和产业分工，体现了双方协作共赢的关系；

① 以理论创新推动民营经济发展壮大：民营经济理论创新研讨会在京举行，胡德平、彭森、刘世锦等参会［EB/OL］. 新浪财经网，https://finance.sina.com.cn/china/2024-04-16/doc-inarxers3554842.shtml

二是在国有企业与民营企业相互竞争的领域，二者的共同发展体现了市场信息的充分利用和资源的优化配置；三是近年来部分民营企业在发展中遇到困境和挑战，其反映的是民营经济内部数量型发展向质量型发展的转变趋势，而并不意味着出现了“国进民退”趋势，事实上也没有出现这样的趋势。[80]

（二）中国式现代化建设需要国企民企深度合作

党的二十大描绘了全面建设社会主义现代化国家、以中国式现代化全面推进中华民族伟大复兴的宏伟蓝图。建设中国式现代化，经济现代化是重要物质基础，而高质量发展则关系到我国社会主义现代化建设全局。在推进中国式现代化进程中，国有企业和民营企业都是社会主义市场经济的重要主体，且在多个领域存在紧密联系，无论是促进经济高质量发展、推动高水平科技自立自强，还是保障产业链供应链安全稳定、实现共同富裕和绿色发展等，都需要通过资源整合、资本融合、产业协作、创新协同等多种途径，构建形成深度合作、协同发展、互利共赢的新格局。由此，中国式现代化建设需要国企民企深度合作，这不仅是社会主义基本经济制度的微观呈现形式，也是国企民企经济技术联系的必然要求，[81]并将开启一个新的时代。

（三）以“自己人”定位推动民营经济高质量发展

所谓“自己人”，是指彼此之间关系密切、真心相待，可以相互依靠、携手共进的人，亦称“自家人”“自己方面的人”。习近平总书记在民营企业座谈会上的讲话中，掷地有声地提出“民营企业和民营企业家是我们自己人”的重要论断，①可以说，这既是我们党对新时代民营经济的定位，也是进一步引领民营企业重振信心、再燃激情、续写高质量发展传奇的最大底气。而推动民营经济高质量发展，

---

① 习近平．民营企业座谈会上的重要讲话［EB/OL］．中国政府网

必须准确把握彼此信任、共谋发展是“自己人”的基本姿态，相互扶持、共度时艰是“自己人”的力量之源，诚信守诺、言出必行是“自己人”的信心之本，亲而有度、清而有为是“自己人”的长久之道等行为逻辑。总之，民营企业“自己人”的属性定位宣示了“两个毫不动摇”的鲜明导向，彰显了党和国家坚定而长远的战略定力。[82]

第三节 我国民营经济发展的实践事实

中华人民共和国成立70多年来，国家经济建设取得了举世瞩目的辉煌成就，特别是40多年的改革开放实现了世界上罕见的持续高速发展和长久繁荣。在这一经济成就中，民营经济在稳定增长、促进创新、增加就业、改善民生、扩大开放等方面表现卓越，成为推动国家经济前进的重要力量。当然，民营经济取得的这些辉煌成就，也并非一蹴而就，而是在经历总量上的阶段性震荡与趋势性收缩、结构上的横向竞争加剧与纵向升级受阻、创新上的质量下降与转型动能不足等多重发展压力的历练后逐渐实现的。为此，我们结合其发展历程、发展成效和发展挑战，对我国民营经济发展的实践事实进行如下简要梳理。

一、我国民营经济的发展历程

（一）民营经济实践中的萎缩发展（1949—1978年）

中华人民共和国成立初期，经济基础非常薄弱，最重要的任务是恢复经济，政府结合实际，允许民营经济继续发展，同时发展壮大国有经济，以此带领人民过上富裕生活。随着1953年抗美援朝战争取得胜利，加上苏联的榜样作用和支持，国家开始大胆地探索尝试，到1956年基本实现了社会主义改造；1958年中共八届六中全会宣布要全面实现全民所有制，使国有经济成为唯一的经济成分；到

1965年全民所有制企业的产值在国民经济中占比达到90.1%，集体所有制企业占比9.9%。[83]同时建立集中计划经济体制，努力促成社会主义生产关系的形成。由于民营经济并不在这一发展逻辑中，所以日益衰减，经“大跃进”和后来的“文化大革命”运动，又受极“左”思潮和政策影响，非公有制经济的最后遗迹基本上也被一扫而光。然而，在这种纯而又纯的公有制经济制度下，整个国民经济发展也出现低效和停滞，[84]要使人民过上富裕生活还必须进行新的探索。

（二）民营经济实践中的初步发展（1978—1992年）

1978年底召开的党的十一届三中全会拉开了改革开放的大幕，党破除所有制问题上的传统观念束缚，为非公有制经济发展打开了大门。从党的十二大提出“鼓励和支持劳动者个体经济作为公有制经济的必要的、有益的补充”，再到党的十三大提出“私营经济也是公有制经济必要和有益的补充”，标志着我们党开始认识到市场因素对调节经济利益进而促进经济发展的作用，政府对民营经济发展采取了稳妥的、有限度的政策支持。这一时期，“草根创业”开始兴起，柳传志、鲁冠球、年广久等中国第一代民营企业家群体正式诞生。全国个体经济从业人员从1978年的14万人快速增加到1992年的2 467.7万人，私营企业第一次被纳入官方统计数据，达到13.9万户。其间对于省级层面而言，浙江省作为中国民营经济的领头羊，民营经济的壮大成为浙江经济崛起的重要因素，浙江省的GDP总量也由1978年的124亿元增加至1991年的1 089亿元，位居全国第六，年均增长12.2%，奠定了浙江省在全国的经济地位；同时，民营经济成为浙江省最亮丽的“金名片”。[85]

（三）民营经济实践中的快速发展（1992—2002年）

这一阶段，国家更加重视保障、引导非公有制经济发展。1992年邓小平南方谈话提出“三个有利于”，掀起了改革开放的新高潮，我国民营经济如沐春风，进入新的快速发展阶段；党的十五大把“公有制为主体、多种所有制经济共同发展”

确立为我国社会主义初级阶段的一项基本经济制度，第一次明确提出“非公有制经济是社会主义市场经济的重要组成部分”，出台了《股份有限公司规范意见》等一系列改革举措，为民营经济蓬勃发展注入了巨大活力。新希望集团主席刘永好曾经担任第七、第八届全国工商联副主席，也是改革开放后全国工商联第一个企业家副主席。与此同时，民营经济表现抢眼，现代企业制度开始真正建立起来，这一时期，全国个体工商户增长了54%，从业人员增长了92%；私营企业达到243.5万户，增长了16.5倍，税收贡献976亿元，增长了243倍。[86]

（四）民营经济实践中的跨越式发展（2002—2012年）

党的十六大提出“两个毫不动摇”，明确“必须毫不动摇地鼓励、支持和引导非公有制经济发展”，党的十七大提出“坚持平等保护物权，形成各种所有制经济平等竞争、相互促进新格局”；国务院下发《关于鼓励支持和引导个体私营等非公有制经济发展的若干意见》（非公经济36条），赋予了民营经济与国有经济同等的发展机遇；《企业所得税法》《物权法》《中华人民共和国反垄断法》等政策法规的密集出台，促进了非公有制经济发展的政策体系和法律体系日益完善。这一阶段，中国加入世界贸易组织（WTO）、互联网创业浪潮的兴起等也都为民营经济提供了更多机遇。在这一过程中，民营经济得到跨越式发展，并与公有制经济共同成为国民经济的重要支柱；[87]全国个体工商户首次突破4 000万户，10年间私营企业增长了3.46倍，从业人员增长了1.03倍，民营经济占GDP的比重、民间投资占固定资产投资的比重双双超过60%。[86]

（五）民营经济实践中的转型发展（2012—2017年）

从2012年开始，中国经济遭遇“三期叠加”（增长速度换挡期、结构调整阵痛期、前期刺激政策消化期），经济增长速度明显趋缓，已从过去的高速增长转向中高速增长，由此，民营经济进入转型发展阶段。其间，党的十八大明确提出

“毫不动摇鼓励、支持、引导非公有制经济发展，保证各种所有制经济依法平等使用生产要素、公平参与市场竞争、同等受到法律保护”。党的十八届三中全会提出，公有制经济和非公有制经济都是社会主义市场经济的重要组成部分；国家保护各种所有制经济产权和合法利益，坚持权利平等、机会平等、规则平等。党的十八届四中全会提出要“健全以公平为核心原则的产权保护制度，加强对各种所有制经济组织和自然人财产权的保护，清理有违公平的法律法规条款”。党的十八届五中全会强调要“鼓励民营企业依法进入更多领域，引入非国有资本参与国有企业改革，更好激发非公有制经济活力和创造力”。[88]截至2017年底，我国民营企业的数量超过2 700万家，个体工商户超过了6 500万户，注册资本超过165万亿元，民营经济占GDP的比重超过了60%，撑起了我国经济的“半壁江山”。①

（六）民营经济实践中的高质量发展（2017年以来）

习近平同志站在历史和时代的高度，在2017年党的十九大报告中鲜明提出习近平新时代中国特色社会主义思想和基本方略，做出了“我国社会主要矛盾已经转化为人民日益增长的美好生活需要和不平衡不充分的发展之间的矛盾”重要判断，并就鼓励支持民营经济发展作出许多新的重大论述，把“两个毫不动摇”作为党和国家一项大政方针进一步确定下来，为我国民营经济持续健康发展指明了方向，标志着我国民营经济进入一个新的发展阶段；[89]在党的二十大报告中又明确强调，“高质量发展是全面建设社会主义现代化国家的首要任务。”而民营经济作为我国国民经济的重要组成部分，是推动高质量发展的重要主体，民营经济的高质量发展将具有长远意义；《中共中央国务院关于促进民营经济发展壮大的意见》发布，则对着力推动民营经济实现高质量发展提供了一批举措，加快民营经济高质量发展成为新时代的必然。比如，截至2023年9月底，

① 民营经济占GDP比重超60% 撑起我国经济“半壁江山”［EB/OL］. 手机人民网

全国登记在册民营企业数量超过5 200万户，在企业总量中的占比达到92.3%，已经成为推动民营经济高质量发展的重要力量。①

二、我国民营经济的发展成效

民营经济是我国社会主义市场经济的重要组成部分，是民富国强的重要贡献者，也是经济发展的重要动力、国家税收的重要来源、科技创新的重要主体、稳定就业的重要依托、对外开放的重要力量。改革开放以来，我国民营经济规模迅速增长，发展成效十分显著。[90]

（一）体现在民营经济发展水平大幅跃升

改革开放40多年来，我国民营经济从小到大、从弱到强，不断发展壮大，贡献了50%以上的税收、60%以上的国内生产总值、70%以上的技术创新成果、80%以上的城镇劳动就业、90%以上的企业数量。民营经济已经成为坚持和发展中国特色社会主义的重要经济基础，始终是经济社会发展的重要力量。

（二）体现在民营企业规模持续扩大

截至2023年3月底，全国登记在册民营企业数量超过4 900万户，其在企业总量中的占比达到92.3%，民营企业投资持续提升，成为国民经济增长的重要基石，并在总体规模和实力实现新跨越的同时，成为推动中国式现代化的生力军。

（三）体现在民营企业家队伍健康成长

国家市场监督管理总局统计显示，截至2023年1月，我国市场主体达1.7亿户，

① 2023年前三季度全国新设民营企业706.5万户 发展韧性持续显现［EB/OL］. 中国政府网

其中全国登记在册个体工商户达1.14亿户，约占市场主体总量2/3、带动近3亿人就业；广大民营企业家坚持传承弘扬优秀企业家精神，围绕履行社会责任，听党话、感党恩、跟党走的政治自觉不断增强，用实际行动证明了“自己人”论断的科学性、正确性。

（四）体现在民营经济发展营商环境的不断优化

在市场化方面，通过简政放权、商事制度改革、减税降费，为市场主体“松绑”为民营经济创造了良好的发展环境；在法治化方面，围绕市场准入、促进民间投资、保护知识产权、反垄断等制定或完善法律法规，不断将优化营商环境成果法治化；在便利化方面，政务服务水平持续提升，将多个部门相关联的“单项事”整合为企业和群众视角的“一件事”，实现“一件事一次办”，多数服务事项都实现了全流程“网上办”“掌上办”。

（五）体现在民营经济治理体系更加完善

随着民营经济统战工作的组织依托不断夯实，工商联及所属商会基层组织的协同参与，以及《关于促进民营经济发展壮大的意见》对引导民营企业完善治理结构和管理制度的强化与健全，民营企业的内外部治理体系建设得到更好完善，治理效能也有了显著提升。

三、我国民营经济的发展挑战

从我国民营经济的发展历程来看，市场环境、政商关系、治理能力等始终是影响其发展的关键问题。当前国际国内环境变化正面对高度的不确定性与不可知性，民营经济原有发展优势、模式和动力正在加速重构，其面临的发展挑战也已迎来系统性变化。[91]

（一）高质量发展对民营经济发展提出了更高要求

民营经济是社会主义市场经济发展的重要成果，是推动社会主义市场经济发展的重要力量。改革开放以来，民营经济在人口红利、制度红利、开放红利的推动下高速发展，实现了规模和数量的快速扩张。在国际经济环境深刻变化、国内经济下行压力增大的背景下，面对高质量发展的新要求，我国各行各业均呈现“从无到有”转向“由有到优”的发展特征，民营经济必须转变发展方式、调整产业结构、转换增长动力，坚守主业、做强实业，自觉走高质量发展路子。[①]而这一转变过程，对于民营经济来说是一次革命和蜕变，并非轻轻松松就能实现的，必须做好应对一系列发展风险挑战的准备。

（二）中国式现代化对民营经济发展提出了更高要求

中共中央、国务院发布《关于促进民营经济发展壮大的意见》，充分肯定了民营经济在中国式现代化和实现第二个百年奋斗目标的重要作用，要求“引导民营企业通过自身改革发展、合规经营、转型升级不断提升发展质量，促进民营经济做大做优做强，在全面建设社会主义现代化国家新征程中做出积极贡献”。中国式现代化是全体人民共同富裕的现代化，民营企业必须担负促进共同富裕的社会责任，民营企业家要增强先富带后富、促进共同富裕的责任感和使命感；同时，中国式现代化也是人与自然和谐共生的现代化，在推进绿色发展与碳达峰碳中和的新征程上，对民营企业在节约集约利用资源、加快发展方式绿色低碳转型方面，又提出了更高要求。

（三）国际竞争新形势对民营经济发展提出了更高要求

党的二十大确定“推进高水平对外开放”的战略部署。民营企业要积极参与

① 正确引导民营经济健康发展高质量发展［EB/OL］. 中国共产党新闻网

全球范围产业分工和资源配置，提升核心竞争力，在深化改革、扩大开放上续写新篇。近年来，世界经济复苏进程受阻，贸易保护主义抬头，我国经济社会发展的外部环境发生了深刻系统变化。一方面，逆全球化趋势加重，美日欧等发达国家和地区对我国产业链进行技术封锁，在一定程度上阻碍了民营企业全球价值链攀升进程；另一方面，东南亚国家制造业加快崛起，挤压了我国民营企业参与国际市场竞争的传统优势空间。[①]由此，在加快构建新发展格局上，国际竞争新形势对民营企业"走出去"融入全球市场发展提出了更高要求，并给民营经济的全球化发展带来巨大的竞争、政策和法律等挑战。

（四）发展新质生产力对民营经济发展提出了更高要求

习近平总书记提出"加快形成新质生产力，增强发展新动能"。新质生产力具有高科技、高效能、高质量的特征；与生产力相比，新质生产力的"新"，体现在以科技创新为驱动，以知识和信息为要素，以提高劳动生产率和资源利用效率为目标所进行的生产方式、组织方式和管理方式的变革。由此，发展新质生产力对民营经济发展提出了更高要求。一方面，重大颠覆性技术创新以革命性方式对传统产业产生"归零效应"，这将对民营经济的某些产业造成致命性打击；另一方面以"互联网+""智能+"为特征的数字经济正推动传统产业数字化变革，而民营经济数字化转型既面临着投入大、周期长、风险高等问题，也面临着数字化与企业创新、管理、组织架构融合发展等挑战。

（五）建立现代企业制度对民营企业经营和管理提出了更高要求

党的二十大报告指出，要"完善中国特色现代企业制度，弘扬企业家精神，加快建设世界一流企业"。民营经济特别是民营企业发展面临的挑战，既有外部经

① 推动新时代民营经济高质量发展［EB/OL］. 求是网 http: //www.qstheory.cn/dukan/hqwg/2024-04/27/c_1130133390.htm

营环境问题，也有企业内部问题。当前，一些民营企业的经营管理和现代企业制度的要求不相适应，和世界一流企业存在较大差距。我国大部分中小型民营企业是自然人或家族企业，企业产权结构单一，企业制度不健全、管理不规范等问题仍然普遍存在；部分大中型民营企业虽然建立了现代企业制度，但仍会遇到基于“亲缘”的家族管理与现代企业治理之间的冲突，民营企业代际传承不顺畅的难题依然存在。在坚持和完善社会主义基本经济制度进程中，我国民营企业的产权结构会加速趋于多元化；随着其所有权与经营权分离、股权多元化和资本社会化的引入，必然对民营企业经营和管理提出更高的要求。

第三章
基于所有制理论创新来重新认识民营经济

任何社会的经济制度都以生产资料所有制为基础，所有制问题是社会主义经济中的重大理论和实践问题。在当代马克思主义政治经济学中，生产资料所有制问题是社会主义经济理论中最具标志性的理论。中华人民共和国成立以来，特别是改革开放以来，马克思主义政治经济学中国化、时代化取得了重大成就，形成了中国特色社会主义政治经济学，并根据生产力发展的客观实际，逐渐形成了“公有制为主体、多种所有制经济共同发展”的社会主义基本经济制度，使社会主义所有制理论得到了创新发展；[92]基于改革开放的生动实践，对公有制、非公有制、混合所有制经济等中国特色政治经济学基本范畴的认识不断深化，以及对所有制实践的创新发展，又为重新认识“民营经济”提供了极好的洞察视角。

第一节　我国所有制理论的发展分析

对我国所有制理论的演进历程进行考察，自中国共产党成立开始，从新民主主义时期的对各种所有制理论的探索，到社会主义改造完成后实行单一公有制理论，再到中国特色社会主义基本经济制度，这些演变的背后，必有其自身的发展脉络，并蕴含于马克思主义政治经济学中国化、时代化的重大成就中；[93] 所有制理论的突破和发展，也进一步开辟了马克思主义政治经济学的新境界。

一、所有制理论的历史演进梳理

（一）初探期：新民主主义革命时期的所有制理论

在这一时期，对所有制问题的早期探索，只能结合新民主主义革命的时代背景，并从当时社会上存在的多种经济成分出发，开始为后来的各个时期的探索提供必要的基础和经验。

1.反对资本主义剥削，积极探索土地革命并保护中小商人利益

首先是关于没收一切生产资料归为国有，这就对生产资料的归属有了初步设想，并且已经带有公有制的色彩；而1928年中共六大上通过的《土地问题决议案》则已明确指出："苏维埃政权稳定后，即当实现土地国有"。[94] 同时还对初步实现工业国有化展开有益探索，并认识到大工业的国有化，将是我国进行社会主义建

设的第一步；它将消灭一切无序的生产，并将其转变为对全社会有利的，有计划有组织的生产，[95]还明确提出了“保障小商人营业”“废除苛捐杂税”等口号。[94]

2. 允许外国资本经营，鼓励私人投资发展苏区经济

这段时期所有制理论的探索，主要是围绕苏区经济发展而展开的，大体上可划分为两个阶段：第一个阶段是1931—1937年，第二个阶段是1938—1939年。其中，在中央苏区和广大根据地，我党为了实行扶持鼓励发展工业的政策，在大力创办国营工业和合作社工业的基础上，于1932年颁布了《关于工商业投资暂行条例的决议》，其中明确提出“允许私人资本自由投资经营工商业”。[96]1935年12月召开的瓦窑堡会议确立了抗日民族统一战线的策略，同时也提出了保护城乡小资本工商业的政策；[97]同时还采取宽松的财政政策，废除苛捐杂税，实行有利于小生产者的统一累进税，提升小生产者的积极性，对民族工商业也取消了相应的限制，允许其在一定范围内发展；一种小生产者的、集体的经济形式由此在苏区逐渐发展起来。

3. 大力发展国营经济，在维持鼓励的基础上适时调整并限制私有资本

自1939年抗日战争进入相持阶段后，陕甘宁边区的财政和经济遭遇了极大困难，随即开始大生产运动并倡导自给自足，大力发展国营经济，同时开始关注国营经济在所有制理论中的地位，并适时调整对待私有制政策，在维持鼓励的基础上予以一定的限制。1945年，毛泽东在《论联合政府》中称“一定要让私人资本主义经济在不能操纵国民生计的范围内获得发展的便利，才能有益于社会的向前发展”。[98]这一政策表现出党对待私人资本主义的态度转变，即在鼓励发展的同时又予以限制。同时，毛泽东还对几种经济形式的成分进行了概括，“国营经济是社会主义性质的，合作社经济是半社会主义性质的，加上私人资本主义，加上个体经济，加上国家和私人合作的国家资本主义经济，这些就是人民共和国的几种主要的经济成分，这些就构成新民主主义的经济形态。”[99]关于新中国的经济建设方针，必须以国营经济为主体，使合作社经济与国营经济密切结合起来，并积极引导广大小生产者向合作社发展。

（二）发展期：社会主义革命和建设时期的所有制理论

在这一时期，所有制理论发展经历了三个阶段：一是在国民经济恢复时期，逐步形成了以国营经济为主导、多种所有制经济共存的所有制结构；二是向社会主义的过渡时期，形成了包括全民所有制、集体所有制在内的公有制经济，并在所有制结构中占据主要地位；三是从“一五计划”完成后到“文化大革命”结束，因受“左”的思想的影响，急于实现全民所有制，从而进一步强化了单一的公有制结构。[100]

1.社会主义改造时期的所有制理论

1953年9月，毛泽东正式公布了党在过渡时期的总路线，简称“一化三改”“一体两翼”。随着这一路线的实施，新中国开始由新民主主义向社会主义社会过渡。当时的社会生产资料所有制，主要包括国家所有制、合作社所有制、个体劳动者所有制和资本家所有制四种形式；“五四宪法”颁布实施后，我国掀起了农业合作化和资本主义工商业全行业公私合营的高潮。其中，《关于农业合作化问题》的报告，为了加速农业合作化的发展，无疑也极大助长了急躁冒进的发展情绪；而1955年12月召开的第五次全国手工业生产合作会议，提出了在两年之内基本完成手工业的合作化；到1956年，我国的社会主义改造基本完成，在所有制领域公有制开始占据主导地位。

2.实行单一的社会主义公有制

随着社会主义改造和“一五计划”的顺利完成，1958年8月，中央决定把各地成立不久的高级社，升级为大规模的、政社合一的人民公社；面对1959—1961年的三年困难时期，中央将农村的制度逐渐转为人民公社制度下“三级所有，队为基础”的农村土地集体所有制；到1965年，基本完成了预定的国民经济调整任务。在这一时期，政府放开了对农民经营家庭副业的限制，允许集体贸易，严厉打击“投机倒把现象”；1966年后，非公有制经济所剩无几。从当前看，这种所有制结构是对马克思主义所有制理论的偏离；但当时面对错综复杂的国际形势和百废待兴的特定发展背景，为了迅速实现工业化，创造性地将公有制经济和计划经济结合起来，却为后来建立独立完整的工业体系、实现工业化打下良好的物质基础，倒是一项行之有效的制度安排。

（三）转型期：改革开放与进入新时期的所有制理论

改革开放与进入新时期以来，我国所有制理论取得了一系列重大进展。在所有制结构方面，坚持公有制经济，鼓励非公有制经济发展的同时，逐步确立并不断丰富完善基本经济制度，其中最大的理论突破是提出了公有制为主体、多种所有制经济共同发展的基本经济制度理论；伴随理论创新推动实践进步，我国的所有制结构日趋合理，其发展大致可划分为三个阶段。[101]

1.非公有制经济是社会主义公有制经济的补充

1981年10月，中央将“社会主义公有制经济占优势的根本前提下，实行多种经济形式和多种经营方式长期并存”确定为一项重要的战略安排，同时还提出，现在已经开始恢复的个体经济应当得到继续发展；党的十二大在此基础上强调，在农村和城市都应该鼓励个体经济适当发展，成为公有制经济的有益补充。[102] 1982年第五届全国人大第五次会议通过的宪法，不仅明确指出公有制是社会主义经济制度的基础，并在宪法上确立了个体经济的合法地位。[103]而关于个体经济对公有制的作用方面，经过一定时间的实践，我国也形成了“个体经济是公有制经济的必要补充”的正确论断，并成为这一时期的重大理论创新。

2.在公有制为主体的前提下发展多种经济成分

党的十二届六中全会提出：“要在公有制为主体的前提下发展多种经济成分。”从这时起，党对非公有制经济的认识实现了由“补充论”到“共同发展论”的转变；1987年召开的中共十三大报告也对非公经济的发展做了相关理论阐述，认为

“目前全民所有制以外的其他经济成分，不是发展得太多了，而是还很不够。”因此今后要继续鼓励合作经济、个体经济等持续发展。[104] 1992年10月召开的党的十四大明确了社会主义市场经济的所有制基础，即“在所有制结构上，以公有制包括全民所有制和集体所有制经济为主体，个体经济、私营经济、外资经济为补充，多种经济成分长期共同发展，不同经济成分还可以自愿实行多种形式的联合经营。[105] 1993年，党的十四届三中全会更加清晰地指明了对待非公有制经济的态度，我国“以公有制为主体的多种经济成分共同发展的格局初步形成。”[106] 应该说，这为社会主义基本经济制度理论的形成作了比较充分的准备。

3.社会主义初级阶段基本经济制度的确立和发展

党的十五大首次提出了“基本经济制度”这一概念，明确“公有制为主体、多种所有制经济共同发展，是我国社会主义初级阶段的一项基本经济制度”，实现了中国特色社会主义所有制理论的重大飞跃，并把非公有制经济的地位提高到一个新的理论和实践高度，从而为后来的经济体制改革开辟了巨大的空间。到党的十六大和十七大，社会主义基本经济制度理论有了进一步的发展，其中，党的十六大报告首次提出了“两个毫不动摇”的方针，成为处理公有制经济与非公有制经济关系的基本理论和实践准则；党的十六届三中全会指出，“大力发展国有资本、集体资本和非公有资本等参股的混合所有制经济，实现投资主体多元化，使股份制成为公有制的主要实现形式”；党的十七大在基本经济制度理论中首次提出了“平等保护物权”，并强调“形成各种所有制经济平等竞争、相互促进新格局。”[107] 党的十七届五中全会则进一步明确，“营造各种所有经济依法平等使用生产要素、公平参与市场竞争、同等受到法律保护的体制环境”。[108]

（四）完善期：党的十八大以来的所有制理论

党的十八大以来，以习近平同志为核心的党中央开启了改革开放和经济发展新时代。党对所有制问题的认识更加深刻，形成了习近平新时代中国特色社会主义思想，其中包含着社会主义基本经济制度理论的创新和发展，进一步指明了公有制经济和非公有制经济未来的发展方向。例如，党的二十大报告就再次明确宣示，中国将"坚持和完善社会主义基本经济制度"，在所有制制度方面，要"毫不动摇巩固和发展公有制经济，毫不动摇鼓励、支持、引导非公有制经济发展"。[109]

1. 准确对待公有制经济和非公有制经济

2012年党的十八大报告，明确把"基本经济制度"列为了中国特色社会主义制度的内容；2013年党的十八届三中全会在完善基本经济制度方面又有了新的突破，提出将"基本经济制度"作为中国特色社会主义制度的重要支柱和社会主义市场经济体制的根基，强调要更加公平地对待和认识各种形式的所有制经济。习近平总书记也多次就这一内容发表重要论述，2015年11月，习近平总书记在参加十八届中央政治局第二十八次学习时曾指出，坚持和完善社会主义基本经济制度"是保证我国各族人民共享发展成果的制度性保证，也是巩固党的执政地位、坚持我国社会主义制度的重要保证"。[110] 在党的十九届四中全会上，更加全面地指出了基本经济制度对于发挥社会主义制度优越性、解放和发展社会生产力以及加快建设现代化经济体系的重要意义。[111]

2. 形成国有经济改革发展的新思路

2013年11月，党的十八届三中全会通过了《中共中央关于全面深化改革若干重大问题的决定》，指出了国有资本的五大功能领域，"国有资本投资运营要服务于国家战略目标，更多投向关系国家安全、国民经济命脉的重要行业和关键领域，重点提供公共服务、发展重要前瞻性战略性产业、保护生态环境、支持科技进步、保障国家安全"，从而明确了国有资本的功能领域，也就明确了国有经济改革的基本方向。2015年，国务院印发《关于国有企业发展混合所有制经济的意见》，着重强调了在国企改革中发展混合所有制经济的重要性；党的十九大报告则明确提出要"完善各类国有资产管理体制，改革国有资本授权经营体制，加快国有经济布局优化、结构调整、战略性重组"。[112]

2020年以来，党中央和国务院相继发布相关文件，更加清晰地指出要在实践中聚焦关键领域，积极推进经济体制改革，尤其是“推进国有经济布局优化和结构调整”。[113]

3.营造各类市场主体公平参与市场竞争的制度环境

党的十七大从法律的角度出发，要求实现不同所有制主体的“平等”关系；党的十八大则进一步扩大了主体的范围，指出公平参与市场竞争的各类市场主体依法平等使用生产要素、同等受到法律保护；[114]2013年党的十八届三中全会的决定，又明确提出了非公有制经济财产权不可侵犯，坚持各类市场主体权利平等、机会平等、规则平等，实行统一的市场准入制度等；[115]2014年，中共中央关于全面推进依法治国若干重大问题的决定，强调要加强对各类财产权的保护，不断创新适应我国公有制多种实现形式的产权保护制度；[116]2020年《关于制定国民经济和社会发展第十四个五年规划的建议》表示要激发各类市场主体活力，优化民营经济的发展环境，促进非公有制经济健康发展，依法平等保护民营企业产权和企业家权益；[117]而2023年7月19日，《中共中央 国务院关于促进民营经济发展壮大的意见》发布，提出31条政策支持民营经济发展，非常契合发展实际。[118]

二、所有制结构演变的理论探析

所有制的演变是指在一个社会中，不同形式的所有制及其实现形式的比重变化过程。随着从制度层面不断理顺政府与各类市场主体的关系，通过放宽市场准入、建立现代企业制度、实施产业政策等改革，采取发展个体私营经济、引进外资、改革发展国有企业、发展混合所有制经济和促进各种经济成分公平竞争等措施，大大推动了所有制结构向以公有制为主体、多种所有制经济并存的方向演变。[119]因此，对我国所有制结构演变进行理论探析，首先要理解所有制演变与经济体制转型的关系，同时也要弄清所有制结构演变的发展脉络与内在动力等基本动因。

（一）所有制结构演变与经济体制转型的关系

经济体制转型作为我国改革开放以来的一项伟大实践，具体是指改变以往政府对资源的统一计划安排转变为由市场通过价格、竞争等因素来决定，以实现最高经济效益为目的，并引导资源的合理分配。当我国刚进入社会主义社会时，与社会性质相对应的所有制结构实行的是单一公有制时，当时与之对应的经济体制则是计划经济体制；改革开放以来，随着计划经济向市场经济的转变，所有制结构中非公经济的比重不断增加，包括个体经济、私营经济等在内的各类非国有成分的经济形式在整个国民经济中占据了重要地位。因此，我国的所有制结构演变与经济体制的变迁联系紧密，存在着相辅相成的关系。[120]事实上，“在社会主义条件下发展市场经济，是我们党的一个伟大创举。”[121]

（二）所有制结构演变的发展脉络

所有制过于单一的弊端在改革开放前就已十分突出，改革伊始，鉴于不同地区和产业之间的差别很大，采用单一的公有制不能适应不同生产力的发展水平，党和政府更加认识到应该允许多种所有制经济并存的客观现实；随着改革开放的深入，所有制结构自然就朝着多元化的方向发展，出现多种所有制形式，包括合作制、股份制、混合所有制等多种实现形式。如果对所有制理论历史演进进行梳理就不难发现，其演变发展存在着清晰的历史脉络，即改革开放初期（1978—1991年）：变单一公有制为多种所有制；社会主义市场经济体制确立时期（1992—2011年）：公有制为主体多种所有制共同发展；全面深化改革时期（2012年至今）：所有制及其实现形式的多元化与“两个毫不动摇”方针相结合，统一于我国社会主义现代化建设的伟大历史进程中，并为构建各种所有制经济公平竞争的制度奠定了理论基础。[122]

三、所有制理论演进的成就经验

改革开放以来，从我国国情出发，立足于马克思主义基本原理进行理论创新，与时俱进地提出了一系列符合社会主义本质要求的所有制理论，并在改革开放和社会主义建设的伟大实践中不断对其进行完善和发展，取得了丰硕的理论成果和伟大的历史性成就，并在实践中形成了所有制理论演进的基本经验。

（一）所有制理论演进的主要成就

1. 社会主义基本经济特征即公有制主体地位的确立

在我国的所有制结构中，公有制主体地位的确立有利于保障人民生活，推进共同富裕，还体现了我国的社会主义性质。应该说，公有制主体地位的确立，是在长期发展过程中社会实践不断推进的结果，也是我国经济体制改革所取得的伟大成就。

2. 生产力决定生产关系：对非公有制经济认识的转化

非公有制经济的发展过程并不是一帆风顺的，但在我国所有制理论的发展历史上，党的十五大提出了将非公有制经济作为社会主义市场经济重要组成部分，要求长期存在并发展非公有制经济，具有划时代的意义。

3. 现代产权制度的突破：发展混合所有制

我国在推进其经济发展实践中，已经形成了一套完备的现代产权理论，不仅指出我国未来所有制改革的方向是发展混合所有制经济，同时通过采取产权流转和重组的手段，正确实施产权激励，并为我国所有制改革提供了理论依据。[123]

（二）所有制理论演进的基本经验

1. 坚持党对解决所有制问题的领导

党对解决所有制问题的领导实质是对领导社会主义政治与领导社会主义经济

的有机结合；坚持党对解决所有制问题的集中统一领导，是我国所有制理论探索、改革和不断完善的根本政治保证。当前，站在“两个一百年”奋斗目标的历史交汇点上，我们必须坚持党对解决所有制问题的领导，继续完善我国的所有制理论。

2. 坚持以人民为中心的发展思想

坚持以人民为中心的发展思想是马克思主义政治经济学的根本立场，也是党治国理政的基本价值遵循；党在领导所有制改革的实践中不断推动以人民为中心的发展思想不断走深走实，并贯彻到整个经济发展的过程中。

3. 坚持立足国情、解放思想、与时俱进

我国所有制理论的发展进程，充分证明了立足国情、解放思想、与时俱进的重要性。在对所有制的认识上，对于非公有制经济的地位，从“对立论”到“补充论”，再到“组成论”，更是彻底打破了公有制经济一统天下的局面。

4. 坚持“两个毫不动摇”的根本原则

2002年党的十六大上首次提出了“两个毫不动摇”的方针，这是中国共产党基于现实国情而做出的重大决策；2013年党的十八届三中全会进一步明确提出必须要毫不动摇巩固和发展公有制经济，坚持公有制主体地位，发挥国有经济主导作用，不断增强国有经济活力、控制力、影响力；必须毫不动摇鼓励、支持、引导非公有制经济发展，激发非公有制经济活力和创造力。事实上，坚持“两个毫不动摇”的根本原则将贯彻在所有制结构改革的全过程，并成为我国社会经济发展中必须坚持的重大原则。[124]

第二节　我国所有制理论的创新与发展

一、政治经济学对所有制理论创新

深入如何建设社会主义社会、发展社会主义经济，是当代政治经济学的研究使命，其中结合中国经济发展实践进行所有制理论创新，是其研究的突出特点，并特别注重实事求是和回应现实。

（一）概念界定聚焦于生产资料所有制

生产资料所有制是指人们在生产资料占有的基础上形成的一定的社会经济关系，包括人们对生产资料的所有、占有、支配和使用的关系。在政治经济学的范畴下，强调生产资料所有制的属性及其在诸多生产关系中的主导地位，则成为众多学者对所有制概念的界定焦点。

1. 强调谁拥有生产资料，即通过“所有”来判断社会的属性和经济特征

劳动者和生产资料始终是生产的因素，任何生产资料所有制，包括各种私有制和公有制，都是所有制的主体（个体劳动者、奴隶主、封建主、资本家、社会主义劳动者群体）对生产资料拥有所有权。[125] 由此，生产资料归谁所有、生产所得归谁所有，构成了社会的基本经济特征。

2. 强调谁“占有”，即越过“所有”的范畴，从分配层面判定社会属性和经济特征

就所有制问题而言，生产资料归谁所有只是其表面问题，而核心问题则体现在以所有关系为前提的“占有”上，即生产资料所有者对剩余价值的占有。在公有制经济中，剩余价值不归个人所有，而归属劳动者集体，用于为劳动者集体谋福利，但“私有制让生产资料所有者可以凭借所有权不劳而获”。[126]因此，生产创造出来的价值，其最终收入形式是由生产要素的所有权决定的。

3. 强调所有制与生产力相适应，即生产关系要适应生产力发展水平

所有制关系是社会生产关系的核心和基础，它决定着人们在社会生产中的相互关系和产品分配的形式。生产资料所有制不仅决定了生产关系各方面的性质和发展变化，也受到生产关系的反作用，如贫富分化、分配不公、区域发展失衡、资源配置不当等都会引发生产资料所有制的变革。[127]因此，把非公有制经济纳入社会主义，不是依据传统理论“推导”出来的，而是改革实践中“逼”出来的，是对中国实践经验深刻总结的结果。

（二）重视所有制与产权、市场的关系

1. 所有制与产权的关系

所有制的核心和主要内容是产权，所有制与产权都涉及财产关系，但两者存在本质差异。资源所有制是资源产权关系的反映，是资源配置的基础；而产权主要作用于市场，重点在于交换，涉及市场层面的资源配置问题，并对可以界别产权的资源发挥激励和协调作用。另外，混合所有制经济是我国社会主义市场经济发展的产物，其改革的核心内容是产权，产权的核心是股权改革；以产权制度改革为核心，优化股权结构设置，对建立权责明确、管理科学的现代企业制度也极为重要。因此，清晰的产权有益于对产权主体形成激励，有利于维护市场秩序，有助于协调不同利益主体之间的关系。

2. 公有制与市场的关系

传统的马克思主义否认社会主义公有制下还要发展市场经济，西方学界则认为市场经济只能建立在私有制下，即公有制与市场不具有兼容性。20世纪50~80

年代，东欧开始对公有制与市场的兼容性进行探索，倡导多种经济成分并存和共同发展，将中央计划限制在最重要的部门，企业根据市场机制自主决策，通过企业所有权与经营权的分离以实现公有制与市场兼容；20世纪90年代以来，在公有制与市场如何兼容的问题上出现一些新思路，如设计了合作所有制、证券所有制、集体所有制及资本的社会化和公有化等形式，重视国家的干预作用但并不直接介入企业经营，相反，为了维护企业之间的平等竞争，还特别注重对国家的调节和控制有所限制等。[128]

二、公有制占据所有制结构的主体地位

公有制是一种经济制度，反映出人与人在占有生产资料方面的关系，其核心是生产资料归谁所有的问题；公有制包括国有经济、集体经济、混合所有制经济中的国有成分和集体成分，体现了一个社会的本质属性；公有制主体地位并不是抽象的，大都体现为控制力、相对规模以及目的性等方面的特征。

（一）公有制是社会主义先进性、优越性的代表

从唯物史观出发，生产资料所有制所决定的经济本质是一个社会的主要经济基础，直接或间接决定该社会的上层建筑。公有制既适应社会化大生产的需要，也体现了社会公平；社会主义公有制取代资本主义私有制，可以消除资本主义生产社会化与资本主义私人占有之间的矛盾，具有历史必然性。因此，公有制为主体的所有制结构是中国特色社会主义的根本经济制度，反映出中国特色社会主义的经济本质，决定了中国特色社会主义经济性质的总体格局。[129]

（二）公有制占主体地位与所处生产力水平相适应

公有制是一种相对于私有制的经济制度，而所有制关系是生产关系的组成部

分，其生产力决定生产关系，从而生产力决定所有制关系。据此，公有制也就是与一定的生产力发展水平相适应的所有制形式。“我们面对的情况，既不是马克思主义创始人设想的在资本主义高度发展的基础上建设社会主义，也不完全相同于其他社会主义国家”。[130]因此，以公有制为主体的所有制把中国国情与马克思主义基本理论进行结合，是符合中国生产力发展水平的所有制形式。

（三）公有制经济是社会主义市场经济制度的重要支柱

以公有制为主体保障了社会主义发展的方向性和稳定性。公有制控制国民经济的命脉可以保证生产剩余用于人民群众，是中国经济独立、社会安定团结的基本保障。公有制经济必须凸显其在所有制结构中的主体作用，以大力促进生产力发展，有效解决经济发展中的不平衡、不充分问题，引领经济发展的正确方向并巩固党的执政基础。[131]只有坚持以公有制为主体，确保中国特色社会主义的经济本质，才能有效避免贫富分化，实现共同富裕。

三、所有制理论创新及公有制实现形式多样化

中华人民共和国成立以来，在推动生产关系适应生产力发展的过程中，所有制理论创新带动了我国公有制实现形式的多样化，是对马克思所有制理论的继承、丰富和发展。

（一）突破公有制的“一大二公三纯”

改革开放前，各界对公有制的认识带有局限性，认为公有制越大越好、越公越好、越纯越好，导致公有制发展单一化，在很大程度上约束了生产力的发展，约束了社会主义经济的生机和活力。改革开放后，为了排除阻碍经济发展的制度约束，通过多措并举，如所有权与使用权分离、补充非公有制经济、推进混合所

有制改革等，不断加快所有制领域的改革步伐，促使我国所有制结构从社会主义改造后的单一公有制逐渐向“公有制为主体、多种所有制经济共同发展”转变，并实现了经济的高速持续增长。

（二）突破以“占比大小”衡量公有制经济主体地位的认识

所有制结构是指“各种生产资料所有制形式在社会经济中所处的地位、所占的比重以及它们的相互关系”，[132]其优劣取决于是否适合生产力的发展。改革开放前，中国对所有制结构的认识受“一大二公三纯”的影响，形成了过分单一的所有制结构。改革开放后，我国突破了公有制经济等于国有经济加集体经济的传统观点，关注重点也从公有制经济的载体（国有企业等）向公有资产（国有资产）转移，同时将公有制主体地位从“量的主体”向“发展的主体”转移，带来了所有制结构的巨大变化，非公有制经济从无到有，主要经济指标占比达到80%以上的份额，但由于国有经济管理集中、产业领域和功能地位关键，公有制经济仍然保持主体地位。[133]

（三）实现公有制经济与市场经济的有机融合

公有制经济与市场接轨，必须为交换创造条件。改革开放以来，我国主要以强化公有制经济的市场主体地位、促进不同所有制混合来实现公有制经济与市场的接轨。公有制经济既适应社会化大生产的需要，又体现社会公平，是社会主义国家的本质。但是，当它不能寻找到科学的组织形式时，外部不经济和“搭便车”行为将接踵而来，造成低效率。[134]此外，我国在激发国有企业活力的问题上也进行了大胆探索，对国有企业的所有权、经营权进行剥离是成功做法之一，正如中共十二届三中全会通过的《中共中央关于经济体制改革的决定》所指出的，该做法“不但不会削弱而且只会有利于巩固和完善社会主义的全民所有制”。

第三节 所有制实践的创新与未来方向

一、改革开放以来所有制实践的创新发展

改革开放以来，我国不断探索和推进所有制改革实践，由改革开放初期所有制结构的多元化，到社会主义基本经济制度理论的形成，再到新时代所有制理论的新发展，最终形成以公有制为主体、多种所有制经济共同发展的格局，取得了最大的理论突破。

（一）以家庭联产承包责任制为主的农村改革

中国的所有制改革是以允许个体经济的存在和发展为发端的，首先从农村开始，通过市场经济的导向调整农村生产力与生产关系的不适应。以家庭联产承包责任制为主的农村改革，通过“废除人民公社，实行家庭联产承包为主的责任制”“发展适度规模经营，发展集体经济”，[135]打破了人民公社体制下的平均主义，通过包产到户、包干到户等形式，正确处理好土地所有权、经营权和使用权的关系，从而激发了农民参与劳动的积极性，让农户成为真正的经营主体，不断培育农产品市场，并促进集体经济发展。

（二）以所有权、经营权分离为主的国有企业改革

国有企业是公有制经济的重要形式和载体，党的十一届三中全会开启了国有

企业改革的序幕。早期国有企业改革主要包括两项内容，即放权让利、实行所有权和经营权分离，以“放”为主；党的十三届三中全会报告明确实行政企分开与推进股份制改革；党的十五大则把建立现代企业制度作为国有企业改革的主要方向。2002年，国有企业改革开始强调公有制的有效实现形式，设立国有资产管理部门，明确提出“发展混合所有制经济”。[136]党的十八大以来，国有企业改革将目标定位在“国有资本保值增值”，并明确国有企业是中国特色社会主义的重要物质基础和政治基础，是中国特色社会主义经济的“顶梁柱”，做大做强国有资本以保障人民的共同利益。

（三）鼓励、支持和引导非公有制经济发展

改革开放之前，我国非公有制经济发展受到压制和约束；改革开放以后，我国非公有制经济发展经历了个体经济恢复发展，个体经济、私营经济快速发展，个体经济和私营经济进入持续发展，以及非公有制经济进入全面发展新阶段，从而把非公有制经济的地位提高到一个新的理论和实践高度。党的十八届三中全会通过的《中共中央关于全面深化改革若干重大问题的决定》指出：“非公有制经济在支撑增长、促进创新、扩大就业、增加税收等方面具有重要作用”，“必须毫不动摇鼓励、支持、引导非公有制经济发展，激发非公有制经济活力和创造力”。[137]党的十九大把“两个毫不动摇”写入新时代坚持和发展中国特色社会主义的基本方略，党的二十大报告提出，优化民营企业发展环境，依法保护民营企业产权和企业家权益，促进民营经济发展壮大；[138]并重申了“两个毫不动摇”的基本原则。

二、我国所有制改革与实践未来方向探析

现阶段，我国既包括作为主体的公有制经济，也包括大量的非公有制经济；

各种所有制经济成分并存，公平竞争，互促发展，共同为国家和人民创造财富。由于所有制问题涉及生产、交换和分配等诸多内容，而生产关系方面的贫富分化、分配不公、资源配置不当、消费方式不合理等矛盾的尖锐化，迟早将引发其基础与核心——生产资料所有制的变革。[139]因此，认识所有制问题需要从整体上去准确把握生产关系、交换关系、分配关系、消费关系及其相互作用。基于此，我国所有制改革与实践未来方向探析应从多个视角进行谋划与思考。[140]

（一）所有制改革的重心从交换领域向分配领域延伸

共同富裕是社会主义的本质要求，是中国式现代化的重要特征，也是党的第二个百年奋斗目标中的重要内容。当前中国国情与改革开放初期截然不同，社会财富已积累到一定程度，既需要以国有企业为代表的公有制经济做强做优做大，还需要国有资本以比较安全的形式实现保值增值，确保国家主权投资基金的稳定；同时，民营经济只能壮大、不能弱化，必须着力增强经营主体活力，激发民间资本投资信心，促进民营经济做大做优做强。因此，在未来的发展中，中国所有制改革与实践方向的重心，需要围绕从初次分配、再分配两方面化解贫富分化、分配不公的问题，将所有制问题与分配问题联系考虑，让国有企业和民营企业主动强化自身的社会责任意识，积极履行社会责任，为推进共同富裕做出更大的贡献。

（二）社会化大生产背景下劳动者与生产资料的结合

劳动者和生产资料的关系呈现出三个历史相续的环节：劳动者和生产资料的原初统一、劳动者和生产资料的分离、劳动者和生产资料的重新统一。而劳动者与生产资料的结合方式问题是政治经济学中重大理论问题之一，随着生产力的发展，劳动内容局部化、碎片化，劳动技能高端化，使劳动者更容易被机器所替代，导致劳动者与生产资料的脱离自然成为现代经济发展的趋势之一。寻找劳动者与生产资料有效结合的内在机制，如何为劳动者提供更能接入生产场景的共享式车间、平台，是政府在解决就业、促进公平分配上的未来之举；同时，还要主动发挥政府作用，努力为人民提供参与公平竞争的劳动机会，并使有能力的人通过自身奋斗获得上升通道。

（三）消灭废除私有制的问题

《共产党宣言》指出："从这个意义上说，共产党人可以用一句话把自己的理论概括起来：消灭私有制。"但很多人没注意到前面有个限制词："从这个意义上说"。这里的"意义"指什么？"这个意义"是针对阶级剥削而言的。恩格斯认为，"社会制度中的任何变化，所有制关系中的每一次变革，都是产生了同旧的所有制关系不再相适应的新的生产力的必然结果"。[141]因此，是否需要废除私有制也取决于生产力的发展状况。改革开放后，中国实行以公有制为主体、多种经济成分共同发展，能更好地激发全社会创新活力动力、解放生产力，是社会主义初级阶段的客观要求，允许一定比例私有制存在的理念与马克思主义经典作家的思想一致。只有生产力不断发展、生产力水平不断提高，进入社会主义发达阶段才能逐渐由公有制替代私有制。[142]

第四节 多视角重新认识“民营经济”

一、悟透习近平总书记关于“民营经济”的重要论述

习近平总书记在地方主政和中央治国理政期间，就加强“民营经济”工作提出了一系列新思想、新观点、新论述、新要求，立意高远，内涵丰富，寓意深刻，为新时代新征程加强民营经济高质量发展提供了根本遵循，并对以中国式现代化全面推进强国建设、民族复兴具有十分重要的现实意义。下面选摘部分重要论述，以期在学深悟透上下功夫、在学以致用上求实效，进一步把习近平总书记关于民营经济的重要思想，不断转化为促进民营经济发展壮大的实践力量。

（一）习近平总书记在地方主政期间关于“民营经济”的重要论述

习近平总书记在河北省正定县、福建省、浙江省、上海市担任主要领导职务期间，始终心系民营经济发展，高度重视、亲自谋划民营经济领域各项工作，提出了许多重要的理论观点和方针政策。

1. 在河北省正定县工作期间

1982年3月至1985年5月，习近平同志先后任河北省正定县委副书记、书记。在正定工作期间，习近平同志指出要以增强企业活力为中心环节，搞好简政放权。他指出，简政放权工作仍然存在不少问题，应该下放到企业的权力，有些是名义上放了，实际上没放；有些是原则上放了，具体的没放；即使真正已经放下去的权，也还有个

帮助企业用好权的问题，使企业敢用、会用。习近平同志指出，发展经济一靠政策，二靠科技，这好比是推动经济发展的两个车轮。而要使车轮运转自如，稳步前进，就需要靠人去驾驶，要靠人的聪明才智，要靠有较多知识、较高技能水平的技术人才和管理人才，归根结底离不开人才的积极作用；并制定“人才九条”（其全称为《树立新时期的用人观点，广招贤才的九条措施》）广招天下英才，使正定摘掉“高产穷县”帽子，走出“半城郊型”经济发展新路，为当地发展破局开路，震动了全国。①

2.在福建省工作期间

1985年6月至2002年10月，习近平同志先后在福建厦门市、宁德地区、福州市和福建省委、省政府担任重要职务。习近平同志提出，民营企业是福建国民经济不可忽视的新增长点，把民营经济的作用概括为：与国有骨干企业成龙配套的作用，在创造物质产品中有拾遗补漏、穿缝插针的作用，对满足人们日常生活需要、繁荣城乡市场有灵活补充、弹性调节的作用，对支持经济增长有日显重要的生力军作用，对推进建立社会主义市场经济体制有先导和增量启动的作用。习近平同志提出，发展个体私营经济也是发展社会生产力，个体私营经济是社会主义初级阶段必不可少的经济成分，是以公有制为主体的社会主义经济的有益补充，是市场经济的重要组成部分，要消除“恐私”“排私”现象的干扰，破除“左”的、旧的思维方式，冲破发展个体私营经济是搞资本主义的旧观念，思想再解放一些，胆子再大一些。习近平同志要求在发展民营经济方面胆子更大一些、步伐更快一些、政策更宽松一些、支持力度更强一些，进一步扩大民营经济发展优势。他提出要建设服务型政府，提出“马上就办”的工作要求，强调要进一步放宽放活政策，从业对象要放宽、经营范围要放开、信贷要放活、税收政策要优惠、服务要加强，为个体私营经济发展创造良好的外部环境。各级政府只有通过及时引导、优质服务和辅以有效管理，做到既不“越位”，又不“缺位”“错位”或“不

① 河北日报通讯：“不拘一格地选拔人才”——习近平同志在河北正定工作期间推出“人才九条”的实践与启示［EB/OL］. 新华网 http: //www.xinhuanet.com/politics/leaders/2023-06/12/c_1129689088.htm

到位”，才能履行好领导经济工作的历史责任。习近平同志强调，民营企业要重视科技创新，市场经济竞争是产品竞争，说到底还是科技竞争；要增加科技投入、促进企业技术升级；要加强新产品开发，使用新技术、新材料、新工艺、开发新产品，提高产品档次和市场竞争力；要求民营企业努力壮大规模和实力，打破“宁当鸡头，不做凤尾”的狭隘观念，实行规模经营，走联合、兼并、控股、参股的路子，鼓励跨行业、跨区域、跨所有制向外拓展。习近平同志提出，民营企业要建立严格科学的管理制度，以建立现代企业制度为方向，改变家族式管理模式，更新经营管理理念，推进企业制度创新，促进企业向规范化科学化转变。2002年6月，习近平同志总结提出了“六个始终坚持”“处理好五大关系”的“晋江经验”，“晋江经验”不仅是晋江的经验，也是福建省、我国东南沿海乃至中国改革开放40周年的宝贵经验和成果，是中国民营经济、非公经济从孕育到成长、从发展到壮大的一个缩影，是中国特色社会主义道路的主动探索和积极实践。①

3.在浙江省工作期间

2002年10月至2007年3月，习近平同志先后担任浙江省委副书记、代省长和省委书记。2003年，习近平作出了“发挥八个方面的优势”“推进八个方面的举措”的决策部署，简称“八八战略”②。习近平同志指出，民营经济是浙江的生命所在，是浙江的品牌，是改革开放的先驱，是市场经济发展的带头人。民营经济已成为国民经济的重要支柱，改革开放的重要参与者和推动者，工业化、城市化的生力军，就业和城乡居民收入增长的最大来源，繁荣城乡市场的主体力量。习近平同志指出，我们将按照“两个毫不动摇”的要求，进一步推进浙江国有经济再创新优势，推进浙江个体私营经济再上新台阶，努力营造各类市场主体公平竞争的外部环境，着力提高国有经济和个体私营经济的整体素质，努力把公有制经济和非

---

① “晋江经验”的时代价值与实践意义［EB/OL］. 新华网 http://www.xinhuanet.com/politics/2018-07/16/c_1123130586.htm

② 习近平总书记提到的“八八战略”［EB/OL］. 新华网 http://www.xinhuanet.com/politics/leaders/2020-04/01/c_1125801536.htm

公有制经济统一于现代化建设的进程中，使各种所有制经济在市场竞争中发挥各自优势，相互促进，共同发展。习近平同志指出，要清理和修订限制民营经济发展的政策法规，消除体制性障碍，在市场准入、财政支持、税收优惠、技改立项、用地用电、银行信贷、发行股票债券等方面，做到与国有企业等其他企业一视同仁。习近平同志提出，要按照“八八战略”的决策部署，强调依靠体制、科技、管理和文化的全面创新；全面进军高科技、高附加值的先进制造业、基础产业和新兴服务业；充分利用国内外资源和市场；发展集群，扩大经营规模；将浙江的发展转变为一种更加注重信用、质量、生态和遵守纪律和法律的运作方式，并改善私营经济的整体质量和可持续发展。习近平同志希望民营企业适应我国对外开放的新趋势，充分利用国际国内两个资源和两个市场，不断提高对外发展水平，敢于走出省外，敢于走出国际市场，通过跨地区和跨国经营，做大、做强、做优。习近平同志指出，浙江要建设先进的制造业基地，走先进的工业化道路，要有决心和勇气消除这些低端的、高污染的落后产能。习近平同志指出，要积极吸收和借鉴国内外一切先进的经营管理经验，不断提高在现代市场经济和经济国际化条件下经营管理企业的能力；要有开阔的胸襟，广纳人才，任人唯贤，在企业里建立一个高效的现代企业管理团队；积极创建学习型企业，把学习型组织的管理引入企业，增强企业员工的学习力，全面提升员工整体素质和企业竞争力。

4.在上海市工作期间

2007年3月至10月，习近平同志担任上海市委书记。习近平同志指出，民营经济是社会主义市场经济的重要组成部分，对经济增长、扩大就业、活跃市场、增加财政收入等都有重要作用。要坚持两个“毫不动摇”，把握时机，扬长避短，推动民营经济快速健康发展。习近平同志指出，发展民营经济要充分发挥市场作用，政府应该有所为有所不为，不大包大揽，不放任自流，政府应在降低门槛、优化服务、搭建平台等方面发挥应有作用。促进民营经济快速健康发展，要充分把握长三角联动发展机遇，进一步加强与周边地区的合作，努力实现优势互补、联手做强。

要大力弘扬发奋图强的创业精神，支持和鼓励更多的人自力更生、自主创业，使奉贤真正成为创业者的乐园、民营企业的乐土。要为民营经济发展营造良好的环境。发展民营经济要充分发挥市场作用，政府应该有所为有所不为，不大包大揽，不放任自流。政府应该在降低门槛、优化服务、搭建平台等方面发挥应有作用。奉贤要依托左邻的跨海大桥、右舍的洋山深水港，发挥“通江达海、左右逢源”的优势，积极引进物流企业，发展职业教育，满足企业不同层次的人才需求。①

（二）习近平总书记在中央治国理政以来关于“民营经济”的重要论述

1.党的十八大期间

党的十八届三中全会提出，公有制经济和非公有制经济都是社会主义市场经济的重要组成部分，都是我国经济社会发展的重要基础；公有制经济财产权不可侵犯，非公有制经济财产权同样不可侵犯；国家保护各种所有制经济产权和合法利益，坚持权利平等、机会平等、规则平等，废除对非公有制经济各种形式的不合理规定，消除各种隐性壁垒，激发非公有制经济活力和创造力。党的十八届四中全会提出要“健全以公平为核心原则的产权保护制度，加强对各种所有制经济组织和自然人财产权的保护，清理有违公平的法律法规条款”。党的十八届五中全会强调要“鼓励民营企业依法进入更多领域，引入非国有资本参与国有企业改革，更好激发非公有制经济活力和创造力”。

2016年3月4日，习近平总书记在参加全国政协十二届四次会议民建、工商联界委员联组会时的讲话指出②：对领导干部而言，所谓“亲”，就是要坦荡真诚同民营企业接触交往，特别是在民营企业遇到困难和问题情况下更要积极作为、靠前服务，对非公有制经济人士多关注、多谈心、多引导，帮助解决实际困难，真

① 习近平调研奉贤区：推动民营经济快速健康发展［EB/OL］. 中华人民共和国中央人民政府 https://www.gov.cn/gzdt/2007-08/30/content_731646.htm

② 习近平总书记在参加全国政协十二届四次会议民建、工商联界委员联组会时的讲话，2016年3月4日

心实意支持民营经济发展。所谓“清”，就是同民营企业家的关系要清白、纯洁，不能有贪心私心，不能以权谋私，不能搞权钱交易。对民营企业家而言，所谓“亲”，就是积极主动同各级党委和政府及部门多沟通多交流，讲真话，说实情，建诤言，满腔热情支持地方发展。所谓“清”，就是要洁身自好、走正道，做到遵纪守法办企业、光明正大搞经营。企业经营遇到困难和问题时，要通过正常渠道反映和解决，如果遇到政府工作人员故意刁难和不作为，可以向有关部门举报，运用法律武器维护自身合法权益。靠旁门左道、歪门邪道搞企业是不可能成功的，不仅败坏了社会风气，做这种事心里也不踏实。实行公有制为主体、多种所有制经济共同发展的基本经济制度，是中国共产党确立的一项大政方针，是中国特色社会主义制度的重要组成部分，也是完善社会主义市场经济体制的必然要求。党在坚持基本经济制度上的观点是明确的、一贯的，而且是不断深化的，从来没有动摇。非公有制经济在我国经济社会发展中的地位和作用没有变，我们毫不动摇鼓励、支持、引导非公有制经济发展的方针政策没有变，我们致力于为非公有制经济发展营造良好环境和提供更多机会的方针政策没有变。①

2. 党的十九大期间

党的十九大报告把“两个毫不动摇”写入新时代坚持和发展中国特色社会主义的基本方略，作为党和国家一项大政方针进一步确定下来。

2018年9月27日，习近平总书记在考察辽宁中旺集团时的讲话中强调，我们毫不动摇地发展公有制经济，也毫不动摇地支持、保护、扶持民营经济发展、非公有制经济发展。现在的很多改革举措都是围绕怎么进一步发展民营经济，对这一点民营企业要进一步增强信心。

2018年10月20日，习近平总书记给“万企帮万村”行动中受表彰的民营企业家的回信中指出，改革开放40年来，民营企业蓬勃发展，民营经济从小到大、由

① 习近平：坚持我国基本经济制度 推动各种所有制经济发展［EN/OL］. 中国网 http: //www.china.com.cn/lianghui/news/2016-03/04/content_37938943.htm

弱变强，在稳定增长、促进创新、增加就业、改善民生等方面发挥了重要作用，成为推动经济社会发展的重要力量。民营经济的历史贡献不可磨灭，民营经济的地位作用不容置疑，任何否定、弱化民营经济的言论和做法都是错误的。支持民营企业发展，是党中央的一贯方针，这一点丝毫不会动摇。希望广大民营企业家把握时代大势，坚定发展信心，心无旁骛创新创造，踏踏实实办好企业，合力开创民营经济更加美好的明天，为实现中华民族伟大复兴的中国梦做出新的更大贡献。

2018年11月1日，习近平总书记在民营企业座谈会上指出，民营经济具有“五六七八九”的特征，即贡献了50%以上的税收，60%以上的国内生产总值，70%以上的技术创新成果，80%以上的城镇劳动就业，90%以上的企业数量。非公有制经济在我国经济社会发展中的地位和作用没有变！我们毫不动摇鼓励、支持、引导非公有制经济发展的方针政策没有变！我们致力于为非公有制经济发展营造良好环境和提供更多机会的方针政策没有变！我国基本经济制度写入了宪法、党章，这是不会变的，也是不能变的。任何否定、怀疑、动摇我国基本经济制度的言行都不符合党和国家方针政策，都不要听、不要信！所有民营企业和民营企业家完全可以吃下定心丸、安心谋发展！习近平总书记指出，基本经济制度是我们必须长期坚持的制度。民营经济是我国经济制度的内在要素，民营企业和民营企业家是我们自己人。民营经济是社会主义市场经济发展的重要成果，是推动社会主义市场经济发展的重要力量，是推进供给侧结构性改革、推动高质量发展、建设现代化经济体系的重要主体，也是我们党长期执政、团结带领全国人民实现“两个一百年”奋斗目标和中华民族伟大复兴中国梦的重要力量。在全面建成小康社会、进而全面建设社会主义现代化国家的新征程中，我国民营经济只能壮大、不能弱化，不仅不能“离场”，而且要走向更加广阔的舞台。习近平总书记强调，我们加大反腐败斗争力度，是落实党要管党、全面从严治党的要求，是为了惩治党内腐败分子，构建良好政治生态，坚决反对和纠正以权谋私、钱权交易、贪污贿赂、吃拿卡要、欺压百姓等违纪违法行为。这有利于为民营经济发展创造健康环境。非公有制经济要健康发展，前提是非公有制经济人士要健康成长。希望广大民营经济人士加强自我学习、自我教育、自我提升。民营企业家要珍视自身的社会形象，热爱祖国、热爱人民、热爱中国共产党，践行社会主义核心价值观，弘扬企业家精神，做爱国敬业、守法经营、创业创新、回报社会的典范。

2019年3月10日，习近平总书记参加十三届全国人大二次会议福建代表团审议时的讲话中指出，“要坚持‘两个毫不动摇’，落实鼓励引导支持民营经济发展的各项政策措施，为各类所有制企业营造公平、透明、法治的发展环境，营造有利于企业家健康成长的良好氛围，帮助民营企业实现创新发展，在市场竞争中打造一支有开拓精神、前瞻眼光、国际视野的企业家队伍。”

2020年7月21日，习近平总书记在企业家座谈会上用大篇幅论述了弘扬企业家精神，他指出，“企业家要带领企业战胜当前的困难，走向更辉煌的未来，就要在爱国、创新、诚信、社会责任和国际视野等方面不断提升自己，努力成为新时代构建新发展格局、建设现代化经济体系、推动高质量发展的生力军”。

2020年9月16日，习近平总书记对做好新时代民营经济统战工作作出重要指示时强调，要坚持“两个毫不动摇”，把团结好、引导好民营经济人士作为一项重要任务。各级党委要加强对民营经济统战工作的领导，全面贯彻党的方针政策，抓好党中央各项决策部署贯彻落实。各级统一战线工作领导小组和党委统战部要发挥牵头协调作用，工商联要发挥群团组织作用，把民营经济人士团结在党的周围，更好推动民营经济健康发展，努力为新时代坚持和发展中国特色社会主义事业、实现中华民族伟大复兴的中国梦贡献力量。

2022年7月28日，习近平总书记在党外人士座谈会上的讲话中明确指出，全国工商联要加强对民营经济人士的思想政治引领，做好政策宣传解读，用务实举措稳定人心、鼓舞人心、凝聚人心。

3. 党的二十大以来

2022年10月16日党的二十大报告再次强调“两不毫不动摇”，即“毫不动摇巩固和发展公有制经济”和“毫不动摇鼓励、支持和引导非公有制经济发展”；并强调“优化民营企业发展环境，依法保护民营企业产权和企业家权益，促进民营经济发展壮大。完善中国特色现代企业制度，弘扬企业家精神，加快建设世界一流企业”。

2022年12月15日，习近平总书记在中央经济工作会议上的讲话中明确指出，切实落实“两个毫不动摇”。针对社会上对我们是否坚持“两个毫不动摇”的不正确议论，必须亮明态度，毫不含糊。要从制度和法律上把对国企民企平等对待的要求落下来，从政策和舆论上鼓励支持民营经济和民营企业发展壮大。

2023年3月6日，习近平总书记在看望参加全国政协十四届一次会议的民建、工商联界委员时指出，民营经济是我们党长期执政、团结带领全国人民实现“两个一百年”奋斗目标和中华民族伟大复兴中国梦的重要力量。始终把民营企业和民营企业家当作自己人，在民营企业遇到困难的时候给予支持，在民营企业遇到困惑的时候给予指导。要优化民营企业发展环境，破除制约民营企业公平参与市场竞争的制度障碍，依法维护民营企业产权和企业家权益，从制度和法律上把对国企民企平等对待的要求落下来，鼓励和支持民营经济和民营企业发展壮大，提振市场预期和信心。习近平总书记强调，高质量发展对民营经济发展提出了更高要求。民营企业要践行新发展理念，深刻把握民营经济发展存在的不足和面临的挑战，转变发展方式、调整产业结构、转换增长动力，坚守主业、做强实业，自觉走高质量发展路子。有能力、有条件的民营企业要加强自主创新，在推进科技自立自强和科技成果转化中发挥更大作用。习近平总书记指出，中国式现代化是全体人民共同富裕的现代化。民营企业家要增强家国情怀，自觉践行以人民为中心的发展思想，增强先富带后富、促进共同富裕的责任感和使命感。民营企业要在企业内部积极构建和谐劳动关系，推动构建全体员工利益共同体，让企业发展成果更公平惠及全体员工。民营企业和民营企业家要筑牢依法合规经营底线，弘扬优秀企业家精神，做爱国敬业、守法经营、创业创新、回报社会的典范。

2023年9月6日至8日，习近平总书记在黑龙江考察调研时的讲话强调，整合科技创新资源，引领发展战略性新兴产业和未来产业，加快形成新质生产力。提高国有企业核心竞争力，引领民营经济健康发展，打造一批产业集群，做大做强实体经济。把企业作为科技成果转化核心载体，提高科技成果落地转化率。

2023年10月10日至13日，习近平总书记在江西考察调研时的讲话强调，巩固传统商路，积极开拓新路，深度融入共建“一带一路”。深化重点领域改革，加强营商环境建设，稳步扩大规则、规制、管理、标准等制度型开放。有序扩大民间投资市场准入，推进促进公平竞争的政策实施，构建亲清统一的新型政商关系，促进民营经济健康发展。

2023年10月24日，习近平总书记在致中华全国工商业联合会成立70周年的贺信中明确，希望工商联深入学习贯彻新时代中国特色社会主义思想和党的二十大精神，切实担负起新时代新征程党赋予的使命任务，在加强思想政治引领、促进非公有制经济健康发展和非公有制经济人士健康成长、扎实推动民营经济高质量发展上下功夫，提振信心、凝聚人心，把广大民营经济人士更加紧密地团结在党的周围，不断开创工商联事业发展新局面。希望广大民营经济人士切实贯彻新发展理念，大力弘扬企业家精神，争做爱国敬业、守法经营、创业创新、回报社会的典范，为全面建设社会主义现代化国家、全面推进中华民族伟大复兴贡献力量。

2023年12月6日，习近平总书记同党外人士座谈会时的讲话明确指出，全国工商联要持续传递中共中央关于“两个毫不动摇”“两个健康”的大政方针，会同有关部门落实好促进民营经济发展壮大的相关政策，支持民营企业为推动高质量发展发挥更大作用。

2024年2月7日，习近平总书记同党外人士共迎新春时的讲话强调，一是坚定制度自信，坚持好、发展好、完善好中国新型政党制度。二是广泛凝聚共识，助力推进中国式现代化。要围绕中共二十大提出的重大战略任务和中央经济工作会议部署继续深入调研，更有针对性地建言献策。全国工商联要引导民营经济人士坚定发展信心，共同唱响中国经济光明论。三是强化政治引领，不断提升自身建设水平。

2024年3月5日，习近平总书记在参加十四届全国人大二次会议江苏代表团审议时的讲话再次强调，完善落实“两个毫不动摇”的体制机制，支持民营经济和民营企业发展壮大，激发各类经营主体的内生动力和创新活力。

2024年3月18日，习近平总书记在湖南考察时强调指出，科技创新、高质量发展是企业不断成长壮大、立于不败之地的关键所在，民营企业、合资企业在这方面都可以大有作为。

2024年4月22日至24日，习近平总书记在重庆考察调研时的讲话中指出，坚持和落实“两个毫不动摇”，一手抓深化国企改革、培育一批核心竞争力强的国有企业，一手抓促进民营经济发展壮大、激发各类经营主体活力。

二、破除影响当代“民营经济”发展的关键认知障碍

随着全面深化改革的不断推进，虽然影响民营经济发展的各种体制机制障碍不断被打破，妨碍市场公平竞争的各种规定和做法不断被清除，发展环境不断得到优化，民营企业的市场主体地位不断得到尊重，发展活力和创造力不断被激发出来，但一些影响当代“民营经济”发展的认知障碍也不少，需要及时予以破除。

（一）主动纠正对民营经济的认知误区，是更好落实“两个毫不动摇”发展共识的基础[143]

1. 要主动纠正将国有经济和民营经济对立起来的“国退民进论”“国进民退论”等错误观点

其背后的思维逻辑均是把国有经济与民营经济对立起来，认为发展民营经济会损害和动摇公有制经济的主体地位和国有经济的主导作用，或者认为做强做优做大国有经济一定会挤压民营经济生存空间，这种结论源自零和博弈思维，错误地将国有经济和民营经济看作此消彼长的关系，而不是将二者作为良性竞合关系

双方、有机统一到中国式现代化的伟大进程中。

2. 要主动纠正将发展民营经济等同于主张“私有化”的错误观点

民营经济不等同于“私有经济”，民营经济之概念并不具有属性和价值判断，因此也就更不存在“私有化”，将鼓励支持引导民营经济发展等同于鼓吹“私有化”，是对民营经济概念和内涵的理解偏差。从我国民营经济的诞生来看，它是所有权和经营权两权分离的结果，改革的突出任务就是要改变单一所有制结构，因此将“民营化”等同于“国家资本与民间资本置换”也是一种认知偏误，势必会制约我国民营化改革向深层次、宽领域发展。

3. 要主动纠正将民营经济看作企业家个人财富的错误观点

部分人认为民营经济是为企业家个人服务的，更有甚者，对“先富带动后富”和“先富”企业家们抱有偏见。其错误在于，没有认识到社会主义市场经济中的民营经济在本质上与资本主义经济截然不同，我国民营经济不仅仅是企业家的个人财富，更是社会财富的基础，“先富”的企业家是可以带动后富、最终达到共同富裕的带头人。事实上，我国民营经济是国民经济增长的强大动力源，提供了大量就业机会和就业平台，发展民营经济具有夯实共同富裕的物质基础、扩大中等收入群体规模、改善社会收入结构的实质作用。

（二）加强产权保护和公平竞争制度建设，是促进民营经济和国有经济充分发展的关键[144]

1. 在宏观认知方面

一是必须强化民营经济和国有经济，都在建设现代化强国的征程中缺一不可，除了基于国家安全和产业安全等特殊市场准入领域可以存在差异外，必须严禁各级政府以规范性文件、会议纪要和歧视性招标公告等形式，擅自设置或提高非公有制经济准入门槛；二是随着各种所有制经济特别是民营经济的充分发展，知识产权已然成为企业发展的战略性资源和市场竞争力的核心内容，产权保护和公平竞争自然成为不可或缺的基础性制度，对激发企业创新活力、维护市场公平竞争及优化法治化营商环境等，都具有重大影响作用，是促进民营经济和国有经济充分发展的关键。

2. 在相关政策层面

迫切需要解决产业政策与竞争政策的冲突，治理地方保护，加快要素配置市场化改革，迫切需要完善产权和公平竞争制度，依法保护各种所有制经济组织和自然人财产权及合法利益，尤其要注重找准产权保护的切入点和着力点，不断加大知识产权保护与服务工作力度；积极推动对非公有制经济在市场准入、资源要素和政府服务等方面与公有制经济享受同等待遇的政策支持，推动非公有制经济以独资、参股和控股等多种形式进入能源、环保、金融、交通、健康和教育等领域。

3. 在招标投标、政府采购等领域

要积极推进市场准入法治化，严格进行公平竞争审查，科学制定民间资本投资市场准入负面清单，确保各种所有制经济获取稀缺生产要素和市场准入的权利，全力促进各种所有制企业的公平竞争，特别是在新一轮扩大开放中，应鼓励和支持民间资本投资负面清单外项目，务必解决非公有制经济在资质资格获取、项目核准、融资贷款、招投标和权益保护以及政策支持方面，造成不合理歧视、约束和限制等问题，以实现各种所有制经济的平等参与。

（三）重新认识“所有制”的多种经济成分，是更好促进民营经济发展壮大的长久之策

所有制结构是生产关系中的基础性经济制度，涵盖各种所有制成分在整个国民经济中的占比、地位、功能及其相互关系。改革开放以来，中国所有制结构从清一色的公有制经济发展到以公有制为主体，私有、外资及公私混合等多种所有制经济并存的结构，由此奠定了所有制结构调整和民营经济发展的制度基础，并开启了发展民营经济等非公有制经济的征程。[145] 同时，也经历了构建亲清政商关系、“完善产权保护制度”、鼓励民营企业依法进入更多领域等发展阶段。[146] 公有制和非公有

制经济犹如中国经济的两翼，在建设现代化强国的征程中缺一不可。

当前，我国民营经济面临发展阶段转换期，存在波动性收缩、竞争性加剧、创新升级受阻、转型动能不足等多重压力；叠加世界百年未有之大变局背景下，国际国内经济周期性调整、新一轮科技革命与新冠疫情冲击，一些民营企业出现投资方向不明、投资意愿不强、发展动力不足等问题，影响民营经济高质量发展。[147]应该说，与适合承担社会目标和公共利益的公有制经济不同，民营经济与市场需求贴合紧密，跨界创新又比较灵活，更强调追求经济目标和私人利益，必须坚守“三个没有变”“两个毫不动摇”等大政方针，不断为民营企业的持续成长提供更加稳定的政策预期与发展信心。

新时代新征程，既应坚持公有制为主体、多种所有制共同发展的社会主义初级阶段基本经济制度，又应扎实践行“两个毫不动摇”，推动公有制经济与非公有制经济共生共荣；[148]既要坚持和巩固公有制的主体地位，又要促进非公有制经济成分的健康发展，尤其要注重加大对民营经济作为促进共同富裕重要力量的重要性的宣传，加大对在促进共同富裕、从事慈善事业、民生事业等方面具有示范引领作用的民营企业家进行表彰和宣传，提升人们对民营经济重要价值的认同感，以更好地促进民营经济发展壮大。

三、打造“民营经济”与“国有经济”良性竞合关系

我国的国民经济按所有制类型划分，可分为公有制经济（国有经济、集体经济）和非公有制经济（私有经济、港澳台经济、外商经济），包含了以公有制为主体、多种所有制共同发展的所有制多元结构，完全不同于西方发达国家以私人资本为主的国民资本结构。民营经济和国有经济之间，可实现从竞争走向竞合，并通过有机协作效应、优势耦合效应、要素流动效应、引致竞争效应等的有效发挥，不断促进中国式现代化建设。

（一）改变思维模式：从竞争走向竞合

竞争，体现在技术创新、精细管理、环境保护、品牌塑造、社会责任等方面；合作，体现在产业政策的执行、市场健康的维护、管理技术的交流学习等方面。① 基于以公有制为主体、多种所有制共同发展的所有制结构多元化理论认知，民营经济与国有经济并非此消彼长的零和关系，而应该关注两者共融共荣的竞合结构，共进共生的演化系统强调共进共生的竞合关系。

中国古代军事家孙子也强调："百战百胜，非善之善者也；不战而屈人之兵，善之善者也。"现在民营经济与国有经济急需推进更大层面的整合，需要集合更多的资源，优势互补，能力互补，主动从竞争走向竞合，加快促进其公平竞争和充分发展，不断巩固公有制经济和发展壮大民营经济，以更好发挥各种所有制经济的作用，并实现经济高质量发展和民营经济与国有经济的共生共赢。

（二）打造良性竞合关系：从多个方面推进

打造国有经济与民营经济良性竞合关系，可以从多个方面加强推进。[149]

1. 从有机协作方面进行强化

首先加大国有企业和民营企业在产业链配套中的分工协作力度，如民营企业可优先为大型国有企业提供产业链配套服务；其次推进国有企业和民营企业在国际竞争中的联合出海，以应对跨国公司的倾轧；最后，促进国有企业和民营企业在重大科技研发中的协作攻关，实现重点领域的技术突破，打破国外技术垄断，拓展行业利润空间。

2. 从优势耦合方面进行强化

国有企业较之民营企业具有资源、规模、技术、人才、渠道和品牌等优势；

---

① 腾讯网 https://new.qq.com/rain/a/20221130A01DTD00

民营企业较之国有企业具有体制机制灵活、对市场反应快等优势，两者共生可以将民营企业灵活的体制机制与国有企业雄厚的资本实力和其他资源进行有效对接，实现“一加一大于二”的放大效果。

3. 从要素流动方面进行强化

国有经济部门与民营经济部门在生产要素流动方面存在较为明显的不对称特征，必须注重对市场逻辑的合理运用，通过优化制度供给、强化法律法规落实等方式，不断促进资本、劳动力、数据、技术等要素在国有民营间的市场化、高效率配置，从而实现我国经济的高质量发展、高效率循环。

4. 从引致竞争方面进行强化

实现国有企业与民营企业之间的良性竞争，能有效激发两者降本增效、创新升级的活力动力，并确保各自在市场中的生存发展优势。同时，这种有序竞争下的“鲶鱼效应”，也能更好带动整体生态系统的共生共荣。

四、民营经济促进共同富裕的理论澄清及其内在逻辑

党的二十大报告开创性地阐释了中国式现代化的内涵和鲜明特色，其中，全体人民共同富裕的中国式现代化一以贯之地体现了中国共产党以人民为中心的发展思想，体现了中国式现代化的本质要求，体现了全面建设社会主义现代化国家的初心；共同富裕是社会主义的本质要求，也是中国式现代化的核心特征，必须高质量高标准地去实现。习近平总书记强调，实现共同富裕需“坚持基本经济制度。要立足社会主义初级阶段，坚持‘两个毫不动摇’。要坚持公有制为主体、多种所有制经济共同发展，大力发挥公有制经济在促进共同富裕中的重要作用，同时要促进非公有制经济健康发展、非公有制经济人士健康成长”，并指出“要加强促进共同富裕舆论引导，澄清各种模糊认识，防止急于求成和畏难情绪，为促进共同富裕提供良好

舆论环境”。①因此，进一步澄清民营经济在促进共同富裕作用上存在的理论误解，进一步廓清民营经济与共同富裕本源相融的内在逻辑认知，[150]对坚持和完善中国特色社会主义基本经济制度、扎实有效促进共同富裕意义重大。

（一）民营经济促进共同富裕的理论澄清

非公有制导致贫富差距的观点曾一度流行，认为在生产资料私有制基础上，少数人可以占有多数人创造的剩余价值，进而造成贫富差距和两极分化。这种观念导致一些社会公众认为只有消灭非公有制才能实现共同富裕。用发展的眼光辩证地看，理解共同富裕的所有制形式应该兼容并蓄、动态包纳地促进多种所有制共生共存。[150]

1. 多种所有制经济并存实现共同富裕，符合人类社会发展的历史规律

人类社会合作演化中，占有生产资料的形式从来都不是单一的，无论是个体成员的生物性发展条件还是社会群体合作都存在客观差异，因而生产资料的占有具有多样性；在生产各种人类所需的商品和服务过程中，生产资料总是先集中再分散，多种形式不同份额共存是常态，只存在单一形式是不符合历史规律的非常态。

2. 对生产资料所有制形式与实现共同富裕的固有认知存在理论谬误

一般认为，从生产资料所有制形式安排上，公有制可以消灭由于个体占有生产资料雇用他人占有剩余价值的剥削，从而促进共同富裕。然而，实际情形极易出现两种情况导致共同富裕不仅不能实现，反而导致共同贫穷和贫富差距拉大。第一种情况，就是公有制的权利责任分散可能导致部分集体成员“搭便车”的负向激励，“共同负责”极易演变为“共同卸责”，导致生产资料使用效率低，生产力提升乏力，②以及最终形成的结果是“共同贫穷”而不是“共同富裕”。第二种

---

① 习近平．扎实推动共同富裕［J］．求是，2021（20）

② 张勇、胡家勇、鲁强、武鹏．充分发挥国有经济推动共同富裕的引领示范作用［J］．南开经济研究，2022（12）

情况，就是公有制代理人权力集中易诱发非正式的财富占有，如通过设租、寻租甚至非法侵占等方式获取巨额财富，会产生另一种形式的贫富分化和社会不公。因此，公有制与共同富裕不能够简单地画上等号。

3. 民营经济创富的合理机制并不必然导致贫富分化

与世界上任何一个发展中国家一样，中国也存在诸多发展过程中不可避免而又正在努力解决的困难和问题。其中，人均收入还不够高，部分人群收入过低，低收入人群和超高收入群体贫富差距过大等问题既具有普遍性又有着特殊性。普遍性是指这些问题是人类经济社会发展过程中必然存在的阶段性现象，任何一个国家都无法避免；特殊性在于共同富裕是社会主义的本质要求，是中国式现代化的重要特征，实现共同富裕不仅是经济问题，而且是关系党的执政基础的重大政治问题。民营经济也面临着合理路径产生非预期结果的困境，但社会的贫穷、贫富差距拉大并不是民营经济发展的主观结果；从世界各国发展的客观规律看，民营经济发展并非导致贫富差距的主要根源，偏离共同富裕更多地体现为社会复杂因素共同作用的结果。另外，中国改革开放前后经济社会发展的对比清晰可见，民营经济的影响是客观中性的，它既不是造成贫穷落后的根源，也不是贫富差距的根源，更不会阻碍共同富裕。

4. 民营经济参与三次分配缺乏科学合理的标准引导

根据经济学基本原理，无论是产品还是服务，都是经过社会化大生产过程创造积累，并通过一系列后续途径最终进入消费环节，特别是需要经过分配环节满足社会公众的消费和使用需求。现有理论认为，经济制度上的三次分配机制是一种社会分配途径，主要由初次分配（靠市场机制实现）、再分配（靠政府对社会财富进行部分集中然后再分配实现）、第三次分配（靠非制度行为的慈善、捐赠实现）构成，借此而实现将一定时期内的国民收入在经济体系内不同主体间的分割，进而形成财产积累存量和收入增长流量并存的财富分配格局。其中，在再分配过程中，是否合法纳税与企业属于民营还是公有制没有必然关系；第三次分配也是在前两次分配之外，靠非制度行为的慈善、捐赠等去抚平贫富差距的，是否承担社会责任、进行慈善捐赠与企业是否为公有制并无直接关系。因此，其行为的主观性和随意性，尚缺科学合理的标准引导。

5. 引导民营经济发挥促进共同富裕的作用存在偏差

尽管公有制经济和民营经济促进共同富裕的作用在本质上是相同的，但民营经济仍然遭受一些偏见，特别是目前对非公有制经济促进共同富裕的地位和作用存在引导偏差。民营经济在发展过程中，客观上已经发挥了创造财富、分配财富和共享财富的实际作用，但在三次分配环节中仍然存在由于自身局限而无法克服的困难，需要体系之外的力量予以引导。共同富裕不是靠形式论证和过程争论实现的，也不仅仅局限在要先识别哪些市场主体是公有制经济或民营经济，能够让人民群众普遍受益、共享经济发展成果才是衡量标准。但遗憾的是，在促进市场经济主体发展的各项政策体系中，相当程度地存在区别对待民营经济和公有制经济的门槛条件，同时也面临舆论环境厚此薄彼的现象。

（二）民营经济促进共同富裕的内在逻辑

无论是马克思主义政治经济学还是西方经济学，都认同制度安排对经济活动的重要作用，前者强调上层建筑与经济基础的辩证统一，后者强调制度的激励相容。中国仍然处于社会主义初级阶段，不可能实施理想的共产主义社会的全部制度，在所有制方面也是如此。所有制体系演化的客观规律决定了多种所有制共生共存的格局，民营经济在其中发挥着不可或缺的共促演化作用，在实现共同富裕方面的作用更是不可或缺。[150]

1. 民营经济是优化社会主义所有制体系的重要组成

社会发展的阶段性和动态性决定了理论认知的局限性，公有制和非公有制的划分同样具有动态变动的相对合理性。非公有制和公有制作为生产资料所有制的两种形式，天然地相互作为社会发展过程的比照模式，同时也互促互鉴，并处于不断演化和变化的过程；公有制经济和民营经济是社会主义所有制体系演化必然经历的共同阶段，是社会主义向共产主义阶段前进的必然，[①]在此期间必须根据经济发展实际需要，遵循多种所有制共生共存的客观规律，发挥好民营经济的功能优势，不断完善社会主义所有制体系。

2. 民营经济是实现社会财富增长的重要来源

已有理论和实践证明，公有制经济相对注重公平、兼顾效率；民营经济则相对注重效率、兼顾公平，两者在发展过程中各有所长但又各有所短。现阶段，民营经济具有效率方面的巨大优势，能够发挥为全社会快速积累财富和商品服务的重要功能，是社会主义经济发展必不可少的发动机；[②]民营企业家发挥自身敢闯敢拼的冒险精神、创业能力和创新努力，将创造的财富通过相应的路径回报社会，让员工、公众获得企业发展的红利，能够有力地促进共同富裕。因此，民营经济在社会主义初级阶段提供了个人创造财富、追求财富的客观途径，是社会财富增长不可或缺的动力来源。

3. 民营经济是共同富裕三次分配的重要途径

实现共同富裕必须依靠财富积累与分配两个环节，缺一不可。民营经济不仅是社会财富积累的重要来源，同时也是分配环节的重要部分。现阶段，社会分配环节主要依靠经济制度上的三次分配。民营经济的剩余价值积累是整个分配过程的起点，也是实现共同富裕的能量之源。更重要的是，民营经济提供了财富生产与财富分配的无缝衔接的直接途径，可以跳过“先集中后分散”的间接过程；民营经济在实现个人创富的同时，也是将财富直接分配给个体劳动者的过程。财富积累和财富分配如果都是直接归属于社会大众，不失为一条更加便捷的共同富裕之路，民营经济的蓬勃发展便提供了实现这一目标的诸多可能。

---

① 徐传湛、王艺漩．国有经济比重、贫富差距与共同富裕［J］．江汉论坛，2018（7）

② 宋俭、刘淋淋．在坚持社会主义基本经济制度的基础上扎实推动共同富裕［J］．经济社会体制比较，2022（4）

4. 民营经济和公有制经济具有内在一致的共同富裕促进作用

无论生产资料属于公有还是非公有，都要服务于社会生产循环的实质性过程，即要能够生产更多的商品服务并实现面向社会成员的分配和消费。[①]民营经济与公有制经济的最终结果一样，都是生产最终产品满足全体社会消费需要，都是实现社会个体满足自身生存发展需要的最终目的，本质上与生产资料的归属形式无关。也就是说，无论是公有制经济还是民营经济，最终都是以实现社会财富增长并让参与生产过程的劳动者享受社会财富带来的福利为目标，而不是以生产资料如何安排为标准；无论是公有制经济还是民营经济，皆是参与促进共同富裕的经济形式，都做出了不可忽略的贡献。[②]

五、我国民营经济“两个健康”理论体系的构建思考

改革开放后，“民营经济”不断出现于学术研究及各级政策文本中，成为一种具有鲜明时代特色、烙有深刻中国特色社会主义印记的社会生产关系和经济组织形式，并奠定了相应的理论创新基础、实践发展基础和学术研究基础。如今，“我国民营经济已经形成相当的规模、占有很重的分量，推动民营经济高质量发展具备坚实基础”，并呈现出显著发展特色。早在2015年中央统战工作会议上，习近平总书记就明确指出，“促进非公有制经济健康发展和非公有制经济人士健康成长，既是重大经济问题也是重大政治问题”；[③]由此，民营经济“两个健康”成为新时代开展民营经济统战工作的根本遵循。迈上新征程，民营经济所面临困难的复杂程度前所未有，迫切要求我们从全面加强新时代民营经济理论研究的实际出

---

① 袁康．社会主义初级阶段的所有制［J］．财经问题研究，1999（7）

② 逄锦聚．中国共产党带领人民为共同富裕百年奋斗的理论与实践［J］．经济学动态，2021（5）

③ 王建均．必须促进非公有制经济“两个健康”［EB/OL］．人民政协网 https://www.rmzxw.com.cn/c/2023-08-15/3393729.shtml

发，进一步加快构建民营经济“两个健康”理论体系。下面就此围绕其学理支撑、逻辑范式、实践向度等，进行简要思考与阐述。

（一）民营经济“两个健康”理论体系构建的学理支撑

从学理上看，判断民营经济“两个健康”的相关论断能形成为理论体系，至少应包含三个方面的支撑：一是针对非公有制经济健康发展和非公有制经济人士健康成长等现实问题能做出科学回答，二是能形成民营经济“两个健康”理论体系化、学理化的完整系统，三是能对民营经济“两个健康”理论的实践具有指导意义。据此，民营经济“两个健康”理论体系构建的学理支撑，将主要体现在制度、理论与实践三个层面。

1. 在制度层面上，要基于社会主义市场经济体制的制度逻辑，强调非公有制经济的不可或缺性和相对平等性

民营经济“两个健康”的主线在于凸显党的十五大以来确立的我国社会主义基本经济制度的一贯性，无论是“两个毫不动摇”“两个都是”还是“三个没有变”，皆在强调党的十五大至今，党和国家完善社会主义市场经济体制的制度逻辑没有变，即强调非公有制经济和公有制经济一样，都是我国经济制度的内在要素，并进一步强调非公有制经济在制度逻辑中的相对平等性。正如今年2月17日召开的民营企业座谈会，习近平总书记开门见山指出的：“几十年来，关于对民营经济在改革开放和社会主义现代化建设事业中地位和作用的认识、党和国家对民营经济发展的方针政策，我们党理论和实践是一脉相承、与时俱进的。”

2. 在理论层面上，要厘清非公有制经济健康发展和非公有制经济人士健康成长的内在逻辑

一是强调两者目标的统一整体性。新时代民营经济“两个健康”的目标更加明确，希望非公有制经济做大做优做强，践行新发展理念，融入新发展格局；希望非公有制经济人士成为爱国敬业、守法经营、创业创新、回报社会的社会典范。

二是强调两者之间的联系和因果性。一方面，民营经济“两个健康”并非并列关系，“非公有制经济人士健康成长是非公有制经济健康发展的前提”，必须进一步促进民营经济人士高素质成长、进一步激发优秀企业家精神、进一步引导民营经济人士守法经营与依法治企等；另一方面，健康的标准并非仅有发展一个维度，守住安全底线是另一个更为重要的维度。

3. 在实践层面上，要为非公有制经济领域统战工作把准方向，并理顺好非公有制经济领域统战工作主题

民营经济“两个健康”是非公有制经济领域统战工作的重要指导思想，而民营经济人士思想政治健康是实现民营经济“两个健康”的生命线，是重中之重。当前深化民营经济“两个健康”需要重点增强民营经济发展信心，在理论上守正创新，正确阐释民营企业的性质和地位；在实践中聚焦开放和创新，帮助民营企业家积极拥抱高质量发展战略，大力弘扬企业家和科学家精神，构建良好营商环境；在深化认知上，通过非公制经济和非公有制经济人士二者共同发展、共同健康、共同成长，以更好地诠释民营经济“两个健康”的实际内涵。

（二）民营经济“两个健康”理论体系构建的逻辑范式

虽然“两个健康”这一名称正式提出时间不长，但党和国家出台了一系列促进民营经济发展的重大理论政策，历经从“利用”到“允许”、从“有益补充”“必要补充”到“重要组成部分”，再到“同等地位”的变化，最终形成了稳固的“两个健康”理论体系研究基础。[151]至于何谓“民营经济‘两个健康’理论体系”，目前学术上尚无明确的统一定义。笔者可初步理解为，民营经济“两个健康”理论体系，是指由非公有制经济健康发展和非公有制经济人士健康成长相关理论认知，按照相应逻辑范式相互补充、相互协调构成的一个有机整体，是具有辩证关系的“两个健康”理论的总和。由此，将围绕时空逻辑、内在逻辑与作用逻辑，对其理论体系构建的逻辑范式进行探讨。

1. 民营经济“两个健康”理论体系的时空逻辑：守正与创新相结合

守正与创新是辩证统一的关系，守正是基础，创新是关键。坚持“守正”，“创新”才能有明确的立场和导向；不断“创新”，“守正”才能获得活力源泉和动力引擎。习近平总书记在党的二十大报告中指出：“我们从事的是前无古人的伟大事业，守正才能不迷失方向、不犯颠覆性错误，创新才能把握时代、引领时代。”比如，如何正确阐释新时代民营企业的性质和地位及民营企业家的阶层问题，就需要理论上的守正创新。另外，把马克思主义基本原理同中国具体实际相结合、同中华优秀传统文化相结合，即“两个结合”就是守正创新；而在回应民营经济“两个健康”理论体系构建的实际中彰显中国民营经济理论的生命力，则是领悟“两个结合”的精髓。

2. 民营经济“两个健康”理论体系的内在逻辑：共性与个性相统一

在加强民营经济“两个健康”理论体系构建中必须坚持共性与个性相统一的原则，既强调把握好民营经济健康发展、前提是民营经济人士的健康成长，以及民营经济健康发展、民营经济人士健康成长的各自个性化规律，同时也遵循民营经济“两个健康”是有机联系、辩证统一的整体的共性化规律，并主动探寻二者共同发展、共同健康、共同成长的融合与统一，以最终实现民营经济人士的健康成长与民营经济的健康发展、商协会的健康发展和民营经济高质量发展的有机统一。据此，任何把民营经济健康发展和民营经济人士健康成长孤立地看，或者“一手紧、一手松”的观点和做法都是错误的。

3. 民营经济“两个健康”理论体系的作用逻辑：市场与政府相协同

市场的优势主要体现在“有效”，政府的作用关键在于“有为”。为此，在加强民营经济“两个健康”理论体系构建中必须统筹好“有效市场”和“有为政府”的协同关系，形成既对民营经济的健康发展“放得活”，又对民营经济人士的健康成长“管得住”的良性秩序；同时需要从过程和结果两个层面准确掌握好“有效市场”和“有为政府”的作用边界。[152]而两者边界掌握的最关键处，就在于实施和保障新时代“亲清政商关系”，即政商协作相对“亲清”的隔离，既保障企业运行的有效性，又能够避免政府寻租行为导致市场扭曲；至于“有为政府”的服务范围，主要在于前端规划和后端服务，而中间的经营环节应该基本交由企业在市场竞争中完成，政府仅需通过健全规则制度保证其运行的有效和公平。

（三）民营经济“两个健康”理论体系构建的实践向度

揭示民营经济“两个健康”理论体系的实践向度及其意蕴，是构建民营经济“两个健康”理论体系的必然要求。改革开放以来，民营经济理论探索主要聚焦于民营经济社会地位和功能、民营企业家社会地位和功能，以及民营经济演进逻辑和规律等方面；进入新时代，诸如民营经济跨越式发展及存在的短板问题、民营经济面临外部风险和自身蜕变的双重考验和挑战问题、中国式现代化建设中民营经济面临的重大机遇问题、民营经济统战工作“两个健康”主题面临的迭代升级问题，以及进一步促进民营经济人士高素质成长、进一步激发优秀企业家精神、进一步引导民营经济人士守法经营与依法治企，以及“共同富裕”问题等，都亟待从民营经济“两个健康”理论体系构建的实践向度上加以持续强化。

1. 要明确创新导向

以“两个结合”筑牢民营经济“两个健康”理论体系的思想根基，从理论源头、从马克思主义这个“魂脉”、中华优秀传统文化这个“根脉”的角度，深刻了解民营经济“两个健康”理论体系之实践创新渠道；以倡导广大民营经济人士“满怀创业和报国激情，不断提升理想境界，厚植家国情怀，富而思源、富而思进”，不断弘扬企业家精神，专心致志做大做优做强企业，坚定做中国特色社会主义的建设者、中国式现代化的促进者。

2. 要拓宽思维方式

通过拓宽学科边界以促进理论研究之间的实践创新，可以从树立战略思维中提升民营经济“两个健康”理论体系的价值定位，可以从树立系统思维中全面构建民营经济“两个健康”理论体系的设计内容，可以从树立辩证思维中主动考量民营经济“两个健康”理论体系面临的“危”与“机”，也可以从“共同富裕”目标治理中、通过“三次分配”（指鼓励社会力量自愿投入民间捐赠、慈善事业等）去补齐“有效市场”和“有为政府”协同治理的运行结果等。[152]

3. 要把握实践策略

要借助推动民营经济“两个健康”工作的相关策略，去主动满足新时代民营经济健管理方式康发展的实践要求。一是要秉持非公有制经济是社会主义经济的重要组成部分；二是要让民营企业从鼓励、支持和引导政策中增强获得感；三是要着力构建“亲”“清”的新型政商关系；四是要以统一战线政策和民族复兴大业引导民营企业家健康成长等。

第四章
中国式现代化背景下民营经济的作用定位

民营经济，作为中国特色社会主义市场经济重要的组成部分，在经济社会发展中已呈现出“五六七八九”的特征，即民营经济贡献了超过50%的税收，创造了超过60%的国内生产总值、固定资产投资以及对外直接投资，高新技术企业占比超过70%，吸纳了超过80%的城镇就业，民营企业对新增就业贡献率达到了90%。[153]这也从一个侧面说明，我国经济发展能够创造中国奇迹，民营经济功不可没，再结合对其融入中国式现代化的理论逻辑与特征优势进行探讨，就能进一步印证民营经济是新时期推进和拓展中国式现代化进程中必须团结和依靠的重要力量，[154]不仅是稳增长、促创新、增就业的重要力量，也是国家经济实力大幅跃升的重要支撑、科技自立自强的重要基础以及促进共同富裕的重要力量，更是推动实现中国式现代化的生力军。

第一节　民营企业在现代化经济体系中的作用与贡献

改革开放以来，民营企业逐渐成为我国社会经济发展的主要力量，也是推动我国经济高质量发展、现代化经济体系建设的重要主体之一。民营企业在现代化经济体系中的作用与主要贡献，[155]可简要概括为：科技创新的主阵地、我国经济发展的主力军、财政税收的主要贡献者和就业富民的主载体。

一、科技创新的主阵地

科技创新是人类文明进步的重要源泉，而追求科技创新则是民营企业的天然意识。近年来，民营企业科技创新能力进一步强化，从模式创新、应用创新、集成创新开始，越来越多的民营企业开始勇闯创新无人区，形成了科技创新的主阵地。

（一）民营企业是创新活动的主体

产学研合作是民营企业创新的重要形式。民营企业善于合作“结对子”和搭建全方位战略合作平台，能有效打通科技成果供给侧与需求侧的联通渠道，实现“科研实验室”与“工厂车间”的无缝对接，推动科技成果从“书架”走上“货架”。据全国工商联《2024研发投入前1 000家民营企业创新状况报告》，在填报的993家企业中，87.71%的企业与科研院所、高等院校开展了产学研合作；在开展合作的企业中，87.72%的企业选择项目合作；其中682家企业认为开展产学研合作对企业技术创新支持作用很大，占到开展合作企业总数的78.30%（参见表4-1）。①通过产学研深度融合，能发挥新型举国体制优势，更好地整合优化科技资源配置，发挥人才集聚、组织有序的优势，调动各类科研院所的积极性，推动重要领域关键核心技术攻关，协同推进产业融合和科技创新，持续提升科技创新能力。一方面，能加快并优化技术与资本、劳动、市场等有效结合，实现技术输出与企业转化的无缝衔接，完善共性基础技术供给体系，强化技术成果商业化应用，畅通“科研—转化—产业”全链条；另一方面，能坚持以质量、绩效、贡献为核心的评价导向，建立健全符合科研活动规律的评价制度，完善科技项目分类评价制度，全面准确反映成果创新水平、转化应用绩效和对经济社会发展的实际贡献。[156]中国民营经济研究会等机构联合发布的《2024中国民营经济百强产业集群研究报告》指出，截至2023年12月，国家级高新技术企业超46万家，民营企业占比94%；全国10.3万家专精特新中小企业，民营企业占比95%；民营企业贡献70%左右的技术创新成果。②

表4-1　2023年入围企业产学研合作情况（单位：家）

与科研院所、高等院校开展合作方式	企业数量	占合作企业比
开展项目合作	764	87.72%
共建研发机构	362	41.56%
组建创新联合体	237	27.21%
共建学科专业	99	11.37%
其他	54	6.20%

摘自全国工商联《2024研发投入前1 000家民营企业创新状况报告》，2024年9月，第16页。

知识产权保护又是民营企业发展的核心举措。创新是引领发展的第一动力，民

① 《2024研发投入前1 000家民营企业创新状况报告》，全国工商联，2024年9月，第16页。

② 苏浙粤闽纺服产业集群荣登2024中国百强榜单，快资讯网 https://www.360kuai.com/pc/94c9d08ce630fa120?cota=3&kuai_so=1&sign=360_57c3bbd1&refer_scene=so_1。

营企业十分注重对知识产权的保护，能主动按照企业自身的发展战略目标，加强对知识产权战略的专门研究，并建立起企业核心技术和核心产品名录，对产品研发、技术改造、产品生产、产品销售的知识产权全生命周期进行保护；能立足企业自身创新优势，打破学科壁垒，打造分工明确、协同高效、运转协调的“大团队”科研攻坚模式，并主动瞄准未来科技发展趋势，加强“从0到1”的基础研究和关键核心技术攻关，不断产出具有自主知识产权的标志性成果。同时，注重完善企业知识产权信息管理，及时关注与本企业相关的技术改进和技术创新，不断夯实民营企业自身的整体创新实力。[156]近年来，随着数字时代的到来，民营企业还不断强化对知识产权“数量”与“质量”的认知、“传统”与“延伸”的把握、“意识”与“方向”的选择，进一步加大了知识产权保护力度，从而激发其创新发展的动力。以专利为例，据全国工商联《2024研发投入前1 000家民营企业创新状况报告》，在研发投入前1 000家民营企业中，有924家企业填报了国内外有效专利持有量，共计111.94万件，同比增长5.35%。截至2023年底，入围企业累计持有国内有效专利101.37万件，国外有效专利10.57万件。其中，国内有效发明专利51.45万件，同比增长23.00%，占入围企业国内有效专利的51.92%，占全国企业国内有效发明专利的12.58%；国外有效发明专利数6.66万件，占入围企业国外有效专利的63.02%。①

（二）民营企业创新水平持续提升

民营企业研发的贡献情况：据统计，民营企业贡献了65%的专利、75%以上的技术创新、80%以上的新产品开发，创新主体地位日益显著。②其中，头部民企保持高研发投入，民企在高新技术企业中的总资产与收入占比均在八成以上，创新支撑作用显著增强，是中国高新技术创新的主力军；民企发明专利呈现产业化

① 《2024研发投入前1 000家民营企业创新状况报告》，全国工商联，2024年9月，第23页。

② 国家发改委：民营企业促外贸贡献凸显，法治网 http://www.legaldaily.com.cn/Company/content/2023-12/07/content_8936201.html。

趋势，专利支撑实体经济能力不断提升；创新领域上民企创新聚焦高端制造业，制造业创新投入占比高达96%；民企贡献了70%以上的技术创新成果，集中了80%的国家级专精特新“小巨人”和90%的高新技术企业，是我国实现科技创新及产业升级的核心主体；民营企业在我国社会研发投入中占比达78%，是我国实现高质量发展的重要基础。①

民营企业创新状况：全国工商联对外发布的《2024研发投入前1 000家民营企业创新状况报告》显示，2023年，前1 000家民营企业研发投入入围门槛为2.04亿元，比上年提高0.2亿元；研发投入前1 000家民营企业的研发费用总额1.39万亿元，同口径增长4.78%，占全国研发经费支出的41.88%；平均研发强度3.58%，高于全国研发投入强度0.94个百分点。②另外，在研发投入榜单中，排名前十的企业分别为：华为、腾讯、阿里巴巴、比亚迪、吉利控股、百度、美团、蚂蚁科技、山东魏桥和小米，其中互联网公司占据了半壁江山。③而2024年8月由《财富》杂志发布的2024年度中国科技50强企业榜单中，民营企业就达到了43家。④

二、我国经济发展的主力军

民营经济兴则全局兴，民营经济活则全盘活。这些年来，在竞争激烈的市场浪潮中，民营企业不断创新挖潜，持续提高自身创新能力，并注重以技术创新推动产品与服务创新，进而满足市场的最新需求；能主动用高质量、高附加值的产品拓展市场、赢得市场，在中国经济的“拼图”中，民营经济的功能和地位不断提升，已成为我国经济发展的“主力军”。⑤民营经济依托创新动力足、变革精神

① 中国民企研发创新发展报告，腾讯网 https://new.qq.com/rain/a/20231215A005VV00。

② 《2024研发投入前1 000家民营企业创新状况报告》，全国工商联，2024年9月，第5—6页。

③ 《2024全国民营企业科技创新与标准创新大会系列榜单》，全国工商联，2024年9月，第2页。

④ 2024年《财富》中国科技50强，财富网 https://www.fortunechina.com/tech50/。

⑤ 民营企业担当“主力军”，展现逐浪“硬核力量”，搜狐网 https://www.sohu.com/a/478611099_121123752。

强、对市场敏感度高的优势和特征，大量布局在战略前沿新兴领域。截至2024年6月，在创业板、科创板和北交所上市的2 165家上市公司中，民营企业占了80%，是我国培育发展新动能、开辟新领域新赛道的主要力量。[①]从全国工商联发布的2024中国民营企业500强榜单来看，排在榜单第一位的民企仍然是京东集团（参见表4–2），其营收总额为108 466 200万元，[②]比2023年的营业收入（104 623 600万元[③]）增加了3 842 600万元，经济规模已达万亿级水平。

表4–2　2024中国民营企业500强榜单（1–42）

序号	企业名称	省份	营收总额（万元）
1	京东集团	北京市	108 466 200
2	阿里巴巴（中国）有限公司	浙江省	92 749 400
3	恒力集团有限公司	江苏省	81 173 689
4	华为投资控股有限公司	广东省	70 417 400
5	浙江荣盛控股集团有限公司	浙江省	61 260 568
6	腾讯控股有限公司	广东省	60 901 500
7	比亚迪股份有限公司	广东省	60 231 535
8	盛虹控股集团有限公司	江苏省	52 882 491
9	山东魏桥创业集团有限公司	山东省	52 021 385
10	浙江吉利控股集团有限公司	浙江省	49 807 231
11	万科企业股份有限公司	广东省	46 573 907
12	联想控股股份有限公司	北京市	43 601 217
13	浙江恒逸集团有限公司	浙江省	40 682 953
14	宁德时代新能源科技股份有限公司	福建省	40 091 704
15	青山控殴集团有限公司	浙江省	38 213 706
16	美的集团股份有限公司	广东省	37 370 980
17	敬业集团有限公司	河北省	34 065 252

① 国务院发展研究中心企业研究所，《中国经济时报》2024年10月16日，第8版。

② 首发！2024中国民营企业500强，时报新媒体、中华工商时报，2024年10月12日。

③ 2023中国民营企业500强榜单，个人图书馆网 http：//www.360doc.com/content/24/0215/17/47115229_1114130570.shtml。

续表

序号	企业名称	省份	营收总额（万元）
18	信发集团有限公司	山东省	29 075 381
19	新希望控股集团有限公司	四川省	28 308 461
20	泰康保险集团股份有限公司	北京市	27 900 403
21	江苏沙钢集团有限公司	江苏省	27 779 839
22	北京三快在线科技有限公司《美团》	北京市	27 674 495
23	小米通讯技术有限公司	北京市	27 097 014
24	顺丰控股股份有限公司	广东省	25 840 940
25	海亮集团有限公司	浙江省	25 274 166
26	北京建龙重工集团有限公司	北京市	24 118 660
27	通威集团有限公司	四川省	23 879 171
28	天能控股集团有限公司	浙江省	22 515 144
29	新疆广汇实业投资（集团）有限责任公司	新疆维吾尔自治区	21 460 318
30	德龙钢铁有限公司	河北省	21 258 057
31	磔海格力电器股份有限公司	广东省	20 501 812
32	万向集团公司	浙江省	20 237 495
33	复星国际有限公司	上海市	19 820 031
34	冀南钢铁集团有限公司	河北省	19 386 914
35	北京嘀嘀无限科技发展有限公司（滴滴出行）	北京市	19 237 992
36	雅戈尔集团股份有限公司	浙江省	19 159 142
37	洛阳栾川钼业集团股份有限公司	河南省	18 626 897
38	多弗国际控股集团有限公司	浙江省	18 561 437
39	龙湖集团控股有限公司	重庆市	18 073 658
40	桐民控股集团有限公司	浙江省	18 033 065
41	中升（大连）集团有限公司	辽宁省	17 929 009
42	东方希望集团有限公司	上海市	17 918 329

（注：排名第 43 位及以后企业从略）

（一）民营企业是最大市场主体

2012年到2023年，民营企业占全国企业总量的比例由79.4%提高至92.3%、达5 300余万户（参见图4–1），[157]个体工商户由4 000余万户增加至1.24亿户。规模以上工业企业中私营企业营业收入年均增长8.3%、利润总额年均增长7.9%。入围世界500强的民营企业由6家增加至36家；[158]另据海关总署数据统计，2023年，我国有进出口记录的外贸经营主体共64.5万家，其中民营企业达到55.6万家。① 而数据表明，截至2024年5月底，全国共有民营企业5 517.7万户，近10年增长了4倍，民营企业已成为我国经济微观基础的最大主体。从质量上看，民营企业在新兴产业发展中发挥了重要的引领作用，高技术制造业领域民营企业占比达90.2%，高技术服务业占比达93.3%，“四新经济”占比达93.4%，数字经济核心产业占比达94.6%。②

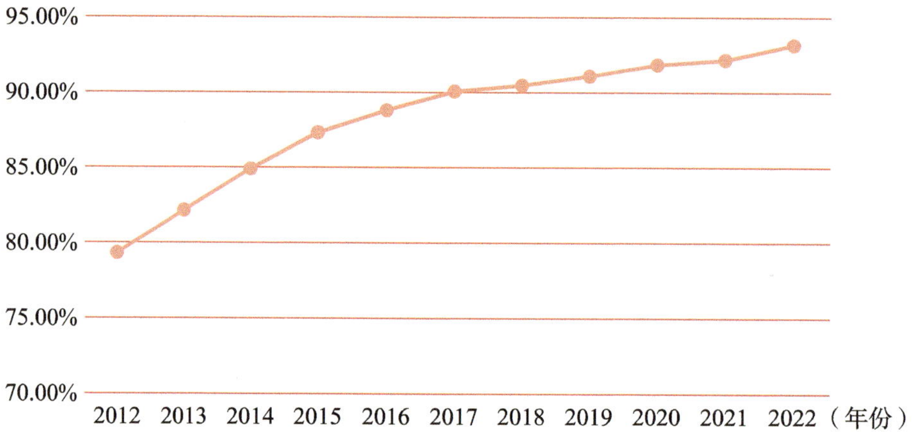

图4–1 民营企业在企业总量中的占比[157]

（二）民营企业成为外贸贡献主体

2012年到2023年，民营企业进出口额年均增长11.1%，占全国进出口总额的比重由30%左右增长至50%以上。其中，2019年我国有进出口实绩的民营企业达

① 民营企业对外贸易：重要作用、挑战及对策．民营经济内参，2024（18）：19.

② 发挥民营经济独特优势 高质量共建“一带一路”，网易 https://www.163.com/dy/article/J7AIG05D05565XA4.html。

到40.6万家，这个数字比上一年增加了8.7%；民营企业首次超过外商投资企业，成为我国外贸第一大主体：全年民营企业进出口额13.48万亿元，增长11.4%，占我国外贸总值的42.7%，比2018年提升3.1个百分点，其中，出口额8.9万亿元，增长13%，进口额4.58万亿元，增长8.4%。[①]2021年，我国外贸经营主体活力继续增强，全年有进出口实绩的企业达到了56.7万家，比上年增加了3.6万家；其中，民营企业保持我国第一大外贸经营主体地位，进出口额19万亿元，增长26.7%，占我国外贸总值的48.6%。[②]另据海关总署数据统计，2023年，我国货物进出口总额41.76万亿元，同比增长0.2%，民营企业贡献了其中的22.36万亿元，并且实现了6.3%的同比增速，民营企业已成为推动我国对外贸易实现正增长、扩大对外贸易规模的重要主体。[③]

三、吸纳就业的主渠道

党的二十大报告就明确提出了“促进高质量充分就业”的目标要求。而作为新时代以来首次从中央层面出台的促就业指导性文件，即《中共中央 国务院关于实施就业优先战略促进高质量充分就业的意见》，则更为开宗明义，强调“就业是最基本的民生，事关人民群众切身利益，事关经济社会健康发展，事关国家长治久安”。[④]因此，积极引导广大民营企业履行社会责任，充分释放民营企业吸纳就业的主渠道潜力，既是民生之本，也是安国之策。

---

① 民企首次成外贸第一大主体，人民网 http://world.people.com.cn/n1/2020/0115/c1002-31548752.html。

② 海关总署：民营企业保持我国第一大外贸经营主体地位，占总值48.6%，快资网 https://www.360kuai.com/pc/9e0aa42d398fd8e4a?cota=3&kuai_so=1&sign=360_57c3bbd1&refer_scene=so_1。

③ 民营企业对外贸易：重要作用、挑战及对策．民营经济内参，2024（18）：19.

④ 中共中央 国务院关于实施就业优先战略促进高质量充分就业的意见，新华网 http://www.news.cn/politics/20240925/c3466c07174d4c41833c3f910f7c8b0a/c.html。

（一）民营企业是促进高质量充分就业的主渠道

民营企业历来是吸纳就业的主力军，贡献了80%以上的城镇劳动就业。①目前，很多劳动密集型行业受到了内外部大环境冲击，加上经济转型，在新增就业需求方面出现了一些问题，既有总量性的问题，也存在一些结构性的问题；就重点群体而言，主要体现在两个方面：一是大学生群体的就业，二是农民工的就业。②既然民营企业是吸纳就业的主力军，那么稳就业就必须集中力量抓大头，从战略上高度重视并鼓励民营企业创造更多就业岗位，继续发挥其促进高质量充分就业的主渠道作用，且刻不容缓。

（二）民企高质量充分就业能助力中国式现代化

现代化的本质是人的现代化。高质量充分就业，是一个关乎民生、发展和安全的重大经济社会发展目标，事关人口规模巨大的现代化的成色、事关推动实现全体人民共同富裕。③为此，每一个民营企业都要从国家战略高度，切实增强做好新时代高质量充分就业工作的高度自觉，注重推动民营经济发展与充分就业协调联动，着力解决结构性就业矛盾；通过就业政策与财政政策、货币政策的有机结合，毫不动摇地发展壮大民营经济，不断提升重点群体的就业水平，并凝聚起建设中国式现代化的民企力量。

---

① 中国民营经济亮"家底"：企业占比超90%，贡献了80%以上城镇劳动力就业，东方财富网 https://finance.eastmoney.com/a/202307212788282498.html。

② 新闻1+1丨政治局会议重磅部署 对房地产、就业等有何影响？，央视网 https://tv.cctv.com/2024/09/27/VIDE6dHrrPhTD3IO5qLIlToY240927.shtml。

③ 以高质量充分就业助力中国式现代化，求是网 http://www.qstheory.cn/dukan/qs/2023-06/01/c_1129655603.htm。

第二节 民营经济融入中国式现代化的特征、逻辑和路径

民营经济是推动中国经济社会发展的重要动力。所谓民营经济融入中国式现代化，是指在党和国家的政策引导下，推动民营经济健康发展壮大，激发创新创业创造热情，做大做优做强经济“蛋糕”，为实现中国式现代化累积起更深厚的物质基础，从而不断汇聚起实现社会主义现代化国家发展目标的磅礴力量。[159]党中央始终从全局性战略高度看待民营经济健康发展，尤其是从党的十八大以来，习近平总书记就加强新时代促进民营经济“两个健康”进行了全面部署，并提出了一系列新思想和新要求，为民营经济融入中国式现代化提供了根本遵循。[160]为此，在中国式现代化背景下，深入探讨中国式现代化进程的推进和民营经济发展壮大彼此影响的伟大变革，加强对推动实现民营经济全方位融入中国式现代化的多维逻辑及现实路径的探讨也就显得更为重要，同时具有重大的理论意义和实践价值。

一、民营经济融入中国式现代化的基本特征

深入学习贯彻党的二十大及二十届三中全会精神，站在更为广阔和综合的视角，深刻把握民营经济融入中国式现代化的基本特征，将对全方位奋力开辟发展新领域新赛道并助力民营经济高质量发展具有重要启迪意义。为此，我们可以从奋进“新征程”、领会“新思想”、践行“新理念”、激活“新要素”、释放“新动

能”、汇聚“新活力”、布局“新赛道”、续写“新华章”、实现“新发展”等视角，[1]来更好认知民营经济融入中国式现代化的基本“新特征”。

（一）奋进“新征程”

随着新时代的脚步一路走来，我们全面贯彻习近平新时代中国特色社会主义思想，采取一系列战略性举措，实现一系列突破性进展，取得一系列标志性成果，经受住了来自政治、经济、意识形态、自然界等方面的风险挑战考验，党和国家事业取得历史性成就、发生历史性变革，推动我国迈上全面建设社会主义现代化国家新征程。与此同时，党中央通过出台扶持民营经济发展的系列改革举措，不断支持民营经济快速发展，并使其影响力持续增强，在稳定增长、促进创新、增加就业、改善民生等方面发挥了重要作用。一言以概之，我国经济能够创造持续快速增长奇迹，民营经济功不可没。从现在起，中国共产党的中心任务就是团结带领全国各族人民全面建成社会主义现代化强国、实现第二个百年奋斗目标，以中国式现代化全面推进中华民族伟大复兴。站上新的历史起点上，民营企业家将以更大勇气、更实举措，以更加昂扬的姿态奋进新征程、展现新作为、建功新时代，不断推动民营经济取得新发展。

（二）领会“新思想”

思想是行动的先导，只有认知到位，行动才会自觉。习近平经济思想，作为习近平新时代中国特色社会主义思想的重要组成部分，是党的十八大以来以习近平同志为核心的党中央高瞻远瞩，全面把握世界发展大势，紧紧围绕新时代中国特色社会主义经济发展重大问题和实践命题作出的系统性科学阐释，是马克思主义政治经济学中国化时代化的最新理论成果，是我国经济高质量发展与全面建设

① 罗贞礼．中国式现代化道路上的民营经济发展新特征．《民营经济内参》，2022（35）：19-23.

社会主义现代化国家的科学指南，是新时代做好经济工作的根本遵循。为了在全面建设社会主义现代化国家新征程中更好实现民营经济的健康发展，必须坚持以习近平经济思想为引领，全面把握、深刻理解其核心要义、精神实质与实践要求，始终坚持“两个毫不动摇”“三个没有变”，正确处理好政府和市场的关系，构建亲清政商关系，不断优化民营经济发展环境，大力支持民营经济走向更加广阔的发展舞台，不断推进民营经济领域的实践和理论创新，更好地推动社会主义市场经济发展。

（三）践行“新理念”

十八届五中全会提出了“创新、协调、绿色、开放、共享”的新发展理念，是以习近平同志为核心的党中央在总结中国40年改革发展经验、科学分析国内外经济社会发展形势基础上，对发展理念的全面创新，是新时期各项工作的行动指南。发展理念是否对头，从根本上决定着发展成效乃至成败；而“创新、协调、绿色、开放、共享”的新发展理念，则系统回答了发展的目的、动力、方式、路径等一系列理论和实践问题。新时代新征程，在以中国式现代化全面推进中华民族伟大复兴的过程中，民营经济作为中国特色社会主义的重要经济基础，唯有把思想和行动统一到完整准确全面贯彻新发展理念上来，以“国之大者”的高度责任感，崇尚创新、注重协调、倡导绿色、厚植开放、推进共享，不断实现更高质量、更有效率、更加公平、更可持续、更为安全的发展，才能在实现中华民族伟大复兴的新征程上展现出民营经济强大的发展韧性和巨大潜力，并创造无愧于新时代发展的新奇迹。

（四）激活“新要素”

在经济学中，生产要素又称为生产输入，是人们用来生产商品和劳务所必备的基本资源。在互联网经济时代，数据是新的生产要素，是基础性资源和战略性资源，也是重要生产力。数据与土地、劳动力、资本、技术等传统要素并列为要素之一，不断融入经济社会发展各领域，推动着数据价值、数据融合、数据应用、数据安全防护等数字经济新态势的形成，使数字化成为最活跃的生产力源泉；数据的充分挖掘和激活利用，能不断优化资源配置和使用效率，能主动改变人们的生产、生活和消费模式，最终推动诸多重大而深刻的关联变革。目前很多民营企业的数字化转型都处于起步阶段，对数据的激活与发掘将成为其发展的关键。积极探索建立全国性、区域性的民营企业数据运用公共服务体系，支持民营企业开展数据资源的整合分析、二次开发和开放共享，推动数字经济数据链、人才链、技术链、资金链及产业链、服务链、消费链、治理链的多链融合发展，无疑是未来民营企业数字化转型发展非常重要的突破领域。

（五）释放“新动能”

创新是引领发展的第一动力，是建设现代化经济体系的战略支撑；抓创新就是抓发展，谋创新就是谋未来。近年来，随着“慧眼”卫星畅游太空、国产航母初露真容、大飞机翱翔蓝天、量子通信领先世界……一大批重大科技成果不断涌现，我国在若干重要领域开始成为全球创新引领者；但与此同时，还依然存在着关键核心技术不足、创新质量不够高等诸多问题，对多数民营企业而言，创新投入明显不足、创新能力亟待提高等问题则尤为突出。党的二十大报告指出“必须坚持科技是第一生产力、人才是第一资源、创新是第一动力，深入实施科教兴国战略、人才强国战略、创新驱动发展战略，开辟发展新领域新赛道，不断塑造发展新动能新优势”。奋进新征程，我国民营企业必须主动把创新驱动摆在突出位置，不断增强自主创新能力，不断加大创新投入，着力造就拔尖创新人才，并通过创新驱动不断释放发展“新动能”，不断推动科技创新与经济社会发展深度融合，并让民营经济创造活力得到充分迸发。

（六）汇聚“新活力”

中小企业是推动创新、促进就业、改善民生的重要力量。专精特新中小企业更是中小企业群体的领头羊，是产业链与供应链的关键节点。为此，习近平总书记在致信祝贺2022全国专精特新中小企业发展大会召开时强调：“希望专精特新中小企业聚焦主业，精耕细作，在提升产业链供应链稳定性、推动经济社会发展中发挥更加重要的作用。”这要求我们在推动企业创新上下功夫，以激发涌现更多专精特新中小企业。到2024年11月为止，按照建立优质中小企业梯度培育体系要求，我国累计培育专精特新“小巨人”企业1.46万家；①从工业和信息化部公示的第四批4 300多家企业中不难看出，民营企业占比达到了84%。这些企业发展特点明显，一是创新性强，研发投入高；二是专业化程度高，配套能力强；三是成长性好，发展潜力大。毫无疑义，专精特新企业作为支撑未来民营经济高质量发展的主要力量，必将不断汇聚起中国民营经济创新创造与高质量发展的强大活力，并为构建新发展格局和实现共同富裕提供强大支撑。

（七）布局“新赛道”

党的十八大以来，在转向高质量发展的过程中，步入新时代的民营经济既保持了量的合理增长，也实现了质的稳步提升，其新产业新业态崛起势头强劲。党的二十大报告提出“建设现代化产业体系。坚持把发展经济的着力点放在实体经济上，推进新型工业化，加快建设制造强国、质量强国、航天强国、交通强国、网络强国、数字中国”。鉴于此，民营经济必须在推动更多新兴产业发展上下功夫，并在抢占民营经济发展制高点上加速谋划布局未来产业“新赛道”。未来产业具有依托新科技、引领新需求、创造新动力、拓展新空间等四个“新”特点。前

① 我国累计培育专精特新“小巨人”企业1.46万家，中国经济网 http://www.ce.cn/xwzx/gnsz/gdxw/202411/16/t20241116_39204945.shtml。

瞻谋划未来产业，这是国家面向未来特别是面向2035年远景目标提出的一个重要战略思想，并成为衡量一个国家科技创新和综合实力的重要标志，也是新时代我国民营经济不容错过的重要发展战略机遇。通过聚焦人工智能、先进制造、生物技术、先进通信网络、大健康产业等前沿领域，持续布局与打造未来技术应用场景，从而加快民营经济发展步伐。

（八）续写“新华章”

党的二十大报告指出“全面推进乡村振兴”“坚持农业农村优先发展”“加快建设农业强国”“巩固拓展脱贫攻坚成果”。随着乡村全面振兴的统筹推进，“万企帮万村”也升级成为“万企兴万村”，虽然只有一字之差，但其内涵则发生了巨大变化，参与范围更广了、要求标准更高了、担负任务更重了。因此，开展民营企业“万企兴万村”行动，是党中央立足我国农业农村发展实际、着眼民营企业特色优势作出的重要决策，是探索乡村发展、企业盈利和村民富裕实现“三方”共赢的有效方式，是全面推进乡村振兴的重要举措。广大民营企业通过参与“帮县带村”，必定会加快乡村富民产业的培育发展；通过继续加大帮扶合作强度，帮助原帮扶对象脱贫不返贫，必定会更好地巩固拓展脱贫攻坚成果；通过积极参与“回报家乡”专项行动，不断增加投资兴业力度，必定会以更多丰硕成果造福桑梓；通过接续奋斗与主动参与优势特色产业集群、现代农业产业园、农业产业强镇创建，必定会续写更多乡村振兴“新华章”。

（九）实现“新发展”

党的二十大报告明确提出“发展是党执政兴国的第一要务”。大家知道，这个概念不是今天才提出来的，党的二十大报告只是重申了这个概念，并根据国情的时代变化，还明确了“新发展”要求，那就是“高质量发展”，提出了把高质量发展作为全面建设社会主义现代化国家的首要任务；而2023年中央经济工作会议则提出“必须把坚持高质量发展作为新时代的硬道理”。为此，民营企业家亟待在深刻认识高质量发展丰富内涵与内在规律的基础上，努力找准推动民营经济高质量发展的着力点和着重点。从其发展内涵来说，高质量发展，意味着质量和效益替代规模和增速成为民营经济发展的首要问题，也意味着是在“加快建设现代化经济体系”基础上的发展；从其内在规律来说，推动民营经济高质量发展，就需要围绕满足“全面建设社会主义现代化国家”去着力破解更多的发展瓶颈问题，推动民营经济从过去相对比较粗放的传统经济，走向未来的信息化、产业化的新发展；从其外在意义来说，通过抓住高质量发展这个“牛鼻子”，必将推动民营经济实现质的有效提升和量的合理增长，不仅当下有为，而且未来可期。

二、民营经济融入中国式现代化的多维逻辑

将民营经济放置在中国式现代化背景下进行考量，可从理论、现实、价值三重逻辑入手，对民营经济融入中国式现代化的理论应然、现实必然和价值使然，进行简要探讨。

（一）理论应然

1. 同向同行的理论逻辑方面的共通性

进入新时代，随着我国社会主要矛盾的变化，如何满足人民日益增长的美好生活需要，是中国特色社会主义新时代需要解决的重大理论问题和实践问题。而“民营经济是我国经济制度的内在要素，民营企业和民营企业家是我们自己人”的创新性阐述，则为民营经济在中国式现代化背景下，以高质量发展托起人民美好生活的战略进程中承担的角色进行了明确界定，并对民营经济作为拓展推进中国式现代化征程中的参与者定位提供了基本依据和根本遵循。[161] 而物质富

足、精神富有既是社会主义现代化的根本要求，又是满足人民日益增长的美好生活需要的核心支撑。因此，从民营经济存在发展必要性与中国式现代化实现条件基础的关联看，我国民营经济发展壮大能够持续创造实现中国式现代化所必需的大量物质财富与重要精神财富，从而也揭示了两者之间同向同行的理论逻辑方面的共通性。

2. 相通相融的制度逻辑方面的耦合性

中国共产党领导是根本政治保证，中国特色社会主义是唯一正确道路，以人民为中心是根本价值取向，走和平发展道路是根据中国人民根本利益作出的战略选择——“四个必须坚持”进一步丰富和发展了对推进中国式现代化的认识。[①]而“两个毫不动摇”即：“毫不动摇地巩固和发展公有制经济”“毫不动摇地鼓励、支持和引导非公有制经济发展”，则明确回答了公有制与非公有制经济的关系；“构建亲清政商关系，促进非公有制经济健康发展和非公有制经济人士健康成长”，则框定了关于非公有制经济发展的政策基调；全国统一大市场建设、要素市场化配置、产权保护制度等各方面改革举措持续落地见效，以及推进出台民营经济促进法，不断完善民营企业的法律保护制度，则能更好激发民营企业发展内生动力。由此，切实通过各类制度的恰当调控与系统优化，不断促进民营经济与中国式现代化二者的高级协调共生，从而更加彰显其相通相融的制度逻辑方面的耦合性优势。

（二）现实应然

1. 目标一致的实践逻辑方面的契合性

中国式现代化充分考虑了中国的国情和人民的实际需求，使得我国现代化道路不仅富有中国特色，还具有独特优越性；而新时代推进民营经济高质量发展，

---

① 新华社评论员：把中国式现代化不断推向前进——学习习近平总书记在庆祝中华人民共和国成立75周年招待会上重要讲话，新华网 http://www.news.cn/politics/leaders/20241001/2f4918345d8846c58383cf9c6f1fc494/c.html

更是立足新发展阶段，不断增进民生福祉，全面推进强国建设的迫切需要。党的二十大报告强调优化民营企业发展环境，依法保护民营企业产权和企业家权益；所提出的“加快构建新发展格局，着力推动高质量发展”等目标任务，更是离不开民营经济的不断发展和技术创新。[162] 2023年7月出台的《中共中央 国务院关于促进民营经济发展壮大的意见》，①则从中国式现代化的战略全局出发，构建了发展民营经济的系统性制度框架，强调了促进民营经济做大做优做强，在全面建设社会主义现代化国家新征程中作出积极贡献的现实意义。因此，从民营经济助力现代化建设伟大实践进程看，中国民营经济发展壮大快速有效地提升了人民群众的生产生活和收入水平，揭示了两者之间目标一致的实践逻辑方面的契合性。

2. 生产力发展内在逻辑方面的关联性

在促进生产力发展方面，民营经济的竞争环境鼓励企业进行技术创新，不断改进产品和生产过程，提高效率和质量，推动整个经济的现代化进程，促进全体人民共同受益；在改善生产关系方面，民营经济的发展促使中国的经济所有制结构日益多元化，有利于优化资源配置，提高经济效率，并促进了公平竞争和市场化改革；在改善分配关系方面，民营企业能够为员工提供就业机会、工资和福利，提高其收入水平。[163] 另外，在推动培育壮大新质生产力方面，民营企业通过发挥优势、因地制宜、特色发展，还能快速找到与新质生产力链接的切入点，并彰显其责任与担当。因此，这些推进生产力发展的关联性特征，不仅蕴含了中国式现代化历史渐进的必然要求，同时也揭示了两者之间推动生产力发展内在逻辑的关联性，并为民营经济可持续化发展指明了未来方向。

---

① 中共中央 国务院关于促进民营经济发展壮大的意见》公布，中国新闻网 https://www.chinanews.com/cj/2023/07-19/10046245.shtml

（三）价值使然

1.敢于担当、创造性及贡献型的价值追求

中国式现代化是立足全球治理体系变化、数字经济时代转型、经济社会发展方式转变背景下，推进多种所有制经济重塑分工格局、再造竞争优势、抢占价值高地的现代化。其中，民营经济是主动拥抱变化、以创新求生存的关键担当者；是全力践行共建共享回馈社会理念，实现先富带后富、帮后富，在中国式现代化道路上履行社会责任的重要贡献者；是主动融入新格局、拓展新领域、开拓新业态、激发新动能、创造新奇迹的旺盛生命力承载者，更是数字经济时代最具活力的创造性动力源。①无论从中国经济社会发展的基本国情出发，还是从民营经济的责任意愿和社会动能进行价值认同，或是从民营经济融入中国式现代化事业的系统性、直接性和激励性进行思考，民营经济都将肩负着有担当、创造性及贡献型的价值追求。

2.中国式现代化与企业家精神的价值关联

中国式现代化是一条与西方现代化道路不同的发展模式，在实践中突出以人民为中心、经济增长与共同富裕、可持续发展有机结合，致力于实现中华民族伟大复兴。在中国式现代化背景下发展民营经济，既要做大社会财富“蛋糕”，又要防止民营资本无序扩张，对民营企业在合理平衡自身利润与社会利益上提出更高要求。[164]而在中国式现代化背景下，又赋予了民营经济高质量发展的时代责任，并将进一步强化民营企业家“守正创新、勇敢前行、艰苦奋斗”的品质，以及在促进“两个健康”和推动中国式现代化建设进程中扮演开拓者、践行者、参与者的角色担当，从而彰显出以“爱国精神、国际视野、创新精神、工匠精神、责任意识”等民营企业家精神的独特价值作用（参见图4–2），[165]并揭示了中国式现代

① 融入中国式现代化 促进民营经济发展壮大，中工网 https://www.workercn.cn/c/2023-08-28/7961113.shtml。

化与企业家精神的固有价值关联性特征。

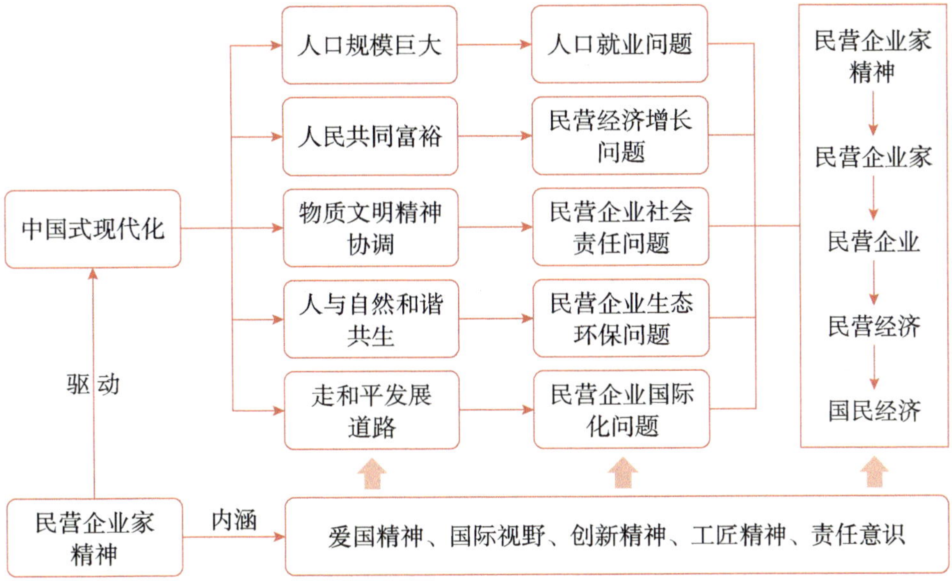

图4-2 民营企业家精神在中国式现代化建设中的作用机理[165]

三、民营经济融入中国式现代化的现实路径

当前中国经济步入高质量发展阶段，民营经济无论从“量”的扩大还是“质”的提升上都已迈上新的发展台阶，已呈现出新的时代特色；同时，在推动民营经济全方位融入中国式现代化过程中，也表现出新的现实路径。下面结合主动性、使命性、社会性、有效性、特色性等多种融入路径，对其相应类型进行简要分析。

（一）“主动性”路径

民营企业在就业创造、技术创新、产业升级和国际竞争力等方面发挥了积极的作用，比如说在技术、产品和管理创新方面拥有更大的自主权，通过在市场中寻找新机会，创新产品和服务，能更主动满足消费者的需求；民营企业在通过投资扩大生产能力方面也更有自主性，能加快推动自身的产业升级和技术进步，并为经济提供大量的资本积累，能推动经济的快速发展。此外，民营企业家通常具有较强的国际化意识和市场开拓能力，能更主动参与全球价值链和国际合作项目，有助于国际贸易和投资的加快发展，能为“走和平发展道路的现代化”注入新的动力和活力。总之，发挥民营经济融入中国式现代化的“主动性”路径，其本质在于更好地激发民营经济创业富国的主动性，在创造社会财富中实现高质量发展，成为社会财富公平分配的主动有为者，并为实现现代化建设夯实物质基础。

（二）“使命性”路径

民营经济的使命在共富、本源是实体，担负着提升就业水平、加快绿色转型、先富带后富、弘扬优秀企业家精神、传递和平发展善意等重大使命，是推动中国式现代化发展的主体特色增量与民生经济底牌。在中国式现代化建设进程中，民营企业通过坚守实体经济、深耕实体制造；继续加大力气落实重大创新举措、推动科技创新能力实现质的飞跃；聚焦数字变革，加快打造更多数字经济“未来载体”；创建多维产业平台、打造更多现代民营经济产业集群；借力绿色智能改造、加快转入绿色低碳发展轨道；聚焦共建“一带一路”国家民生工程、推动开放型经济高质量发展等，不断扛起发展壮大的使命担当。总之，聚焦民营经济融入中国式现代化的“使命性”路径，其本义在于更好地承担起做大做优做强民营经济这一伟大使命，并使其在国家发展进步中展现更大作为、作出更大贡献。

（三）“社会性”路径

2023年6月，在以“中国式现代化进程中的企业责任竞争力”为主题的第十八届中国企业社会责任国际论坛上，有专家就中国式现代化五大特征对企业在多个方面的责任履行呈现的系列新特点进行了分享（参见图4–3），[①] 为探讨中国

---

① 殷格非：中国式现代化与企业社会责任，企业社会责任中国网 https://www.csr-china.net/a/guandian/pinglun/2023/0713/5261.html

式现代化与企业社会责任提供了新视角。随着不同层级民营企业社会责任报告的发布，以及越来越多的企业不断披露企业社会责任报告，民营企业通过助推乡村全面振兴、参与养老服务业、参与公益慈善事业、助力共同富裕等多个维度，促使其社会责任承担的意愿与能力同时得到增强，并凸显了民营经济融入中国式现代化的“社会性”路径优势。据全国工商联发布的《中国民营企业社会责任报告（2023）》，2022年我国民营经济稳中向好，民营企业社会责任呈现出6大方面的特征，即助推发展作用明显、吸纳就业能力突出、注重创新成效显著、投身乡村振兴务实、绿色发展不断深化、参与公益慈善积极；云南省工商联首次发布的《云南省民营企业社会责任报告（2024）》也指出，2023年云南民营企业社会责任主要体现为：经济增长的推动者、就业机会的创造者、创新发展的先行者、乡村振兴的参与者、绿色发展的实践者、社区参与的推进者。毫无疑义，随着民企社会责任实践的意愿不断加强、机制不断完善、行动力度不断加大，民营企业社会责任的时代特征将愈加丰富和显著，融入中国式现代化的“社会性”贡献也将日益突出。

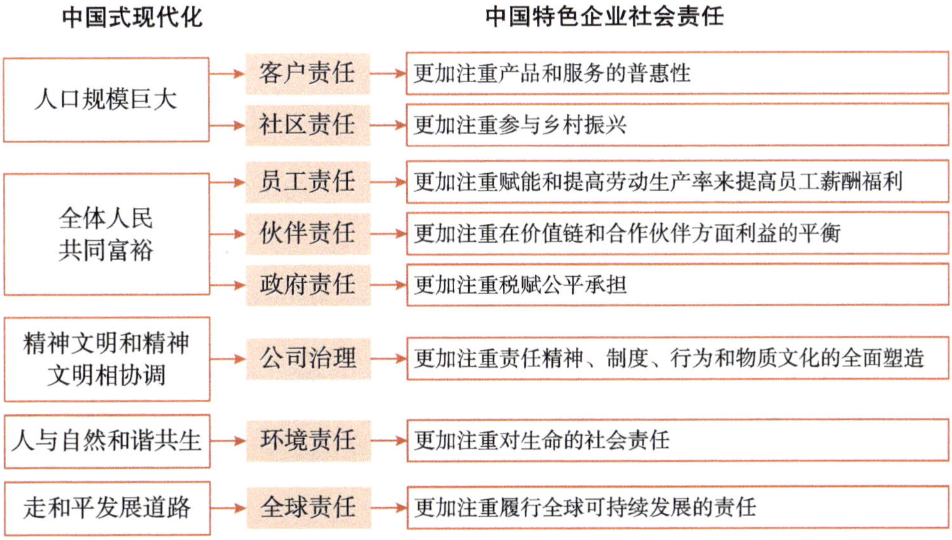

图4–3 中国式现代化助推企业责任新特点

（四）“有效性”路径

1. 向“内”而生

能激活内生动力，民营经济通过市场机制的“有效”运作，更好地遵循供需规律和竞争原则，能更灵活地配置和高效利用资源；能强化外生压力，民营经济的存在能更“有效”促进市场竞争，在不断扩大市场规模和竞争范围的基础上，让自身得到更大的发展空间。

2. 向“新”前行

能借助“链”上发力、“质”上提升，将发展重心放在培育新质生产力上，通过共建产业协同创新生态，以推动传统产业转型升级“有力”、新兴产业做强接续“有度”、未来产业创新布局“有方”，并最终形成各具特色的民营经济产业集群（参见表4–3）。[①]

表 4–3　2024 民营经济百强产业集群榜单

序号	集群名称	序号	集群名称
1	北京人工智能产业集群	51	常州新型碳材料产业集群
2	深圳新一代信息通信产业集群	52	宜宾动力电池产业集群
3	上海新能源汽车及关键零部件产业集群	53	赣州稀土新材料及应用产业集群
4	上海生物医药产业集群	54	鹰潭有色产业集群
5	东莞智能移动终端产业集群	55	台州新能源产业集群
6	上海集成电路产业集群	56	连云港高端石化产业集群
7	惠州超高清视频和智能家电产业集群	57	郑州智能传感器产业集群
8	深圳新能源汽车产业集群	58	南京生物医药产业集群
9	合肥新型显示产业集群	59	广州前沿新材料产业集群
10	重庆电子信息产业集群	60	宁波磁性材料产业集群

① 2024 中国民营经济产业集群百强榜，个人图书馆网 http：//www.360doc.com/content/24/0325/20/51645114_1118337593.shtml

续表

序号	集群名称	序号	集群名称
11	长沙工程机械产业集群	61	淄博高端精细化工产业集群
12	武汉光电子信息产业集群	62	惠州新能源电池产业集群
13	北京生物医药产业集群	63	大连轴承产业集群
14	无锡物联网产业集群	64	绍兴氟精细化工产业集群
15	佛山泛家居产业集群	65	郑州现代食品与加工产业集群
16	宁德动力电池产业集群	66	重庆摩托车产业集群
17	深圳高端医疗器械产业集群	67	泉州机械装备产业集群
18	厦门电子信息产业集群	68	常州光伏创新型产业集群
19	晋江纺织鞋服产业集群	69	南通高端纺织产业集群
20	常州新能源产业集群	70	常州动力电池产业集群
21	台州精密制造产业集群	71	柳州汽车整车及关键零部件产业集群
22	东莞泛家居产业集群	72	宜春锂电新能源产业集群
23	重庆汽车产业集群	73	贵溪铜基新材料产业集群
24	杭州数字安防产业集群	74	苏州纳米新材料集群
25	南京新型电力（智能电网）装备产业集群	75	宁波智能家电产业集群
26	合肥智能电动汽车产业集群	76	泉州建材家居产业集群
27	苏州生物医药及高端医疗器械产业集群	77	株洲先进硬质材料产业集群
28	上海机器人产业集群	78	金华小商品产业集群
29	无锡集成电路产业集群	79	威海高端医疗器械产业集群
30	苏州汽车关键零部件产业集群	80	乌鲁木齐风电及高端专用设备制造产业集群
31	青岛智能家电产业集群	81	西宁锂电产业集群
32	嘉兴现代纺织服装产业集群	82	保定汽车及零部件产业集群
33	无锡高端装备产业集群	83	榆林新型煤化工产业集群
34	上海精细化工产业集群	84	杭州集成电路产业集群
35	宁波汽车及零部件产业集群	85	上饶光伏产业集群
36	绍兴现代纺织产业集群	86	滁州智能仪器仪表产业集群

续表

序号	集群名称	序号	集群名称
37	烟台高端化工产业集群	87	石家庄新型电子元器件及设备制造产业集群
38	福州纺织产业集群	88	东营烯烃材料产业集群
39	中山智能家电产业集群	89	台州新医药健康产业集群
40	广州集成电路产业集群	90	九江有机硅产业集群
41	长沙电子信息产业集群	91	扬州高端装备产业集群
42	芜湖机器人与增材设备制造产业集群	92	蚌埠新型高分子材料产业集群
43	呼和浩特乳制品产业集群	93	湖州绿色电池产业集群
44	温州乐清电气产业集群	94	包头稀土新材料产业集群
45	苏州电子信息产业集群	95	攀枝花钒钛产业集群
46	湖州现代纺织服装产业集群	96	淄博新医药产业集群
47	合肥智能家电（居）产业集群	97	嘉兴精细化工产业集群
48	马鞍山磁性材料产业集群	98	苏州电子氟材料产业集群
49	上海智能传感器产业集群	99	深圳新型显示器件产业集群
50	保定电力及新能源高端装备产业集群	100	乐山晶硅光伏产业集群

来源：2024 中国民营经济产业集群百强榜，个人图书馆网 http：//www.360doc.com/content/24/0325/20/51645114_1118337593.shtml

3. 向“圈”求变

通过产业“入圈”“出圈”与“立圈”的环环相扣，不断实现民营经济高质量发展的乘数效应。其中，“入圈”，是通过“国民共进”与“混合所有制”改革深度融入，既意味着与国有经济的有力靠近，也意味着“创新链产业链供应链”合作的全面加速融合。“出圈”，则是民营企业“走出去”拓展市场，参与“一带一路”建设，增强经济外向度，提升产品国际竞争力。“立圈”，则是通过创新驱动，做大做强主导产业，走专精特新之路，培育行业“隐形冠军”，构建民营经济特色产业体系。

无论是向“内”而生，还是向“新”前行，或者是向“圈”求变，并非孤立的融入举措，而是让民营经济融入中国式现代化的相互依存式“有效性”路径，并相互促进共同助力我国经济的高质量发展。

（五）“特色性”路径

以民营经济促进共同富裕的现实路径为例，对“特色性”路径作简要介绍。[166]

1. 要构建多种所有制融合一体发展环境，激发民营经济创富活力

要在理解马克思主义经济学原理的基础上，逐渐弱化民营经济与公有制经济在非经济功能上的差别，进一步强化两者在经济上的创富和分配功能，将公有制经济和民营经济统一到经济体系内；要强化公有制经济和民营经济的经济功能统一，实现市场体系下“奖惩待遇”平等，准入门槛和相关标准一视同仁；要探索公有制经济和民营经济并行发展的制度创新，以市场经济范畴的企业概念逐步取代公有制和民营的政治性概念，促进公有制经济和民营经济的经济功能统一。

2. 要与时俱进优化三次分配制度，引导民营经济积极参与共富实践

共同富裕的理论机制表明，财富积累和财富分配缺一不可，其中的关键是要如何正确处理效率和公平的关系。构建初次分配、再分配、三次分配协调配套的基础性制度安排，要通过优化设计民营经济产权收益的分配机制，通过建立健全的市场监管制度，明确市场准入规则，加强对外资和国内资本的监管，确保资本进出和市场运作遵循公平、公正的原则，防止资本无序竞争和市场混乱，并特别关注资本领域对收入差距的影响，遏制资本无序扩张、野蛮生长，切实体现中国特色社会主义的共同富裕本质。

3. 要多措并举出台激励政策，完善民营经济高质量发展促进共同富裕的制度体系

要通过创新实施税收优惠、创业扶持基金、创新创业孵化器等政策措施，为民营企业和创业者提供更多的支持和激励；要通过建立多元化的激励机制，进一步加大对民营经济的融资支持力度，不断完善民营经济高质量发展制度体系，更好地发挥民营经济在共同富裕中的作用；要通过强化统一战线对民营经济的引导保障作用，多途径促进民营经济树立共同富裕情怀和对共同富裕的科学合理认知，加快对现有制度体系的进一步完善，并在舆论宣传、经济发展政策和身份对待上，对公有制经济和民营经济应一视同仁，不应人为设置等级区别和身份认定差异。

第三节　民营经济在中国式现代化中的重要作用定位

党的二十大报告提出，“以中国式现代化全面推进中华民族伟大复兴”，并对中国式现代化的内涵、特征和本质要求作了深入阐释，为中国未来发展指明了前进方向。[167] 民营经济是我们党长期执政、团结带领全国人民实现“两个一百年”奋斗目标和中华民族伟大复兴中国梦的重要力量。进入新时代，以习近平同志为核心的党中央高度重视民营经济发展，坚持“两个毫不动摇”“两个健康”的大政方针，并明确民营经济是推进中国式现代化的生力军，是高质量发展的重要基础，是推动我国全面建成社会主义现代化强国、实现第二个百年奋斗目标的重要力量。[168]

一、民营经济是推进中国式现代化的生力军

中国式现代化具有系统性、全面性，包括经济、政治、文化、社会、生态文明等多个维度，是人口规模巨大的现代化、全体人民共同富裕的现代化、物质文明和精神文明相协调的现代化、人与自然和谐共生的现代化、走和平发展道路的现代化。长期以来，民营经济在稳定增长、促进创新、加快产业升级、提升国际竞争力、增加就业、改善民生等方面发挥了积极作用，已经成为推进中国式现代化的生力军。[169]

（一）从“人口规模巨大的现代化”来看

中国式现代化考虑到了中国庞大的人口基数，即基于我国国情，人口规模巨

大，十四亿多人口整体迈进现代化社会，[170]其规模远超许多发达国家人口的总和，展现出了中国式现代化的艰巨性和复杂性。为此，通过提供良好的创业环境和政策支持，退促进民营经济发展，就能提供大量的就业机会，吸纳更多的劳动力，减轻人口就业压力；通过促进人口的流动，优化人口分布，减轻一些地区的人口压力，同时推动经济在更广泛的地区实现现代化；通过激发更多人的创业热情，吸引人才投身于创新型企业和行业，为中国现代化进程注入活力；通过开展慈善事业、社会公益活动和社会捐赠等方式，民营企业可以回馈社会，帮助弱势群体，缓解社会保障问题的压力。[169]

（二）从“全体人民共同富裕的现代化”来看

中国式现代化十分强调把实现人民对美好生活的向往作为现代化建设的出发点和落脚点，坚决防止两极分化，以此达到全体人民共同富裕的目标。而事实上，共同富裕是社会主义的本质要求，也是中国式现代化的重要特征。高质量发展民营经济与大力推动共同富裕是相互促进、相辅相成的，有着高度关联契合的逻辑一致性。[171]首先，在促进生产力发展方面，民营经济通过强化技术创新，不断改进产品和生产过程，提高效率和质量，推动整个经济的现代化进程，促进全体人民共同受益；其次，在改善生产关系方面，民营经济的发展促使中国的经济所有制结构日益多元化，有利于优化资源配置，提高经济效率，并促进了公平竞争和市场化改革；最后，在改善分配关系方面，民营企业能够为员工提供就业机会、工资和福利，提高其收入水平。[169]

（三）从“物质文明和精神文明相协调的现代化”来看

中国式现代化强调物质文明和精神文明相协调，不仅厚植现代化的物质基础，夯实人民幸福生活的物质条件，同时也大力发展社会主义先进文化，传承中华文明，以此促进物的全面丰富和人的全面发展。[172]为此，民营经济非常注重创新和技术进步，并持续寻求新的商业模式和科技突破，这种创新精神和实践能不断提升人们的创造力；民营企业家的成功经验也能鼓舞人们追求梦想、成就和社会价值，同时丰富人们的精神生活，推动传承和弘扬中华优秀传统文化，不断提升国家的文化软实力；民营企业还特别注重履行社会责任和参与公益事业，积极参与教育、环境保护、扶贫济困等社会公益活动，持续为社会创造更多的社会价值，并推动社会公平和公正，以及精神文明的提升。[169]

（四）从“人与自然和谐共生的现代化”来看

党的二十届三中全会通过的《中共中央关于进一步全面深化改革、推进中国式现代化的决定》提出，“聚焦建设美丽中国，加快经济社会发展全面绿色转型，健全生态环境治理体系，推进生态优先、节约集约、绿色低碳发展，促进人与自然和谐共生”。为此，在生产方面，民营经济通过推动绿色产业的发展和可持续发展实践，发展绿色技术和清洁能源，减少对自然资源和传统高污染、高能耗产业的依赖，实现降低碳排放目标；在生活方面，民营企业通过提供环保产品和服务，鼓励和引导消费者选择更具可持续性的产品和生活方式，如提供节能家电、环保材料和有机食品等，不断满足消费者对环境友好产品的需求；在环保方面，民营企业主动承担环境责任，遵守环境法规，积极参与环保和生态修复项目，投资环保技术研发和应用，实施生态恢复项目，以持续减少对生态环境的负面影响。[169]

（五）从“走和平发展道路的现代化”来看

党的二十届三中全会强调，中国式现代化是走和平发展道路的现代化；中国式现代化与世界和平与发展相互维系，既增强了维护和平的力量，也为世界各国提供了合作机遇，并共同构建人类命运共同体。[172]而习近平总书记指出：“坚持以相互尊重、合作共赢为基础走和平发展道路”，则为民营企业走好和平发展道路明确了方向和路径。为此，民营企业在推进对外贸易与合作的过程中，通过发挥其较强的国际化意识和市场开拓能力，主动参与全球贸易与国际竞争，以及贸易自由化和区域经济一体化，不断为中国对外贸易增长和国际合作作出贡献；民营企业通过开展贸易、投资和技术合作，不断帮助不同国家之间建立经济联系，减少经济摩擦和冲突的可能性；民营企业通过开展人文交流，加大与外国企业和机构的合作力度，同时推动不同国家和地区之间的文化多样性交流和深度文明交流互鉴，并为和平发展创造良好的国际环境。[169]

二、民营经济是社会主义市场经济的重要组成部分

在社会主义市场经济体制内，将非公有制经济融于社会主义制度，是中国特色社会主义的重要内容。社会主义市场经济体制是社会主义基本经济制度的重要组成部分，它既坚持社会主义公有制，又充分发挥市场在资源配置中的决定性作用；民营经济是社会主义市场经济发展的重要成果和推动力量，是构建现代化经济体系的重要主体。[169]党的二十大报告强调，“坚持和完善社会主义基本经济制度，毫不动摇巩固和发展公有制经济，毫不动摇鼓励、支持、引导非公有制经济发展”“优化民营企业发展环境，依法保护民营企业产权和企业家权益，促进民营经济发展壮大”。①可见，党和政府一直采取系列措施，鼓励和支持民营经济的发展；同时，也不断强化对民营经济的监管，确保市场秩序的公正和公平。民营经济作为社会主义市场经济的重要组成部分，主要表现在以下方面：

（一）在社会主义市场经济中，民营企业依法享有自主经营的权利

企业是市场机制运行的微观基础，民营企业自筹资金、产权明晰、权责明确，在市场竞争中能够真正做到自主经营、自负盈亏、自我约束和自我发展，价值规

① 持续促进民营经济发展壮大，中国共产党新闻网 http://theory.people.com.cn/n1/2023/0614/c40531-40012889.html。

律、供求规律、竞争规律等市场机制在民营经济中也将体现得更为充分。①民营企业可以自主决定生产经营的方向、产品价格、雇佣劳动力等，而不受政府的过多干预和指令性安排；同时需要自行承担经营风险，并且在经营过程中自负盈亏。这意味着其可以根据市场需求和竞争状况来调整经营策略，追求盈利最大化。[169]

（二）在社会主义市场经济中，民营企业能参与到公平公正的市场竞争中

《中华人民共和国民营经济促进法（草案征求意见稿）》自2024年10月10日向社会公开征求意见以来，受到社会各界高度关注，草案强化行政执法监督、规范执法检查程序，对行政处罚应当与违法的事实、性质、情节及社会危害程度相当作出规定。②随着优化营商环境的各项法律法规颁布实施，法治赋能民营企业市场准入与公平竞争的作用会更加显现。与其他所有制企业一样，民营企业可以通过提高产品质量、降低成本、创新技术等方式与其他企业竞争，获得应有的市场份额和利润；还可通过加快推进和深化垄断性行业市场化改革步伐，从机制上解决行业垄断问题。[169]

（三）在社会主义市场经济中，民营经济扮演着重要的角色

《中华人民共和国民营经济促进法（草案征求意见稿）》已明确支持民营经济组织在发展新质生产力中积极发挥作用，鼓励民营经济组织参与国家科技攻关，支持有能力的民营经济组织牵头承担重大技术攻关任务，保障民营经济组织依法参与标准制定和公共数据资源的开发利用，加强对其知识产权的保护。③民营经济通过引入私人资本、私人财产和市场机制等市场要素，促进资源配置的效率和灵

① 国务院发展研究中心企业研究所，《中国经济时报》2024年10月16日第8版。

② 民营经济促进法草案征求意见稿已收到上千条意见建议，网易网 https://www.163.com/dy/article/JEKQUC0O05342WNR.html。

③ 民营经济促进法草案征求意见稿已收到上千条意见建议，网易网 https://www.163.com/dy/article/JEKQUC0O05342WNR.html。

活性，推动经济增长和社会发展，推动科技进步和经济结构优化升级，并为社会提供了大量的就业机会。[169]

三、民营经济是高质量发展的重要基础

民营经济，作为由非公有制经济主体投资建立、自主经营管理、自负盈亏、自主发展壮大的经济形态，是创新驱动发展战略的主体力量，是推动科技进步和产业转型升级的重要引擎，是提高国际竞争力和影响力的重要支撑。①下面从经济、政治、文化、社会和生态等建设视角，[169]具体探讨民营经济助力高质量发展的相关优势。

（一）经济建设方面

一是，民营经济能够更快地适应市场需求和变化。民营企业在技术、产品和管理创新方面具有较大的自主权，通过在市场中寻找新机会，创新产品和服务以满足消费者的需求。二是，民营企业通过投资扩大生产能力，能促进产业升级和技术进步，并为经济提供大量的资本积累，从而推动经济的快速发展。三是，民营经济的存在能促进市场竞争和扩大市场规模，同时激励传统国有企业提高效率和质量，并推动整个经济向着更高水平发展。四是，民营企业家在民营经济的环境中更容易获得资源和支持，他们的创新和创业活动能为经济发展持续注入新的动力和活力。[169]

（二）政治建设方面

一是，民营经济能创造更多就业和经济增长机会，能提高人民生活水平，以

① 民营经济：中国高质量发展的重要基础，知乎网 https://zhuanlan.zhihu.com/p/644811295。

及维护社会和谐与稳定。二是，有助于政府为了适应市场经济的需求和支持民营企业的发展主动完善市场规则和监管机制，并提供良好的法治环境，从而保障投资者和商业主体的合法权益。三是，民营经济的发展能促进社会各界的参与和利益表达，在民营经济的兴起中，个体和企业的自主性能得到增强，社会力量的多元化表达也能为国家治理提供更多的合法性基础，而这种合法性的提升，既有助于政治文明的建设，也有助于促进政府与社会的互动和对话，有助于提升政府的治理水平。[169]

（三）文化建设方面

一是，民营企业通常具有创新精神，更倾向于根据市场需求和消费者喜好开发和推广多样化的文化产品，包括电影、音乐、文学作品，丰富人们的文化生活。二是，民营企业能通过投资和资金支持文化项目和机构，为文化建设提供必要的资金和资源，有助于改善文化设施、推动文化产业的发展，以及培养和扶持文化创意人才。三是，民营企业在追求经济利益的同时，能积极承担社会责任，例如积极参与文化遗产的保护和修复工作，保护传统文化的独特性和多样性。四是，在国内外的商业交流和合作中，民营企业能通过文化交流活动、国际合作项目，主动促进各国文化交流与对话，从而不断加强我国文化传播和影响力。[169]

（四）社会建设方面

一是，在社会服务领域方面，民营企业既能提供多样化的选择，以满足不同人群的需求，扩大了社会服务的范围，又能更快地调整经营策略，在诸如医疗保健、教育、环境保护等领域采用新技术和方法，提供高效的社会服务；同时也可以根据市场规则自主决策、吸引投资，并为社会服务项目提供资金支持。二是，在社会治理方面，民营企业积极参与社会福利项目的资助，例如贫困救助、社会保障和公共安全等，有助于提高社会治理的效率和公平性；同时，民营企业愈来愈重视社会责任，通过开展慈善事业、环境保护和社区发展等活动，能积极参与社会治理。[169]

（五）生态建设方面

一是，民营企业能推动清洁技术创新和可再生能源如太阳能、风能、生物能源等领域的投资，使我国大大减少对传统能源的依赖，并降低环境污染。二是，民营企业更能积极推动绿色产品和服务的创新与生产，培育和壮大绿色产业链条，包括清洁能源、环保工程、生态旅游等领域。三是，民营企业能主动参与环境保护项目，关注环保技术和设备投资，并通过节约资源和循环利用，不断减少资源的浪费和环境压力，不断改善生产过程中的环境影响；四是，许多民营企业积极履行社会责任，能通过捐赠资金、开展环保宣传教育、参与社区环境改善等方式，不断提高社会环保意识水平，推动环保行动发展。[169]

四、民营经济是实现第二个百年奋斗目标的重要力量

第二个百年奋斗目标，是指到新中国成立100年时，建成富强民主文明和谐美丽的社会主义现代化强国。第二个百年奋斗目标分为两个阶段：第一个阶段，从2020年到2035年，在全面建成小康社会的基础上，再奋斗十五年，基本实现社会主义现代化；第二个阶段，从2035年到本世纪中叶，在基本实现现代化的基础上，再奋斗十五年，把我国建成富强民主文明和谐美丽的社会主义现代化强国。为此，民营经济在实现中国的第二个百年奋斗目标中，除了要使民营经济与国有经济在各自不同的领域发挥长处并实现协调发展外，还必须有法治力量赋能护航，确保民营经济在实现“社会主义现代化强国”目标的两个阶段中的重要作用得到充分发挥。[169]

（一）基本实现社会主义现代化阶段（2020—2035年）的重要作用

一是，作为中国经济的重要组成部分，民营经济将通过增加就业机会、提高

劳动生产率和促进技术创新，继续发挥创新和市场优势，推动经济持续增长并成为经济高质量发展的重要引擎。二是，民营企业在经济发展中，将通过扩大企业规模、拓展市场和投资项目，继续发挥主要就业创造者的角色，同时持续为社会提供更多的就业机会，促进就业稳定和人民生活水平的提高。三是，民营经济在技术创新和产业升级方面，将通过引入新技术、改进管理和提高产品质量推动产业结构的升级和优化，提高国家整体竞争力。四是，民营经济在国际经济交流与合作中，将通过积极参与全球价值链和国际合作项目而发挥其重要作用，不断推动中国与其他国家的合作关系，促进国际贸易和投资的发展。[169]

（二）建设社会主义现代化强国阶段（2035年至21世纪中叶）的重要作用

一是，民营企业将通过加大研发投入、建立创新体系和培育创新人才，推动科技创新和技术进步，成为创新的主要力量和国家创新型经济的重要组成部分，不断引领经济向高质量、高效益、可持续发展的方向转变。二是，民营经济将通过加强企业治理、提高产品品质和服务水平，致力于提高经济质量和效益，注重创造性转变和提升核心竞争力，以及经济结构的升级和优化。三是，民营经济将通过加强国际合作、提升自主创新能力和拓展国际市场，积极参与全球经济合作，促进中国与世界各国的互利合作，推动构建开放型经济新体系，并实现更高水平的对外开放。四是，民营企业通过其常态化的商业活动，成为社会主义核心价值观的重要传播者和实践者，不断传播社会正能量，弘扬优秀企业家精神。[169]

第五章
中国式现代化的民企实践：动能模型与特色案例

党的十一届三中全会胜利召开，正式拉开了中国民营经济快速发展的序幕。从此，民营企业从小到大、由弱变强，逐步发展壮大起来。2023年7月，《中共中央 国务院关于促进民营经济发展壮大的意见》提出，“民营经济是推进中国式现代化的生力军，是高质量发展的重要基础，是推动我国全面建成社会主义现代化强国、实现第二个百年奋斗目标的重要力量”，明确了民营经济在推进中国式现代化建设中的重要作用。[①]

2024年7月召开的党的二十届三中全会，则对进一步全面深化改革、推进中国式现代化作出了全局性、系统性、前瞻性、务实性的战略部署，擘画了紧紧围绕进一步全面深化改革、推进中国式现代化的新蓝图。民营经济本质上是天生的市场经济，机制灵活、竞争意识强、对市场响应速度快，是高质量发展的重要基础，成为推进中国式现代化的生力军。[②]

本章围绕推进中国式现代化的民企实践，立足民企实践驱动因素实际，紧密结合“高质量发展”这一全面建设社会主义现代化国家首要任务，从系统论和综合视角出发，切实把准内生性根本动力与外生性重要动力的作用特征，首次提出

① 民营经济是推进中国式现代化的生力军，求是网 http://www.qstheory.cn/qshyjx/2024-01/08/c_1130055041.htm。

② 高水平促进各种所有制经济优势互补共同发展，光明网 https://theory.gmw.cn/2024-09/20/content_37572010.htm。

了中国式现代化民企实践的“1+5”动能模型，并通过选取典型案例具体探讨了民企推进中国式现代化的不同实践路径，以期合理构筑和不断优化中国式现代化民企实践的动力系统，从而加速中国式现代化的整体实践进程。

第一节 中国式现代化的民企实践："1+5"动能模型构建

一、基本框架

主要是对动力来源进行简要分析，并提出一个中国式现代化的民企实践动能模型的基本框架，以指引后续问题的讨论。

（一）动力来源

中国式现代化的民企实践的动力来源，主要包含两大部分：内生性根本动力与外生性重要动力。其中，内生性根本动力即"心智力"，主要表征为"正确的价值观"，即能够明辨是非、拥有正确的道德判断、存在于企业家的内心深处，是民企实践思想的依据"标准"，将直接影响企业家精神特质，并影响到整个企业的实践活动过程和最终实施效果；外生性重要动力，则可细分为多种作用力，主要凝聚为民营企业的"高质量发展合力"。

（二）动能模型

在深入分析民企实践动力相关驱动因素的基础上，借助多元协同推进机制，以调动民营企业家心智模式主体机能为内在要求，以形成高质量发展合力为外在需求，并结合对典型民企不同实践路径的特征梳理，首次构建了中国式现代化的民企实践的"1+5"动能模型，如图 5-1 所示。

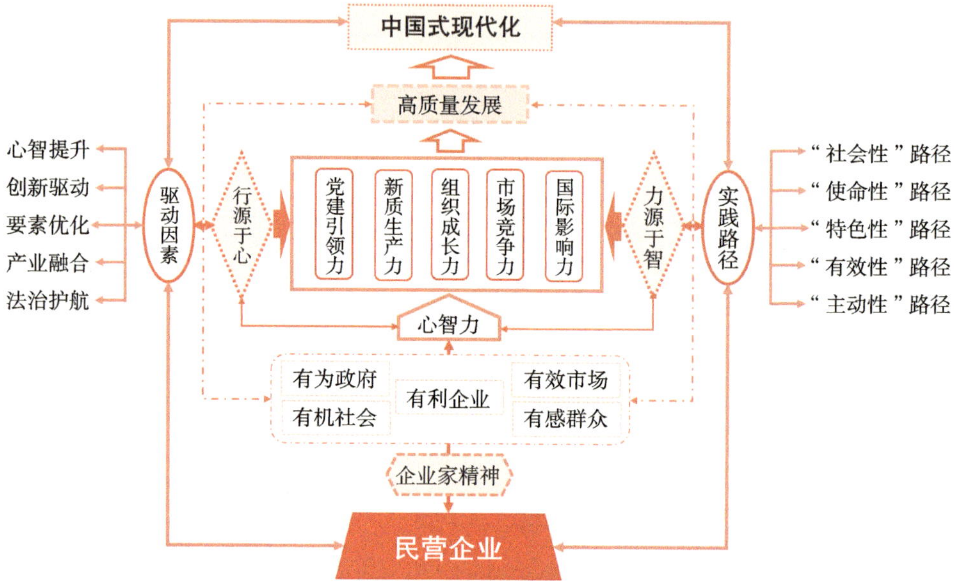

图5-1 中国式现代化的民企实践："1+5"动能模型

二、维度刻画

当我们具体考察中国式现代化的民企实践时，会发现其结构样式十分复杂，需要一个相对统一的、能对不同结构属性进行具体刻画的基本维度，我们认为至少可以从动能维度、因素维度、机制维度、路径维度来加以刻画。

（一）动能维度

中国式现代化的民企实践的动能维度，包括内生性根本动力和外生性重要动力两大维度（参见图5-2），且在保持各自作用、功能、特点的前提下，具有相互影响效应。其中，内生性根本动力可归属为1个作用力，即心智力；外生性重要动力，则可细分为5个方面的作用力，即党建引领力、新质生产力、组织成长力、市场竞争力和国际影响力。我们会在后面第二节中对这6种力进行深入探讨。

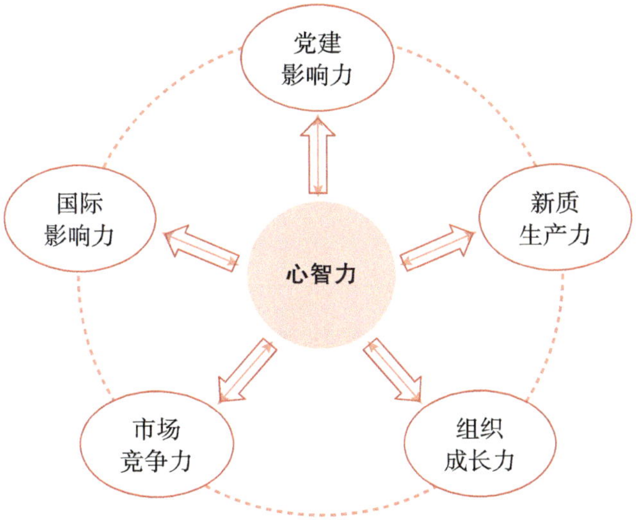

图 5–2　动能维度示意图

（二）因素维度

影响中国式现代化的民企实践动能模型的因素，客观上会涉及多个方面，但从驱动视角来探讨其相关影响因素时，则可相对聚焦到心智提升、创新驱动、要素优化、产业融合、法治护航等方面的因素。考虑到此维度的重要性，我们也将在第二节中对其进行专题探讨。

（三）机制维度

在研究中国式现代化的民企实践中，需要构建能涵盖民营企业高质量发展的协同作用机制，而从价值引导视角来看，因势利导发挥好市场、政府、运营主体、社会、受众等各自作用，并建立“有效市场—有为政府—有利企业—有机社会—有感群众”的协同推进机制，将是对于民营企业高质量发展的一种有效回应。对此，我们会安排在第二节的中进行专题探讨。

（四）路径维度

在第四章的“民营经济融入中国式现代化的现实路径”中，我们已就“主动性”“使命性”“有效性”“社会性”“特色性”等融入路径，进行了相应的内涵性叙述。本章重点将对这些融入路径与民企实践的结合过程进行探讨，从“主动性：强化科技创新主体地位”“使命性：主动融入国家发展大局”“有效性：弘扬民营企业家精神”“社会性：持续创造共生价值”“特色性：自觉走高质量发展路子”等维度，来提炼中国式现代化民企实践的典型案例。

三、价值取向

“1+5”动能模型的价值取向体现在两大方面：一是，就内生性根本动力而言，会深层次影响到“企业家精神”方面的价值取向；二是，就外生性重要动力而言，则会直接影响到“高质量发展”这一价值取向的引擎方案。

（一）企业家精神

习近平总书记强调：“民营企业和民营企业家要筑牢依法合规经营底线，弘扬优秀企业家精神，做爱国敬业、守法经营、创业创新、回报社会的典范。”[①]企业家精神蕴含着爱国、创新、诚信、社会责任和国际视野五大核心要素，而民营企业家在此基础上衍生出爱国精神、国际视野、创新精神、工匠精神与责任意识，民营企业家以特有的企业家精神助力中国式现代化的创新发展。[173]促进高质量发展，需要激活企业家精神的生产力潜能；推进中国式现代化，更需要对企业家精神进行时代提炼。企业家精神是党和国家以及中华民族宝贵的精神财富，它的基

① 以弘扬企业家精神提振民营经济发展信心，光明网 https://www.gmw.cn/xueshu/2023-09/27/content_36861402.htm。

础和核心精神是道德精神、道德觉悟，[①]是心智的觉醒与提升。

（二）高质量发展

党的二十大报告提出："高质量发展是全面建设社会主义现代化国家的首要任务"。习近平总书记则明确强调："高质量发展，就是能够很好满足人民日益增长的美好生活需要的发展，是体现新发展理念的发展，是创新成为第一动力、协调成为内生特点、绿色成为普遍形态、开放成为必由之路、共享成为根本目的的发展。"推动高质量发展，不仅要从宏观上把握其历史逻辑、理论逻辑、实践逻辑，还要运用系统观念、辩证思维，统筹处理好扩大内需和深化供给侧结构性改革、经济实现质的有效提升和量的合理增长、国内循环和国际循环、发展和安全等方面的重大关系。[②]

① 推进中国式现代化，需要弘扬优秀企业家精神，上观网 https://web.shobserver.com/news/detail?id=767464。
② 深刻理解和把握高质量发展，人民网 http://gs.people.com.cn/n2/2023/0830/c183343-40550930.html。

第二节　中国式现代化的民企实践：驱动影响分析

一、驱动因素分析

（一）心智提升

心智有多重要？人的心智模式与其情绪和行为密切相关，它不但操控人的思维模式和情绪模式，还会影响其外在行为。积极的心智模式会使人身心健康，激情满怀，工作快乐；消极的心智模式则会使人身心疲惫，焦虑厌烦，对工作具有巨大的破坏性。[174]唯有改变自身心智模式，不断提升心智力，才能做到轻松、满足、成功、快乐，①才能超越外在动机、世俗价值、利害得失，获得人生的幸福感，从而活出生命的意义。另外，选择什么样的心智模式，就会产生什么样的行动和创造什么样的效果。通过保持好奇心和积极的心态，持续学习，就能提升个人的学习力；通过学会思考与反思，同时学会批判性思维，就能提升个人的智力水平；通过保持情绪稳定和促进心理成熟，就能提升个人的心智认知能力和元认知能力，心智力也就随之提高，就能避免许多简单错误，从而少走弯路。②因此，对于企业管理者来说，心智模式已是一种底层思维，其心智的提升必然有助于促进中国式现代化的民企实践。

---

① 《心智力》：改变自身心智模式，提升心智力，简书网 https://www.jianshu.com/p/8094bb051329。

② 提升自己的心智力（随笔），今日头条网 https://www.toutiao.com/article/7331299464357249599/。

（二）创新驱动

创新主导生产力的跃升，可为民营企业推进中国式现代化实践带来强大的创新驱动力。创新是一个国家发展进步的灵魂，是引领发展的第一动力，是建设现代化经济体系的战略支撑，①也是实现高质量发展的必由路径。没有创新思维，就难以有创新的行动和实践。习近平总书记强调："要增强创新意识、培养创新思维，展示锐意创新的勇气、敢为人先的锐气、蓬勃向上的朝气。"②实践证明，实施创新驱动发展战略，对加快实现经济发展方式从数量型向质量效益型转变具有现实意义。《国家创新驱动发展战略纲要》指出，创新驱动就是创新成为引领发展的第一动力，科技创新与制度创新、管理创新、商业模式创新、业态创新和文化创新相结合，推动发展方式向依靠持续的知识积累、技术进步和劳动力素质提升转变，促进经济向形态更高级、分工更精细、结构更合理的阶段演进。在中国式现代化的民企实践中，我们要善于破除守旧观念、守常思维和守成思想，善于学习新知识、接纳新事物，善于敢为人先、虚心听取各方面意见，善于用创新思维谋划和推进工作、善作善成，善于开启创新驱动引擎实现高水平科技自立自强，从而为产业升级注入新动力，助力经济社会高质量发展，[175]加快中国式现代化民企实践步伐。

（三）要素优化

人类社会的发展进步过程就是生产要素种类不断增加、组合方式不断优化、作用领域不断拓展的过程。统筹资金、资产、资源，不断创新制度，充分运用"财政+金融"理念，优化市场供需，完善土地、财政、金融政策，激发社会资本

---

① 创新驱动 增强中国持续发展动力，人民网 http://theory.people.com.cn/n1/2017/1030/c40531-29616566.html。

② 强军论坛丨深入实施创新驱动发展战略，华夏经纬网 https://www.huaxia.com/c/2024/10/22/1970711.shtml。

投资活力，形成可持续的要素资源配置机制，①对加快中国式现代化民企实践能够产生强劲推力。另外，要素配置效率的提高是促进流通产业实现高质量发展的重要因素，数据资产的资产属性和数据属性决定了其可以改善企业传统生产要素的配置状态，从而可赋能企业高质量发展。[176] 虽然传统流通产业要素配置发展规模以及整体效率都面临各种问题，但结合数字经济的信息化手段以及智能化技术，可实现对要素配置的更新与优化。[177] 当然，构建先进高效创新生态体系，推动各类创新要素资源集聚共享，优化要素保障与民营企业发展营商环境等，也是提升中国式现代化民企实践效率的良好方式。

（四）产业融合

产业融合是指不同产业或同一产业不同行业相互渗透、相互交叉，最终融合为一体，逐步形成新产业的动态发展过程；其本质就是在时间上先后产生、结构上处于不同层次的农业、工业、服务业、信息业、知识业在同一个产业、产业链、产业网中相互渗透、相互包含、融合发展的产业形态与经济增长方式，是用无形渗透有形、高端统御低端、先进提升落后、纵向带动横向，使低端产业成为高端产业的组成部分、实现产业升级的知识运营增长方式、发展模式与企业经营模式；同时，产业融合通过高技术渗透、产业延伸、产业重组，也反映出新一轮科技革命和产业变革以及消费升级对产业发展演进的深刻影响。②高质量发展背景下，随着以实体经济为支撑的现代化产业体系加快建设，其产业结构也会得到持续优化升级，三次产业融合必然会成为民营经济发展的新动力和新经济的增长点；另外，随着信息技术与制造业的深度融合、生产与服务的全面融合和物质资源与人力资源的深度融合，产业融合必将成为深化企业升级、推动产业升级和技术创新的重

① 厦门：优化要素资源配置机制 推动经济高质量发展，东南网 http://xm.fjsen.com/2024-10/16/content_31757261.htm。

② 产业融合，百科网 https://baike.so.com/doc/51152-32329043.html。

要途径。

（五）法治护航

党的二十届三中全会指出，法治是中国式现代化的重要保障，并对“完善中国特色社会主义法治体系”作出专章部署；同时对制定出台民营经济促进法提出了明确要求。为贯彻落实党中央、国务院决策部署，进一步优化民营经济发展环境，保证各类经济组织公平参与市场竞争，促进民营经济健康发展和民营经济人士健康成长，司法部、国家发展改革委会同有关方面组建立法起草工作专班，研究起草了《中华人民共和国民营经济促进法（草案征求意见稿）》，并向社会公开征求意见。[①]作为我国第一部专门关于民营经济发展的基础性法律，草案坚持党的领导，坚持社会主义基本经济制度，坚持“两个毫不动摇”，将改革开放后特别是党的十八大以来党中央、国务院发展民营经济的方针政策和实践中的有效做法转化为法律制度，把对民营经济平等对待、平等保护的要求落下来，构建稳定民营企业和企业家发展预期，促进民营经济发展的长效机制。[②]毫无疑问，随着民营经济促进法的颁布实施，必定为中国式现代化的民企实践保驾护航。

二、驱动机制分析

民营企业是反映社会主义初级阶段生产关系的一种组织形态，是中国社会主义市场经济的重要组成部分，以民营企业为载体的民营经济是我国经济制度的内在要素；民营企业的高质量发展，是民营经济高质量发展的重要基础，也是中国

① 民营经济促进法（草案征求意见稿）全文，观察者网 https://www.guancha.cn/economy/2024_10_10_751264.shtml?s=syyldbkx。

② 民营经济促进法出台将发挥怎样的作用？司法部回应，荆楚网 http://www.cnhubei.com/content/2024-10/14/content_18513507.html。

式现代化建设不可或缺的力量。在推进中国式现代化新征程上，市场、政府、企业、社会、群众等作为民企实践重要的协同驱动构成要素，其驱动作用方式存在明显差异性。从内在作用看，“市场”驱动指向是我国民营经济发展由高速度到高质量，“政府”驱动指向是我国民营经济发展由政府主导到政府调控，“企业”驱动指向是我国民营经济发展由传统模式到现代模式，“社会”驱动指向是我国民营经济发展由社会遵循到社会认同，“群众”驱动指向是我国民营经济发展由摆脱贫困到共同富裕；而从外在实践向度看，“有效市场”主导着我国民营经济的要素市场化配置机制，“有为政府”发挥着对我国民营经济的规划引领、政策支持、市场监管等作用机制，“有利企业”遵循着诚信合规、品牌建设、共享监管信息等机制，实现自律合规，“有机社会”承担着为“有效市场”“有为政府”等提供诸如协助监督、优化环境、功能补充等职能，“有感群众”期盼着美好生活以及获得感、幸福感、安全感的全面提升。基于市场、政府、企业、社会、群众等互为前提、互相依存的客观事实，我们确定了“有效市场-有为政府—有利企业—有机社会—有感群众”的协同驱动机制范式，并主动将其嵌入“中国式现代化的民企实践：‘1+5’动能模型”（参见图5-1）中，以期更好助力民营企业高质量发展。

下面就市场、政府、企业、社会、群众等驱动要素的机制、作用作详细分析。

（一）发挥“有效市场”作用

有效市场是资产的现有市场价格能够充分反映所有有关、可用信息的资本市场，包括弱型有效市场、半强型有效市场和强型有效市场三种形式。这一分类是基于市场中信息的种类和价格对这些信息的反应速度。[①]发挥市场在资源配置中的决定性作用，就是要让各类要素充分集聚、聚合，让市场运转起来，但也要克服市场机制运行中存在的不正当竞争、不正当谋利、市场分割、市场垄断、供需不

① 有效市场，百科网 https://baike.so.com/doc/2727785-2879378.html。

平衡等问题和矛盾。事实上，市场调节不是万能的，有些领域不能依靠市场来调节。即使在市场调节可以广泛发挥作用的领域，市场也存在着固有的弱点和缺陷，包括自发性、盲目性、滞后性。①唯有将市场的人口、购买力和购买动机这三个因素进行有机结合，才能构成现实的、有效的市场，这三者也决定了市场的规模和容量。当然，健全要素市场化配置机制是实现“有效市场”的基础所在，而民企自身能力的高低则将取决于有效市场机制的完善程度和企业家精神的发挥。[178]

（二）蕴含“有为政府”使命

有为政府，是指在不同经济发展阶段引领经济社会发展、推进体制机制改革、完善宏观经济治理、培育和监督并保护市场、纠正市场失灵、促进公平正义、增进全社会长期福利水平的政府形态。②有为政府，蕴含了通过更好地发挥政府在产业发展中的规划引领、政策支持、市场监管等作用，以彰显其宏观调控和市场监管等“看得见的手”的功能；同时基于产业发展目标的指引，对企业进行正确规范制约，通过顶层设计和职能转变对产业经济行为进行引导监管。“宏观调控”层面，可以通过运用经济手段、行政手段和法律手段等对经济运行状态和经济关系进行调节和干预，以保证国民经济的持续、快速、协调、健康发展；③“市场监管”层面，可以通过采取信用监管、数字化监管、协同监管机制，同时不断提升监管服务与制度保障，[179]来达成政府有为监管之期许。另外，有为政府不是大政府，而只是有所为有所不为的有限政府，通过高效持续深化“放管服”改革，让审批服务更加简约，构建与市场发展相适配的财税优惠、金融支持等扶持性政策体系，加大政府购买公共服务力度等，[178]不断强化协同治理，持续推进监管改革，让市场环境更加公平有序，也是有为政府提升国家治理效能、实现国家治理体系和

① 宏观调控，会计网百科 https://baike.kuaiji.com/v19613324.html?360boxcc_baike01。

② 有效市场有为政府含义，360 问答网 https://wenda.so.com/q/1679044338210849。

③ 宏观调控，会计网百科 https://baike.kuaiji.com/v19613324.html?360boxcc_baike01。

治理能力现代化的有效创新实践。

（三）彰显“有利企业”主体

企业作为市场主体，是产业的核心驱动力，需要鼓励和支持其不断提高创新能力和竞争力。企业常常通过诚信合规、品牌建设、共享监管信息等机制实现市场有效自律合规，并从所获经济效益、社会效益以及综合生态环境效益等方面，形成对有利企业发展的客观与完整的作用评价，从而揭示有利企业的关键信息。从党建引领视角分析，通过积极拓宽党建业务融合发展思路，主动构建政治引领、效益引领、服务引领、创新引领、人才引领等党建工作体系，则能为企业持续健康高质量发展提供有力支撑；[180]从企业内外部因素视角分析，国家政策环境、市场环境、数字环境等外部因素，组织结构、企业文化、创新人才等内部因素，[181]都会影响企业成长能力、偿债能力、获利能力、营运能力等各种发展潜力的发挥。另外，民营企业还可以通过市场细分寻找企业经济效益与社会效益共赢的新途径，即民营企业通过挖掘和发现公益事业特别是社会问题所指对象的差异化“需求”，将企业的命运与社会的效益联系在一起，并在社会营销观念指导下，通过整合营销方式实现企业经济效益与社会效益双赢。[182]

（四）体现“有机社会”职能

“有机社会”的概念主要源于社会学家孔德等人提出的“社会有机论”和涂尔干提出的“有机团结”，认为社会是高级、复杂的生物有机体，不同个体或组织间相互分工、协作、依存，根据其社会定位履行其应有的职能，与我国“共建共治共享”的社会治理现代化理念相吻合。[178]同时，市场经济是“嵌入”在社会中的，“人是一切社会关系的总和”，社会事业全面发展、有效的社会保障、完善的社会组织、有序的社会秩序，是保障市场经济起点公平的前提，也能够抵御市场风险，实现人的全面发展。[183]为此，“有机社会”能够在软性基础设施方面为“有效市场”“有为政府”提供诸如协助监督、优化环境、功能补充等职能。[178]另外，通过构建相关行业协会、服务媒介等力量形成社会网络体，鼓励居民、社会组织、媒体参与中国式现代化的普及宣传、组织互动与实践，或者通过团结更多社会力量，通过订立行业“社规民约”、专业协会监管、培育群众参与等机制，从而真正激发群众的消费潜力与发挥社会主体的辅助增补功能，社会各方面有机参与共治，营造有机社会。

（五）汇聚“有感群众”期盼

党的二十大报告明确概括了中国式现代化5个方面的基本特征，其中人口规模巨大的现代化是中国式现代化的“显著特征”，而全体人民共同富裕的现代化则是中国式现代化的“本质特征”；党的十九大报告提出要“使人民获得感、幸福感、安全感更加充实、更有保障、更可持续”；习近平总书记又明确强调：“人民对美好生活的向往，就是我们的奋斗目标”，“中国式现代化，民生为大”。而“民营经济是推进中国式现代化的生力军，是高质量发展的重要基础，是推动我国全面建成社会主义现代化强国、实现第二个百年奋斗目标的重要力量”，民营经济的高质量发展，已在中国式现代化建设中发挥着极其重要与不可或缺的作用，并被赋予了新的历史使命。作为中国式现代化民企实践的驱动机制之一，“有感群众”所期盼的，将是对美好生活的向往以及获得感、幸福感、安全感的全面提升，这也应该是新时代新征程赋予民营企业最重要的践行“使命”，必将责无旁贷。

三、驱动动力分析

（一）心智力

“心智力”，是指一个人在复杂社会中取得成就的心智能力。现代社会，人的素质问题越来越引起人们的普遍关注；而人的素质决定其社会行为模式及水平。在企业家素质中，心智力是一个不可忽视的方面。作为与心智力直接相关的“心智模式”，则是对待事情的惯性模式，它存在于人的内心深处，是人的思想所依据的“标准”，也就是我们生活中所说的“三观”（即世界观、价值观、人生观），是以一种不被察觉的方式，决定一个人面对或处理事情过程中的思维模式与情绪模式。心智力，对于一个人尤其是企业家在关键决策中所起的作用不可低估。①

（二）党建引领力

党建引领力，就是着力将党组织的政治优势、组织优势、资源优势，不断转化为吸引带领整个团队向前奋斗的一种力量。而严密的组织体系是党的优势所在、力量所在，面对新时代、新挑战，要强化思想引领，永远感党恩、听党话、跟党走；要健全党建工作，不断健全组织体系、监管体系、责任体系；要凝聚奋进力量，主动破难题、办实事、优服务。同时，还要立足企业发展，坚持以党建带群建，将群团工作纳入党建工作总体部署，推动群团组织更好发挥宣传群众、组织群众、凝聚群众的作用；要通过选树典型、创先争优，全力推动党建工作与生产经营相互融通，来提升党建工作的价值创造力和生产力；要通过找准“党建+”的落脚点、切入点和着力点，从多个方面做实“党建+”，抓学习，强队伍，正作风，促落实，以提升综合引领力。事实上，党建引领力居于诸力之首，党建引领抓实了就是生产力，抓好了就是凝聚力，抓细了就是竞争力。

（三）新质生产力

新质生产力这一全新概念，②开辟了高质量发展的新领域、新赛道，并为推进

---

① 提升自己的心智力（随笔），今日头条网 https://www.toutiao.com/article/7331299464357249599/。

② 习近平总书记首次提到“新质生产力”，共产党员网 https://www.12371.cn/2023/09/11/ARTI1694412211214390.shtml。

中国式现代化提供持久动能，①在全国上下引起强烈反响。从概念上理解，新质生产力指的是新兴且高质量的生产力，涉及领域新、范围广、技术含量高；从经济学角度理解，新质生产力区别于传统增量式生产力，代表生产力水平的质变与跃迁；从本质上理解，新质生产力就是要以整合科技创新资源的方式，集中力量发展新兴产业和未来产业。新质生产力，“新”的关键在于创新驱动，“质”的锚点在于高质量发展，“载体”在产业，并以新产业新业态为主要支撑。有别于传统生产力，新质生产力具备新颖、技术含量高等特征，不仅强调了传统生产要素如劳动力和资本投入，还囊括了新兴技术、创新、知识、智力资本和其他非物质因素对经济增长和价值创造的贡献。新质生产力的提出，不仅体现了未来我国产业发展的方向和经济发展的新动能，而且加强了对更加注重科技创新、高质量发展的系统性引导；不仅意味着以科技创新推动产业创新，更体现了以产业升级来构筑新的竞争优势、赢得发展的主动权。[184]

（四）组织成长力

组织成长力，简单说就是指一个组织持续成长的动机和能量。对企业而言，组织成长力是指企业在动态环境下，以其组织工作创造最大社会价值并获取企业组织持续成长为经营理念，并以一定的资源为基础、持续获利并实现量的扩张与质的提高的组织能力及组织潜力。可以说，组织成长力，既是一个企业兴衰的重要标志，也是一个企业在市场经济中生存的关键支撑。随着经济全球化和网络技术的发展，组织互相之间的影响、合作、竞争、资源共享的程度越来越大。组织为了在发展变化中适应环境，必须确立立足于未来的目标与趋势，而不同组织之间既合作又竞争日趋普遍，互相之间通过协调、合作、互助得以共存，以实现互利双赢。如果从影响组织成长力的自变和助变视角进行分析影响组织成长的内因

① 经济日报编辑部：向新质生产力要增长新动能，中国经济网 http：//www.ce.cn/xwzx/gnsz/gdxw/202401/29/t20240129_38883783.shtml。

与外因，在不同的阶段起到的作用一定是不均衡的。通过培育助变量以促进组织拥有持续增长的成长力和持续竞争力，从而提高组织对战术、创新、政策优惠，以及对资源、机会、变化等外在资源的把握能力，[185]才能显现组织成长力的核心潜力。

（五）市场竞争力

市场竞争力，通常是指一个企业或一个行业在市场中获得竞争优势并保持领先地位的能力。随着经济由高速增长阶段转向高质量发展阶段，市场竞争也将更加激烈。市场竞争力的要素包括产品质量、价格、品牌知名度、营销策略、研发能力等方面。首先是产品质量，产品质量是企业赢得消费者信任的关键，优良的质量能吸引消费者的注意并形成品牌忠诚度。其次是价格竞争力，价格是消费者购买商品的重要考量因素。企业需要设计具有竞争力的价格策略，既能保持盈利能力，又能吸引消费者选择自己的产品。再次是品牌知名度，品牌知名度是企业在市场中的资产，一个具有良好声誉和知名度的品牌可以吸引更多消费者，提升市场份额。此外，营销策略也是提升市场竞争力的重要手段，企业需要制定合适的营销策略，包括广告、促销活动、渠道管理等，来推动销售和树立品牌形象。最后是研发能力，创新是企业获得市场竞争力的重要途径，企业需要不断进行研发创新，推出具有竞争优势的新产品，以满足消费者不断变化的需求。企业惟有不断提升市场竞争力，才能在激烈的市场竞争中立于不败之地。①

（六）国际影响力

国际影响力作为一国综合国力的外在体现，能够深刻地影响该国国家利益的获取；而国际化企业能够在全球范围内从事资源配置活动，客观上成为国际联系

---

① 市场竞争力，垒阅网 https://leiue.com/tag/%E5%B8%82%E5%9C%BA%E7%AB%9E%E4%BA%89%E5%8A%9B。

的桥梁，在一定程度上反映着母国在相关国际领域中的影响力。因此，西方发达国家和新兴市场国家都大力推动本国企业国际化，以和平的方式获取各种战略性资源、先进技术和国际市场，维持本国的可持续发展，进而提升本国的国际影响力。[186] 当前，随着中国进一步深化改革开放诸多举措的推出，中国企业“走出去”发展也出现了难得的战略机遇。其中，民营上市公司赴境外并购动作不断，并借以拓展海外市场，寻找新的增长点，扩大销售渠道，增加市场份额，提高品牌知名度；同时，通过借力海外并购，还有利于民营企业参与国际竞争，以获取更多资源和更大的优势，有利于增强自身的国际影响力。据Wind数据统计，截至2024年7月10日，年内共计有13起重大重组事件涉及境外（出境）并购，其中民营上市公司10家，占比达76.92%，而去年同期并没有相关的案例产生。①

① 民营上市公司借力海外并购加速“出海”，中国经济网 http://finance.ce.cn/stock/gsgdbd/202407/11/t20240711_39066399.shtml。

第三节　中国式现代化的民企实践：典型案例探讨

基于“中国式现代化的民企实践‘1+5’动能模型”各要素间的关联影响，结合中国式现代化的典型特征、“企业家精神”、“高质量发展”等价值取向，以及民企实践的多维特色路径，从区域布局视角选择粤港澳大湾区、京津冀区域、长三角经济区和民营经济发展重要优势代表地区，从学术研究视角选取“华为”“荣程”“方太”“安踏”“鲁花”等作为民企实践典型案例，按照“实践做法、成效亮点、经验启示”纲要进行简要探讨，以期为更多民企践行中国式现代化提供有益参考。

一、华为：以“主动性”路径，强化科技创新主体地位

华为由任正非创立于1987年，其诞生源于一个简单而坚定的梦想——将数字世界带入每个人、每个家庭、每个组织，构建一个万物互联的智能世界。在创业初期，华为面临着资金短缺、技术瓶颈等重重困难。但正是这些挑战，激发了华为人不断拼搏、勇于创新的斗志。他们凭借优质的售后服务和有竞争力的价格，逐渐赢得了客户的青睐，建立了自己的销售网络。随着市场的不断扩大，华为开始意识到，唯有掌握核心技术，才能在激烈的市场竞争中立于不败之地。于是，华为加大了研发投入，将更多的资源投入到核心技术的研发和创新上。如今，华为已经成为全球领先的ICT（信息与通信技术）基础设施和智能终端提供商，其

产品和服务遍及全球170多个国家和地区，为全球30多亿人口提供服务。华为的产品线涵盖了运营商业务、手机业务、企业级业务、消费者业务、华为云业务以及汽车终端业务等多个领域，满足了不同客户群体的多样化需求。华为以其卓越的技术创新、强烈的社会责任担当和积极的全球影响力，通过“主动性”路径推动中国式现代化，为国家的发展和民族的复兴书写了浓墨重彩的篇章。

（一）实践做法

1. 难题揭榜机制

华为定期将产业中遇到的难题面向社会发布，邀请高校、科研院所的科研人员参与解决。华为难题揭榜机制面向全社会开放，不受地域、行业或学历等限制，只要有能力解决难题，人人都可以参与揭榜。该机制鼓励参与者提出创新性的解决方案，通过解决产业中的实际问题，推动技术创新和产业升级。华为接口专家会与参与者进行紧密的沟通交流，共同打磨和完善解决方案，形成校企共同答题的合作模式。通过该机制，华为可以获得有价值的解决方案和技术突破，而参与者则可以获得奖励和合作机会，实现双方共赢。这种“企业出题、科研院所答题、市场阅题”的模式，实现了创新需求由市场提出、创新主体由市场选择、创新成果由市场验证。

2. 高研发投入

华为持续加大研发投入，确保在技术创新上保持领先地位。华为2023年的研发投入达到了1 647亿元人民币，占全年收入的23.4%。这一数字不仅显示出华为对研发的高度重视，也体现了其在科技领域的持续投入和领先地位。在2024中国企业500强榜单中，华为以1 647亿元的研发费用位列“研发投入”第一名，这一数字遥遥领先于其他企业，进一步证明了华为在研发方面的实力。

华为的高研发投入带来了显著的创新成果。例如，华为在通信技术、人工智能、云计算等领域取得了多项突破性进展，这些成果不仅提升了华为的产品竞争力，也推动了整个行业的发展。华为的创新成果还体现在其持有的有效专利数量上。华为持有大量有效专利，这些专利不仅保护了其技术创新成果，也为其在全球市场上的竞争提供了有力支持。

3.产学研深度融合

华为作为全球领先的ICT解决方案提供商，深知科技创新的重要性，因此积极与高校、研究机构等开展深入合作，共同攻克关键技术难题，推动技术创新和产业升级。华为与国内外众多高校和研究机构合作设立了联合实验室，共同开展前沿技术研究。这些实验室不仅为华为提供了强大的技术支持，也为高校和研究机构提供了实践平台，促进了知识与技术的有效转化。华为通过资助科研项目的方式，支持高校和研究机构开展前沿技术研究。这些项目不仅有助于提升华为的技术创新能力，也为高校和研究机构提供了资金和资源支持，推动了科研工作的深入开展。华为积极参与各类学术交流活动，与高校和研究机构的专家学者进行深入交流，共同探讨技术发展趋势和行业前景。这些交流活动不仅有助于华为了解最新的科研动态和技术进展，也为高校和研究机构提供了展示研究成果和交流经验的平台。华为积极支持教育部产学合作协同育人项目，与高校合作开展鸿蒙生态师资培训、课程建设、教材及教具开发等工作，通过融入新技术，助力课程教学创新，培养更多符合行业需求的人才。例如，武汉大学、哈尔滨工业大学等高校已开设鸿蒙生态应用开发课程，吸引了大量学生选修和学习。

4.技术创新决策

中国式现代化离不开科技创新的强力支撑。华为始终将技术创新作为企业发展的核心战略，在通信技术、信息技术、智能终端等领域不断突破，为推动中国乃至全球的科技进步做出了巨大贡献。

在通信领域，华为是5G技术的领导者。5G技术的广泛应用，将极大地提升信息传输速度和容量，为工业互联网、智能交通、智慧城市等领域的发展奠定坚实基础。通过5G网络，工厂可以实现智能化生产，提高生产效率和产品质量；交通系统可以实现实时监控和智能调度，缓解交通拥堵，提高出行安全；城市管理可以更加高效精准，提升居民生活品质。华为的5G技术不仅为中国的经济发展注入了新动力，也为全球通信产业的发展树立了标杆。

在信息技术领域，华为的云计算、大数据、人工智能等技术也处于行业领先地位。华为云为企业提供了安全、可靠、高效的云计算服务，帮助企业实现数字化转型；华为的大数据技术可以对海量数据进行分析和挖掘，为企业决策提供有力支持；华为的人工智能技术在图像识别、语音识别、自然语言处理等方面取得了显著成果，给人们的生活和工作带来了极大便利。

在智能终端领域，华为的智能手机、平板电脑、笔记本电脑等产品以其卓越的性能和品质赢得了全球消费者的青睐。华为不断推出创新的产品和技术，如折叠屏手机、超级快充技术、人工智能芯片等，引领了智能终端行业的发展潮流。同时，华为还积极拓展智能穿戴、智能家居等领域，为人们打造更加智能、便捷、舒适的生活方式。

华为的技术创新不仅推动了中国经济的高质量发展，也为中国式现代化提供了强大的技术支撑。通过不断提升自主创新能力，华为在全球科技竞争中占据了一席之地，为中国赢得了荣誉和尊严。

5.全球化布局

中国式现代化是开放的现代化，需要积极参与全球合作，借鉴国际先进经验，为世界发展做出贡献。华为作为一家全球化的企业，始终坚持开放合作的理念，积极拓展国际市场，与全球合作伙伴共同推动科技进步和产业发展。

在国际市场上，华为的通信设备和智能终端产品畅销全球170多个国家和地区，为全球数十亿用户提供了优质的通信和信息服务。华为与全球运营商合作，共同建设5G网络，推动5G技术的全球普及；华为与全球企业合作，共同开发智能终端和应用，为用户提供更加丰富的数字化体验。

在技术合作方面，华为积极参与国际标准制定，与全球科研机构和企业合作开展技术研发，共同推动通信技术、信息技术等领域的创新发展。华为还与全球高校和科研机构合作，开展人才培养和学术交流，为全球科技进步贡献智慧和力量。

华为的全球合作不仅拓展了中国式现代化的国际视野，也为推动构建人类命运共同体做出了贡献。通过与全球合作伙伴共同努力，华为在全球范围内推广中国的先进技术和经验，促进了不同国家和地区之间的交流与合作，为实现世界的共同繁荣和发展贡献了力量。

6. 文化建设：凝聚中国式现代化的精神力量

中国式现代化需要强大的精神力量支撑。华为在长期的发展过程中，形成了独特的企业文化，为企业的发展和中国式现代化的建设凝聚了强大的精神力量。

华为的企业文化以“以客户为中心，以奋斗者为本，长期艰苦奋斗，坚持自我批判”为核心价值观。“以客户为中心”体现了华为始终把客户需求放在首位，为客户提供优质的产品和服务；“以奋斗者为本”体现了华为尊重人才、鼓励创新、崇尚奋斗的价值理念；“长期艰苦奋斗”体现了华为不畏艰难、勇于拼搏、持之以恒的精神品质；“坚持自我批判”体现了华为不断反思、不断进步、追求卓越的进取精神。

华为的企业文化不仅激励着华为员工不断进取、创新创造，也为中国式现代化提供了精神动力。在中国式现代化的建设过程中，我们需要弘扬艰苦奋斗、勇于创新、追求卓越的精神品质，不断克服困难，实现国家的繁荣富强和民族的伟大复兴。

（二）成效亮点

1. 技术创新与产品研发

华为自主研发的鸿蒙系统，作为发展最快的智能终端操作系统，不仅在手机、平板、PC 等设备上实现了无缝连接与协同工作，更通过其强大的生态体系，吸引了超过2 300家合作伙伴，共同推动了鸿蒙生态的繁荣发展。鸿蒙系统的创新性，如AI声音修复功能，更是展现了科技的人文关怀，为信息无障碍事业做出了积极贡献。

华为在5G领域的研发实力全球领先，不仅为全球5G网络的建设提供了强有力的支持，更在无线、核心网、光传输等多个领域进行了自动化、智能化的网络实践，助力全球运营商实现数字化转型。

从智能手机到可穿戴设备，再到智能家居产品，华为不断推出创新性的智能终端设备，满足了消费者多样化的需求。其中，华为Mate系列、P系列等旗舰手机，更是凭借其卓越的品质和性能，赢得了全球消费者的喜爱。

2. 企业业务与数字化转型

华为深耕企业业务多年，为各行各业提供了量身定制的解决方案。在金融、矿业、医疗等领域，华为通过数字化技术，助力企业实现高效运营和智能化升级。华为积极参与智慧城市的建设，通过提供智慧交通、智慧医疗等解决方案，推动了城市的数字化转型和智能化发展。

3. 社会责任与可持续发展

华为致力于推动信息无障碍事业的发展，通过技术创新和产品优化，为残障人士等特殊群体提供了更加便捷、无障碍的信息服务。华为的地震预警功能，通过精准的地震监测和预警技术，为公众提供了及时、有效的地震预警信息，有效降低了地震灾害对人民群众生命财产安全的威胁。华为在绿色环保方面取得了显著成效，通过主板、屏幕等部件的维修和再利用，延长了设备的使用寿命；同时，华为还积极采用环保材料和技术，降低了产品的环境影响。

4. 全球布局与品牌影响力

华为的产品和服务已经遍及全球170多个国家和地区，为全球30多亿人口提供服务。华为在全球市场的竞争力日益增强，成为中国企业在国际舞台上的杰出代表。华为凭借其卓越的产品品质和服务质量，赢得了全球消费者的信赖和喜爱。

华为的品牌影响力不断提升，成为了全球知名的科技企业品牌之一。

（三）经验启示

1. 坚持自主创新，掌握核心技术

华为深知在激烈的市场竞争中，唯有掌握核心技术，才能立于不败之地。因此，华为始终坚持自主创新，将大量的研发资金投入到核心技术的研发和创新上。这种对自主创新的执着追求，不仅为华为带来了丰厚的技术积累和专利储备，更为其在全球市场的竞争中赢得了先机；同时，华为多年来通过联合各个领域的合作伙伴，积极探索打通海量数据壁垒、深挖数据价值，催生了企业的新质生产力。

2. 以客户为中心，持续提升服务品质

华为始终将客户放在首位，致力于为客户提供优质的产品和服务。华为通过深入了解客户的需求和痛点，不断创新和优化产品和服务，以满足客户的多样化需求。同时，华为还注重提升服务品质，通过建立完善的售后服务体系，为客户提供及时、专业的技术支持和服务。这种以客户为中心的经营理念，不仅赢得了客户的信赖和喜爱，也为华为赢得了良好的口碑和品牌形象。

3. 注重人才培养，打造高素质团队

华为注重人才培养和引进，通过提供良好的职业发展机会和薪酬福利，吸引和留住了一批高素质的人才。同时，华为还建立了完善的培训体系，不断提升员工的专业技能和综合素质。这种注重人才培养的理念，为华为打造了一支高素质、有战斗力的团队，为企业的持续发展提供了有力的人才保障。

4. 保持危机意识，不断超越自我

华为始终保持着强烈的危机意识，时刻警惕着来自外部环境的挑战和压力。华为深知只有不断超越自我，才能在激烈的市场竞争中立于不败之地。因此，华为不断推动技术创新和产业升级，积极应对市场变化和挑战。同时，华为还注重企业文化和核心价值观的建设，通过传承和弘扬企业文化，激发员工的归属感和

使命感，为企业的持续发展提供了强大的精神动力。

5. 积极参与社会责任，推动可持续发展

华为在追求经济效益的同时，也积极履行社会责任，推动可持续发展。华为通过技术创新和智能化解决方案，助力各行各业实现数字化转型和智能化升级，推动了经济的发展和社会的进步。同时，华为还注重环保和公益事业，通过捐赠和志愿服务等方式，为社会做出了积极的贡献。

二、荣程：以“使命性”路径，主动融入国家发展大局

天津荣程祥泰投资控股集团有限公司（以下简称荣程）在改革开放的大潮中诞生，在多变的市场环境中成长，始终与国家发展战略同频共振。荣程从无到有、从小到大，从两人到万人；从最初创业、二次创业，到四次并购、战略转型，从一业为主到多业并举，创业发展36载，遵循“打造百年绿色荣程”的愿景，立足“以钢铁般的意志，为社会和客户持续创造价值”的使命，以实业基因为依托、产融互动为支撑、资源整合为核心、互联互通为导向，现已形成荣程钢铁集团、融诚物产集团、荣程数字科技集团、荣程新能科技集团和荣程文化健康集团“五大板块”，研究院、商学院“两院”为智库，产业基金、公益基金“两基金”为发展动能的“1+7”顶层布局，构建“智云、智运、智造”三智合一的荣程模式和“产城融合、产融联动、产教联合、产研协同、产产共生”城乡产融一体化的发展模型，打造生产要素、生活要素集成商与服务商，在新时代全面推进数智化转型绿色低碳高质协同发展。荣程集团总资产400亿元，累计社会贡献总额403亿元，实现利税283亿元，环保投入66亿元，现有职工一万余人，业务遍布国内31个省市自治区直辖市、特别行政区及国外58个国家和地区。2023年实现营业收入1 202亿元，位列中国企业500强215位、中国制造业500强第106位、中国民营企业500强第79位、2024中国制造业民营企业500强第53位。先后获得“全国文明

单位”“中华慈善事业突出贡献奖”“全国就业与社会保障先进民营企业”“全国万企帮万村精准扶贫先进民营企业”“全国绿色工厂”等多项荣誉称号。荣程在践行“中国式现代化”的道路上，走出了一条颇具独特并主动融入国家发展大局的“使命性”路径。

（一）实践做法

1. 坚守实业报国初心

荣程集团自创立以来，始终坚守实业报国的初心，将企业发展与国家战略紧密结合。他们深知钢铁产业在国家经济建设中的基础地位，因此始终致力于提升钢铁产品的质量和技术水平，通过推动绿色低碳制造和智慧工厂建设、加强科技创新和产教融合等措施，为国家的经济建设提供坚实的物质基础。荣程成立了国内首家“钢化联产—氢冶金”试验基地，并投产了钢铁行业首个采用渔光互补发电的绿色新能源项目。荣程集团不断推进产品转型升级，提升产品附加值。他们的齿轮钢、弹簧钢、磨球钢、桥梁拉索钢等产品已成功应用到港珠澳大桥、国家海洋岛礁工程、京雄高铁、京张高铁、国内单体最大LNG（液化天然气）储罐项目等国家重点工程。荣程集团与天津中德应用技术大学等高校强强联合，共同建设“碳中和应用技术与职业创新研究院”“天津金属材料与质量管理工程产业学院”，深化产教融合，加快培养高素质技术技能人才、能工巧匠和大国工匠。

2. 主动融入国家战略

荣程集团积极响应国家关于数智化转型和绿色低碳发展的号召，将数智化转型作为企业发展的核心战略之一。通过加大投入，引进先进技术和管理经验，推动生产过程的智能化、自动化和绿色化，实现了生产效率和环保效益的双重提升。积极参与京津冀协同发展，作为京津冀地区的重要企业之一，荣程集团积极参与京津冀协同发展重大国家战略。通过加强区域合作，推动产业链上下游协同发展，共同打造世界级先进制造业集群。荣程集团紧跟国家新能源发展步伐，大力发展氢能产业，布局氢能全产业链。通过建设氢能重卡、加氢站等项目，推动交通运输行业的绿色转型和可持续发展。荣程集团积极响应国家“一带一路”倡议，结合自身多元化产业布局的协同优势，积极布局海外投资，与各界伙伴携手，推动氢能源产业共联、平台经济共链、绿色产业共融、大市场共建、多元文化共荣，国际化经贸合作迈出新步伐。

3. 推动绿色发展

绿色发展是践行“中国式现代化”的必然要求，而新质生产力本身就是绿色生产力，绿色低碳转型是高质量发展的底色。荣程深知钢铁行业作为传统的高能耗、高排放行业，面临着巨大的环保压力。因此，对于钢铁企业，荣程集团始终秉承“打造百年绿色荣程”理念，坚持将绿色发展作为企业发展的生命线，不断加大环保投入和技术创新力度，从产品设计、生产制造到销售服务全生命周期中，通过优化产品结构和新材料选择、应用超低排放改造技术、构建绿色低碳循环经济体系，以及绿色产品认证等举措，降低工业带来的生产能耗和环境影响，实现“生态效益、经济效益、社会效益”三协同，成功实现了生产过程中的废弃物减量化、资源化和无害化处理，为钢铁行业的绿色发展树立了典范。同时，持续推进余热余气高效利用、废水深度处理等循环再生，扩大光伏发电规模，促进水风光等多能互补，实现“与城市和谐共生”，推动了发展方式绿色转型。

4. 加强科技研发与创新

创新是企业发展的动力源泉，也是践行“中国式现代化”的关键。荣程集团始终坚持创新驱动发展战略，不断加大研发投入，加强技术创新和管理创新。在技术创新方面，荣程积极引进国内外先进的技术和设备，不断提升企业的生产技术水平。同时，荣程还坚持诚信立业，主动加强与高校、科研机构的合作，共同开展技术研发和创新，持续推进传统产业转型升级、新兴产业加速发展，将科技自立自强作为强企战略支撑，加快培育新质生产力，既提高了产品质量和生产效率，同时降低了生产成本，增强了企业的市场竞争力。

在管理创新方面，荣程积极引进先进的管理理念和方法，不断完善企业的管理体系。在企业内部层面，荣程推行精细化管理，加强成本控制和质量管理，提高了企业的管理水平和运营效率；同时，荣程还加强信息化建设，推动5G、云计算等数字技术的融合创新，带来更多发展空间。在区域合作层面，荣程成功打造了以区域产业生态为核心的第四方生产要素服务平台，为区域、为企业，打通线上线下一体化、产供销研一体化，让先进优质生产要素向发展新质生产力顺畅流动，推动区域产业现代化转型升级，实现经济运行模式创新和产业生态圈共赢。

在集成创新方面，近几年来，荣程集团深刻把握新时代新征程推进新型工业化的基本规律，始终坚持创新驱动发展，强化科技创新和产业创新深度融合，以实业为本凝聚高质量发展动力，将氢能作为发展新质生产力的着力点，并初步实现氢能“制—储—运—加—用”全产业链布局，在气源供给和示范应用方面形成了较为突出的全国特色优势。荣程集团从2021年投建加氢站，到氢能重卡有序投运，再到光伏水面电解水制氢项目建成，在技术端，实现了“制储运加用研及装备制造”全链条一体化的多个创新；而随着2024年Fe6氢燃料电池系统的研发成功，荣程集团又凭借其氢能重卡这一核心技术，将进一步推动氢能技术商业化实践，实现数实融合，并带动整个氢能产业链向高端化、智能化方向发展。

5. 推动文化传承与弘扬

文化是一个国家、一个民族的灵魂，也是企业发展的重要支撑。荣程以“自强不息、奋斗不止、永不言败”的荣程精神为核心，构建了具有荣程特色的企业文化体系。荣程集团注重企业文化建设，同时也积极推动传统文化的传承和发展。荣程集团坚守文化传承、赓续红色血脉，始终与国家同向、与时代同步，在发展钢铁硬实力同时致力打造文化软实力，通过举办文化活动、建设文化设施等方式，弘扬中华优秀传统文化。2013年12月26日，天津时代记忆馆建成开馆，旨在通过陈列丰富的具有时代特征的纪念物品和珍贵照片，坚守文化传承，赓续红色血脉。建成运营11年来，接待党政机关、企事业单位、社区街道、大中小学校及各类协会近百万参观者；举办5 000余场爱国主义教育活动，与近200家单位挂牌共建。2017年12月26日打造了全国首个56个民族非遗文化保护传承中心；2024年7月1日，“五史”学习教育基地对外开放，追寻时代记忆，传承时代精神，弘扬主旋律，传播正能量。

（二）成效亮点

1. 产业结构调整与升级

荣程成功实现了产业结构的优化调整，一、二、三产业结构比重分别为0.05%、19.28%、80.67%。特别是在钢铁能源产业中，高附加值、高毛利产品比例均超计划5%以上，创年度新高，展现了荣程在产品创新和市场开拓方面的强大实力。

2. 经贸服务与大宗商品经营

荣程在经贸服务领域也取得了显著成效，大宗商品经营量同比增长55.6%，显示出其在全球贸易市场中的强劲竞争力。此外，荣程还通过优化经贸服务业务模式，不断扩展采购和销售渠道，加速国际国内市场开拓，实现营收和贸易量的双增长。

3. 数字科技与新能科技产业的快速发展

荣程数字科技产业营收规模翻三番，显示出其在数字化转型方面的巨大成功。此外，荣程新能科技业务指标也实现了“双过百、双过千、双过万、双过千万”的壮举，这标志着其在新能源领域已经迈出了坚实的步伐。特别是在氢能产业方面，荣程集团扎实推进两业融合，把发展氢能及绿色低碳运输作为推进制造业绿色融合新业态培育的重要路径，通过加大绿色基础设施建设，投建电解水制取绿氢项目等举措，重点解决氢能使用成本高、稳定性应用的工程难题，创建钢铁制造零碳运输应用场景，形成“源、网、车、云”四位一体的“氢+”经济产业格局，构建新能源生产使用和制造业绿色融合“新样板”，拼出“两业融合”发展“新示范”。

4. 钢铁能源产业的智能化与绿色化

荣程钢铁集团作为集团的核心产业之一，在智能化和绿色化方面也取得了显著进展。通过建设“5G+”智慧工厂，实现了生产流程的数字化建模和仿真、大数据平台系统研发以及铁区智能管控系统的研发和应用。这些举措不仅提高了生产效率，还实现了节能减排和精准管理。此外，荣程还积极推进绿色化发展，吨钢碳排放强度始终保持行业先进水平，并荣获“中国工业碳达峰‘领跑者’企业”等称号。

5. 文化健康产业的品牌发展与繁荣进步

荣程在文化健康产业方面也取得了新成果，品牌影响力不断提升，2024年上半年获得国家级、省市级荣誉22项。通过打造时代记忆“非遗锦盒”创意IP项目，以年轻消费群体为目标，将非遗文化元素与现代创意设计巧妙结合，创新非遗传承思路，不仅凝聚了超越时空的非遗传承初心和匠心，而且融合了现代生活理念和时尚创意。非遗锦盒以全供应链模式推进产业联动，促进就业增收。非遗锦盒与上百个工作坊合作，带动地方近10万手艺人就业，超过100项非遗项目近1 000种产品入驻，且市场规模不断扩大。目前已完成10万+订制采购，线上线下合计销量4万+，充分发挥了非遗利民、非遗富民的作用。自2024年“五史”学习教育基地对外开放后，展馆以中国共产党百余年磅礴奋斗历程为时间轴线，从开天辟地到改天换地，从翻天覆地到惊天动地，系统展示党史、新中国史、改革开放史、社会主义发展史、中华民族发展史，生动再现我们党和国家在各个历史时期的光辉历程、伟大成就以及中国共产党人的精神谱系，构筑中华民族共有精神家园。此外，集团还积极参与社会公益活动，如驰援积石山地震千万专项行动、首个乡村公益主题村落等项目，展现了荣程的社会责任感和公益精神。

6. 创新驱动与高质量发展

荣程始终坚持以创新驱动为引领，通过不断的技术创新和产业升级，推动集团的高质量发展。紧紧围绕“数智化转型绿色低碳高质协同发展”主线，坚持

“一盘棋、一贯制、一体化、一张网”战略布局，实现了各产业板块的协同发展和优势互补。这些举措不仅提升了荣程的整体竞争力，还为其可持续发展奠定了坚实基础。

（三）经验启示

一是坚定使命担当。企业应该明确自身的使命和担当精神。只有明确了自身的使命和担当精神，企业才能在发展中始终保持正确的方向和动力源泉；同时，企业还应该将使命担当精神贯穿于生产、经营、管理等各个环节中，确保各项工作的顺利开展和取得实效。

二是注重创新驱动。企业应该注重创新驱动发展。创新是企业发展的不竭动力和源泉；企业应该加强技术创新和模式创新双轮驱动力度，不断推动产业升级和转型发展；同时，企业还应该加强与高校、科研院所等机构的合作与交流，共同开展前沿技术研究和应用开发。

三是坚持绿色发展。企业应该坚持绿色发展理念。绿色发展是当前社会发展的重要趋势和必然要求，企业应该加强环保投入和技术创新力度，不断提升环保水平和资源利用效率；同时，企业还应该积极参与公益事业和社会治理活动，为改善生态环境质量做出积极贡献。

四是强化社会责任。企业应该强化社会责任意识。履行社会责任是企业发展的重要使命和职责所在，企业应该积极履行社会责任，回馈社会和关爱员工；同时，企业还应该加强与利益相关方的沟通与协作，共同构建和谐社会环境。

三、方太：以“有效性”路径，弘扬民营企业家精神

方太集团（以下简称“方太”）创建于1996年，已经走过28个年头。作为一家以智能厨电为核心业务的幸福生活解决方案提供商，方太长期致力于为人们提

供高品质的产品和服务，打造健康环保有品位有文化的生活方式，让千万家庭享受更加幸福安心的生活。方太坚持高质量发展道路，以独特的创新模式、优越的品牌价值，连续多年荣登亚洲品牌500强。方太的产品深入人心，其治企之道、在企业文化和价值观建设上取得的丰硕成果，带给更多的中国企业家启迪和思考。

（一）实践做法

1.思考终极三问，确立“伟大”的发展愿景

“我是谁？我从哪里来？要到哪里去？”是哲学的三大终极问题。茅忠群对于企业发展也相应提出三个方面经典问题：第一个方面：为什么要做这家企业？这是做企业的目的和意义；第二个方面：要做成一家什么样的企业？这是对企业使命的思考；第三个方面：在经营管理企业的过程中，什么是应该做的、什么是不应该做的？什么钱可以赚、什么钱不可以赚？到底应该有什么样的信条？这是做企业应信守的品质和道德。茅忠群提出的“终极三问”推动方太确立了“成为一家伟大企业”的宏伟愿景和“为了亿万家庭的幸福”的使命。这种愿景引领着方太不断追求创新。2023年，方太通过市场调研与用户数据分析，继续深挖客户需求，推出了多项提升用户体验的新产品，包括全球首款支持实时调节的X10.i吸油烟机。这款产品配备了永久磁同步电机，同类技术也被应用于特斯拉Model 3，能高效降低噪音并实现自动调节排风。

2.围绕伟大愿景，奠定伟大企业“四维”发展路径

方太董事长茅忠群认为，伟大企业包含着“四维”发展路径，即“顾客得安心”“员工得成长”“社会得正气”“经营可持续”。一是顾客得安心。方太要做的是让顾客安心，而不仅仅是满意。方太的产品首先要从工业设计上做到让顾客动心，当顾客第一眼看到时就会被它的外观、功能吸引，对它动心；其次，方太的产品质量要让顾客没有忧虑，可以放心购买；再次，顾客购买方太的产品后，方太的安装售后服务会一站式帮顾客解决所有的问题，让顾客省心；最后，当顾客

使用方太的产品时，体验很好，感到舒心。二是员工得成长。伟大的企业必须能够帮助员工成长，而且是幸福地成长。什么是幸福成长？用方太的语言来表达就是，物质与精神双丰收，事业与生命双成长。方太在2023年推出了全面的幸福成长计划，涵盖职业发展、技能培训和员工心理支持。该计划使得员工满意度提升，并促进了团队的凝聚力和创新能力。三是社会得正气。方太结合企业整体运营情况以及内部环境的变化，建立了具有方太特色的“企业社会责任金字塔”，明确企业首先应履行的是法律责任，其次才是发展责任、伦理责任和慈善责任。方太通过“企业社会责任金字塔”持续扩展其社会贡献。四是经营可持续。企业要追求可持续的经营、可持续的发展，首先必须要做好前三个方面：顾客得安心，员工得成长，社会得正气，只有做好这三个方面，再加上扎实的经营管理基本功，才能够实现可持续经营、可持续发展。

3.立足中华优秀传统文化，提升现代企业管理水平

1996年，方太创立之初，茅忠群便确立了“让家的感觉更好”的企业使命。2002年，他在中欧商学院攻读EMBA时，深入学习了西方先进的管理理念，但同时也意识到这些理论并不完全适应中国的企业环境。2004年，茅忠群在清华大学和北京大学进一步研习中华优秀传统文化，他逐渐认识到，企业管理不仅需要借鉴西方的科学方法，还需要结合中华文化的价值观和道德基础。从2008年开始，方太在企业内部全面导入中华优秀传统文化，并通过10年的不断实践，探索总结出一套独具中国特色的、中西合璧的“中学明道，西学优术，中西合璧，以道御术”的方太管理哲学，并通过将儒家思想中的“仁爱”和“诚信”融入企业治理中，建立了以人文关怀为核心的管理制度；通过将“仁爱之心”渗透到产品开发和客户服务中，不仅在功能上满足用户需求，还体现了对用户的深层次关怀；通过将中华优秀传统文化融入企业运营，不仅提升企业内部的和谐度，还提高了企业的社会责任感和品牌美誉度。通过这些措施，方太不仅增强了企业的凝聚力，还塑造了与众不同的企业文化。

4.聚焦社会价值，助力共同富裕

方太在不断提高自身商业价值的同时，注重将企业使命与社会责任紧密结合。为此，方太发布了“方太助力共同富裕计划及第一个五年行动纲要”，全面推动企业在社会价值创造方面的深度融合和实践探索。该行动纲要明确了六大责任领域：员工成长、文化传播、幸福建设、教育支持、慈善救助和社会价值创造。每个领域都包含具体的行动措施，旨在促进企业和社会的共同发展。2023年，方太在这些领域加大了资源投入，特别是在教育支持和文化推广方面。在慈善救助方面，方太致力于通过捐赠和志愿者服务援助灾区、改善贫困社区的基础设施和提供紧急救助物资。方太不仅在物质层面推动共同富裕，还强调精神文化的传播。公司通过举办文化活动，如中华传统文化讲座和家庭幸福体验活动，倡导以文化为基石的幸福生活理念。通过一系列的社会项目和公益行动，方太不仅实现了企业与社会价值的双赢，还为其他民营企业树立了践行共同富裕的榜样。

（二）成效亮点

1.经济效益方面

方太用了11年跨越了十亿规模，用了22年突破百亿规模，成功塑造了中国厨电行业的第一个中国人自己的高端品牌。2023年，方太进一步巩固了其市场领导地位，实现了年营收176.29亿元，同比增长8.57%。这种增长不仅得益于国内市场的稳定扩展，还受到国际市场拓展的推动。创新产品如X10.i系列吸油烟机和新型电磁炉的热销，为全球业务扩张注入了强劲动力。稳健的财务表现为企业未来在研发、市场扩张和品牌建设方面提供了坚实的资金基础。

2.科研能力方面

方太自成立以来始终重视技术创新，一直保持着年销售收入5%以上的研发投入比例，高于行业平均水平，显著提升了其产品的市场竞争力。在持续投入技术研发的同时，不断完善创新管理方法和人才队伍建设。2003年，方太引入集成产

品开发（IPD）模式、理念与方法，逐步新建、优化完成了OR、MM、MPP、CDP、TPP、TPD、CBB等流程，并于2019年启动新一代IPD变革，2020年引入国际领先的研发信息化系统建设（PLM/标准智慧软件）。截止到2022年，方太拥有超过9 600件国内授权专利，其中发明专利超2 400件，拥有专业厨电领域最大专利池，烟灶消洗品类国内专利数量超越国外品牌，成为行业创新典范。2022年，方太荣获中国民营企业发明专利授权量十强、浙江省创造力百强企业第三名等荣誉。同时，方太还是国家技术创新示范企业、国家知识产权示范企业。另外，方太积极参与国际、国家、行业标准化工作，引导行业标准的制定，已参与修/制定各项标准130余项。除此之外，方太还主导完成国际电工委员会（IEC）《家用和类似用途电器的安全/吸油烟机和其他油烟吸除器具的特殊要求〉〉国际标准的修订，让中国吸油烟机行业在国际舞台上拥有了更多话语权。

3.品牌实力方面

方太始终秉持“专业、高端、负责”的品牌定位，并在多个方面建立了卓越的品牌形象。2012年1月，方太幸福家上海体验馆正式落成，为客户提供了沉浸式体验，将产品展示与生活方式结合，树立了厨电行业的新标杆。2016年1月，方太在北京三里屯落地第二家体验馆，进一步扩大了其品牌影响力。2019年9月，方太幸福家APP上线，拓展了数字化用户互动平台，通过分享家庭幸福建设的经验和知识，方太在用户心中巩固了“幸福创造者”的品牌形象。截至2022年，方太已连续九年入选亚洲品牌500强，显示了其在区域和全球市场上的持久影响力。2023年，方太进一步在国际展会上展示了其最新技术产品，如智能化吸油烟机和嵌入式厨电设备，这些产品在北美和欧洲市场获得了良好的市场反馈。此外，方太通过参与行业重要展览（如北美KBIS）和赢得多个国际奖项，增强了其全球品牌认知度。方太在企业使命的驱动下，提出了“家庭幸福观”“幸福社区核心理念”“创新科技观”等一系列战略理念，这些战略理念不仅在产品层面得以实现，还通过文化活动和教育项目在社会层面得到推广。2023年，方太组织了50多场文化体验活动，向公众传递“幸福文化”与创新精神，使得品牌价值更加深入人心。

4. 社会责任方面

2018年，方太正式提出了“为了亿万家庭的幸福”的企业使命，并将其融入社会责任的具体实践中，旨在为顾客提供高品质、健康环保的产品和服务。随着国家“3060”双碳目标的提出，方太迅速响应，制定了详细的碳排放指标和长期行动计划，通过技术创新和优化生产流程减少碳足迹。2023年，公司实施了多项节能减排措施，例如在生产线中引入智能化环保设备，减少能耗和污染排放。方太在经营过程中坚守“成人之美而不成人之恶”的原则，确保企业行为符合道德和法律规范。公司严格遵循行业内的公平竞争原则，通过实施透明、合规的商业策略，树立了负责任的企业形象；公司推出了“员工命运共同体”计划，该计划涵盖职业培训、健康保障和福利提升等多个方面，确保员工能够分享企业发展的成果。这些举措得到了社会各界的广泛认可和赞誉，使方太在公众心目中树立了负责任企业的典范形象。

（三）经验启示

一家伟大的企业，背后必然有一个清晰而深远的梦想或思想作为其驱动力。这种梦想不仅是企业的目标，也是其灵魂和长期发展的基石。方太在“成为一家伟大企业”愿景的引领下，通过不断深化和实践企业家精神，树立了高度的社会责任感和使命感。

1. 以愿景为引领，准确把握定位

方太深刻理解到，一个清晰的愿景能够帮助企业凝聚力量并实现长远发展。在“成为一家伟大企业”的愿景引导下，方太不断完善其核心价值体系，并形成了茅忠群所称的“企业三观”：使命、愿景和核心价值观。这三者共同构成了企业的灵魂，是每一个战略决策和行动的依据。茅忠群认为，树立正确的企业三观，犹如系紧了企业家的“第一颗纽扣”。这不仅让企业在初创和发展过程中始终保持

方向一致，还能在面对市场变动和全球竞争时稳步前行。方太通过愿景引领，将企业三观具体应用到每个层面，使得所有团队在执行中都能理解其行动与企业愿景的关联性。正确的企业三观不仅在企业内部起到凝聚力的作用，还能强化企业在客户和社会中的认知度和声誉，其“因爱伟大”的品牌理念广受国内国际消费者的好评。

2. 以客户为中心，创新驱动发展

公司始终以客户需求为导向，提供卓越的产品和服务，并持续追求技术创新和产品升级，以满足市场的不断变化。方太始终舍得投入，舍得利润，舍得速度，唯一不舍弃的是对用户的真心与责任。方太用良知驱动创新，为创新赋予了使命，用创新帮助用户追求幸福、创造幸福。

3. 以优秀文化为魂，治企有方

方太在多年探索中，很好地将中华优秀传统文化的道和西方的术结合在了一起，形成了“中学明道，西学优术，中西合璧，以道御术”的方太管理文化，以中华优秀传统文化中的仁爱、良知为魂，将人品、企品、产品三品合一，立志于打造兼具经济与社会功能的主体，真正实现价值共生，协同发展。在产品研发方面，提出“仁爱之心是创新的源泉”。例如，以“仁要之心”打造“制冷油烟机”，解决厨房夏热痛点；全球首创的水槽洗碗机集成洗碗、果蔬净化、水槽三合一功能，引领健康环保生活方式；原创发明了NSP膜色谱双效净水技术净水机，让中国人喝上健康好水。

4. 胸怀家国，勇于社会担当

方太的使命是“为了亿万家庭的幸福”，以“人品、企品、产品三品合一”为核心价值观，着力为顾客提供无与伦比的高品质产品和服务，打造健康环保有品位的生活方式，大力弘扬中华优秀传统文化，让亿万家庭享受更加美好的生活，实现幸福圆满的人生。方太围绕“顾客得安心、员工得成长、社会得正气、经营可持续”四个维度，将创新战略落地到具体的经营和社会项目中，提升了公众对企业的好感和认同，还促进了文化的传承与创新，使得企业在经济效益之外为社会创造了更多的精神财富。

四、安踏：以“社会性”路径，持续创造共生价值

安踏成立于1991年，是一家专门从事设计、生产、销售运动鞋服、配饰等运动装备的综合性、多品牌的体育用品集团。安踏（中国）有限公司作为其核心企业，是一家集生产制造与营销导向于一体的中外合资综合性体育用品企业，在全球范围内拥有超过2 000家门店。过去30年，安踏从晋江的岸兜村走向全国，成长为中国第一的体育用品集团。市值从上市之初不到200亿元，到如今超过了3 000亿元；从二十几人的工厂，到现在创造超20万人的就业机会；从营收2 000万元，到过去10年纳税总额超过300亿元。过去的30年，安踏始终坚持做好每一双运动鞋、每一件运动服，其产品连续多年市场占有率位居全国同类产品前列，并荣获“中国驰名商标”等称号。近年来，安踏加速全球化进程，通过签约国际球星、开拓海外市场等方式，不断提升品牌在全球市场的影响力，荣获“全球最具价值运动服饰品牌十强”等多项国内外奖项和荣誉。

（一）实践做法

1. 坚持创新驱动发展

安踏始终坚持创新驱动发展，不断投入研发资源，提升产品科技含量。设立了多个研发中心，汇聚了一批国内外顶尖的研发人才，致力于开发具有自主知识产权的高性能体育用品。通过持续的研发投入，安踏在材料科学、人体工程学、运动力学等领域取得了一系列重大突破，为提升产品竞争力奠定了坚实的基础。安踏积极探索创新材料的应用，不断推出具有高性能、环保、舒适等特点的体育用品。例如，安踏研发的“A-FLASHFOAM”等中底材料，具有出色的缓震性能

和回弹性能，能够有效保护运动员的关节，提高运动表现。同时，安踏还采用了环保材料，如可回收聚酯纤维等，积极践行绿色发展理念。随着科技的不断进步，安踏将智能科技与体育用品相结合，推出了一系列具有智能化功能的产品。例如，安踏的智能跑鞋可以通过传感器实时监测运动数据，为运动员提供科学的训练建议；智能运动服装可以根据人体的运动状态和环境变化自动调节温度和湿度，提高穿着的舒适度。这些智能化产品的推出，不仅提升了安踏的产品竞争力，也为消费者带来了更加便捷、高效的运动体验。

2. 注重品牌建设和消费者体验

品牌是企业的重要资产，也是企业与消费者建立连接的桥梁。安踏注重品牌建设，通过广告宣传、赞助体育赛事、开展公益活动等方式，不断提升品牌知名度和美誉度。邀请了多位国内外知名体育明星作为品牌代言人，借助他们的影响力传播安踏的品牌理念和体育文化。同时，安踏还积极参与国际体育赛事的赞助，如奥运会、世界杯等，提升品牌的国际影响力。安踏以体育为载体，助力中国体育事业的发展，通过举办体育赛事、开展体育培训、推出体育主题产品等方式，激发人们对体育的热爱和参与热情。同时，安踏还注重体育文化的传承和创新，将中国传统文化与现代体育元素相结合，推出了一系列具有中国特色的体育用品，为传播中国体育文化做出了积极贡献。安踏积极履行社会责任，通过开展公益活动、支持体育事业发展等方式，回馈社会。设立了安踏公益基金会，致力于推动青少年体育教育、乡村振兴、环境保护等事业的发展。

3. 注重品质，树立行业标杆

安踏坚持品质至上的原则，建立了严格的质量管理体系。从原材料采购、生产加工到产品检测、包装运输，每一个环节都进行严格的质量控制，确保产品质量符合国家标准和消费者的需求。同时，安踏还积极引进国际先进的质量管理理念和方法，不断提升质量管理水平。安踏以追求卓越品质为目标，不断提高产品的工艺水平和质量标准。公司采用先进的生产设备和技术，严格按照国际标准进行生产加工，确保每一件产品都具有高品质。此外，安踏还注重产品的细节设计和人性化功能，力求为消费者提供更加舒适、美观、实用的体育用品。作为中国体育用品行业的领军企业，安踏积极发挥示范引领作用，推动行业整体品质的提升。通过参与制定行业标准、举办技术交流活动等方式，分享自己的质量管理经验和技术成果，带动其他企业共同提高产品质量和服务水平。同时，安踏还积极开展国际合作，引进国外先进的技术和管理经验，为中国体育用品行业的发展注入新的活力。

4. 国际化战略，拓展全球市场

安踏积极实施国际化战略，加快海外布局。公司通过收购国际知名体育品牌、设立海外研发中心和生产基地等方式，不断拓展全球市场。目前，安踏的产品已经远销全球多个国家和地区，在国际市场上赢得了广泛的赞誉。为了提升国际竞争力，安踏不断加强自身的品牌建设、产品创新和质量管理。公司积极引进国际先进的管理经验和技术，提高企业的运营效率和管理水平。同时，安踏还注重与国际体育组织和知名体育品牌的合作，共同开展技术研发和市场推广，提升品牌的国际影响力。安踏在拓展全球市场的过程中，积极推动中外文化交流。公司通过举办国际体育赛事、开展文化交流活动等方式，促进不同国家和地区之间的文化交流与融合。同时，安踏还将中国传统文化元素融入产品设计中，向世界展示中国文化的魅力。

5. 创造共生价值

在新的时代背景下，如何守护核心价值，持续高质量增长？安踏提出未来10年，将以“创造共生价值”作为价值新主张。与消费者共生：安踏集团致力于提供高质量、多样化的产品，满足消费者的运动需求。通过投入大量资金进行研发，提升产品性能和创新性，增强消费者对品牌的认可度和自豪感。与合作伙伴共生：安踏集团与供应商、分销商等合作伙伴建立长期稳定的合作关系，共同探索新商业模式，实现互利共赢。通过深化合作，优化供应链，提高效率和降低成本，为消费者提供更优质的产品和服务。与员工共生：安踏集团注重员工的成长和发展，提供广阔的事业平台和长期激励措施。吸纳大量高校毕业生和年轻人才加入公司，为员工提供多样化的培训和发展机会，激发员工的创造力和工作热情。与环境共生：安踏集团积极践行可持续发展理念，致力于减少温室气体排放和资源消耗。通过实施节能减排措施、推动绿色转型等，降低对环境的影响，实现碳中和目标。与社会共生：安踏集团积极参与社会公益活动，回馈社会，助力乡村振兴、公共卫生、教育等领域的发展。通过捐赠现金和股票、捐建医院和运动场等措施，推动社会进步和共同富裕。

（二）成效亮点

1. 业绩增长显著

从2015年起，安踏集团一直是中国最大的体育用品集团，2019年8月市值超过了1 700亿港元，位列全球体育用品行业第三位。2021年，《财富》中国500强排行榜中，安踏集团排名第289名。安踏集团2024年中期业绩公告显示，集团收入同比增长13.8%，至337.4亿元，创史上最佳中期业绩。收入增速领跑行业的同时，安踏的增长质量也超市场预期，盈利能力、运营效率、现金流产出、库存管理等多项指标均维持健康水平，实现高质量增长。

2. 品牌影响力持续提升

安踏品牌收入创历史新高，同比涨13.5%，至160.8亿元，继续保持中国运动品牌领导者地位。安踏以科技创新赋能大众的商品矩阵进一步完善，同时深耕儿童运动科技，在篮球、跑步、骑行等场景建立了专业心智，“安踏儿童”品牌在运动童装市场份额和品牌力方面双领先。FILA（斐乐）品牌收入创历史新高，同比涨6.8%，至130.6亿元，增速继续领先同规模国际品牌。所有其他品牌收入同比涨41.8%，至46.0亿元。AMER SPORTS（亚玛芬体育）创收购以来最佳半年业绩，收入同比增长14%。“双轮驱动”成效显著。

3. 全球化战略成效显现

亚玛芬体育全球业务整体收益同比增长21.1%，创造2019年收购以来最佳半年业绩。安踏主品牌出海影响力也在不断增长，整体的国际化进程处于行业领先地位。

4. 创新能力突出

2024年上半年，安踏研发成本支出近10亿元，同比增长超过30%。截至2024年6月，安踏集团累计申请国家专利4 655件，在中国体育用品品牌中排名第一。安踏集团搭建的“全球开放式创新生态网络”进入收获期，多项校企联合创新成果成功完成市场转化。例如，“柔心纱”成为FILA的科技心智，生意贡献已达上亿；“安踏膜”及“氮科技”等科技的认知度不断提升。

5. 积极履行社会责任

安踏集团推动多元包容文化建设，设立“首席多元官”，并成立妇女联合会，关注女性员工发展与权益保护。截至目前，集团员工总数约62 000名，较2023年同期增长4.4%。

安踏集团及创始人家族创办的“和敏基金会”积极投身公益慈善事业。2024年上半年，集团及基金会公益慈善总支出超3亿元。“安踏茁壮成长公益计划”发布了新三年规划，致力于助力乡村振兴。截至2024年6月30日，安踏集团公益慈善实际支出已累计超24亿元。

安踏集团ESG工作获得国际认可，MSCI ESG评级连升两级至BBB级，CDP气候变化绩效评级获B评级，并成为列入“恒生可持续发展企业基准指数”的中国体育用品行业唯一代表。安踏集团参与推动鞋服行业绿色转型的标准制定工作，推动超过140家供应商使用清洁和可再生能源，并协助他们进行绿色认证。

（三）经验启示

1. 明确品牌定位，强化品牌力

安踏在品牌建设中，始终坚持明确的品牌定位，通过持续的品牌传播和营销活动，不断巩固和提升品牌力。安踏主品牌主打大众市场，注重性价比和时尚感，通过赞助国家队、举办大型体育赛事等方式，提升品牌形象和知名度。同时，安踏还通过多品牌布局，如FILA、DESCENTE（迪桑特）、KOLON SPORT（可隆体育）等，满足不同消费群体的需求，实现品牌多元化发展。

2. 注重研发创新，提升产品力

安踏不断加大研发投入，建立全球开放式创新生态网络，与国内外知名高校、科研机构和企业开展合作，共同研发新技术、新材料和新产品。通过持续的研发投入和创新，安踏在篮球、跑步、健身、户外等领域推出了众多具有竞争力的产品，赢得了消费者的广泛认可和喜爱。

3. 优化渠道布局，提升销售力

安踏在渠道布局上，始终坚持线上线下相结合的策略。在线上，安踏通过电商平台、社交媒体等渠道，加强品牌传播和营销推广，提升线上销售占比。同时，安踏还通过数字化转型，提升线上购物体验和服务质量。线下方面，安踏不断优化门店布局和陈列设计，提升门店形象和购物体验。此外，安踏还积极拓展海外市场，通过开设海外门店、建立海外供应链等方式，实现全球化布局。

4. 注重人才培养和企业文化建设

安踏注重人才培养和引进，建立完善的人才管理体系和激励机制，激发员工的积极性和创造力。同时，安踏还注重企业文化建设，倡导“创新、协作、责任、共赢”的企业价值观，营造积极向上的工作氛围和企业文化。

5. 积极履行社会责任，提升品牌形象

安踏在追求经济效益的同时，始终不忘履行社会责任。安踏积极参与公益事业和慈善活动，通过捐赠资金、物资和志愿服务等方式，为弱势群体提供帮助和支持。同时，安踏还注重环保和可持续发展，通过推广绿色生产、减少碳排放等方式，为保护地球环境作出贡献。这些举措不仅提升了安踏的品牌形象和社会声誉，还增强了消费者对品牌的认同感和忠诚度。

五、鲁花：以“特色性”路径，自觉走高质量发展路子

山东鲁花集团有限公司成立于1983年，是中国高端食用油的引领者、中国花生油第一品牌、农业产业化国家重点龙头企业，现拥有员工2万多名，下设47个食品加工及配套生产工厂，横跨食用油、调味品、米面等多个行业，食用油年生产能力150万吨，调味品年生产能力30万吨，米面年加工能力50万吨。全国成立近400多个销售分公司和3 000多家分销商，形成了覆盖全国的市场营销网络。

“党建红 鲁花香”，鲁花集团强化党建引领，以爱心、创新文化为纲领，推动企业高质量发展。集团党委依托党建厚植企业发展沃土，树立党员先锋旗帜，通过抓党建、强发展，保证集团30多年来行稳致远。公司先后荣获“国家科学技术进步奖”“中华慈善奖”“山东省省长质量奖”“全国实施卓越绩效模式先进企业”“中国粮油最受尊敬企业”“最具传播价值中国民族品牌”“全国五一劳动奖状”“全国脱贫攻坚先进集体”“全国先进基层党组织”等重大荣誉。世界品牌实验室权威公布，2023年鲁花品牌价值达到475.82亿元。

（一）实践做法

1.科技创新引领

鲁花集团历经6年艰辛探索，成功研发出独特的5S纯物理压榨工艺，该工艺具有物理压榨、生香留香、无水化脱磷、恒温储存保鲜及去除黄曲霉素等五大技术优势，既保留了花生的浓香，又去除了有害成分，为鲁花集团的发展奠定了坚实基础。鲁花与国内各大花生科研院所进行产学研合作，如“高油酸花生油加工与增值利用技术研发”项目的及时启动及推进等，成功研发出一系列高油酸、高产量、高含油量的花生新品种，并建设了高油酸花生良种繁育基地，推动了我国花生良种的更新换代。

2. 全产业链布局

鲁花集团在全国多个花生产区建立了高油酸花生种植产业集群和花生种植原料基地，通过土地流转、带动就业、合作种植、保底收购等多种形式，与农民形成紧密的利益联结机制，保障了原料的稳定供应和品质。鲁花集团拥有多个生产基地和销售分公司，形成了覆盖全国市场的营销网络。同时，鲁花还注重生产过程的规范化和标准化，建立了完善的质量检测机制，确保产品的安全、健康和高品质。

3. 品质坚守与提升

鲁花集团建立了完善的质量管理体系，从原料收购到成品出厂，每一个环节都严格把关，拒绝化学溶剂残留与高温精炼，确保产品的新鲜度和营养价值。鲁花采用数字化管理模式，实施产品质量追溯系统，确保产品质量的持续稳定。同时，鲁花还通过市场调研和顾客信息反馈，持续优化产品质量，提升用户满意度。鲁花集团将企业发展与国家战略紧密结合，把健康放在首位，践行“健康中国”战略，信守“绝不让消费者食用一滴不利于健康的油”的承诺。

4. 独具特色的文化思想

“滴滴鲁花，香飘万家”“中国味，鲁花香”，几十年来，鲁花产品以其卓越的品质赢得了无数消费者的喜爱和信赖。好产品源于好工艺，好工艺源于好文化，好文化成就好企业。鲁花创始人孙孟全提出了“球体核心论•人生定位之道”，鲁花的核心价值观是“明道多德，利人为公，先爱他人，以德取得”。通过几十年如一日的战略定力持续推进、不断精进，形成了支撑鲁花持续发展的四大优势，即质量品牌优势、人才团队优势、绩效分配制度优势和企业道德文化优势。

5. 积极履行社会责任

鲁花集团积极履行社责任，在教育、扶贫、环保、灾害救助等公益事业中展现鲁花担当。先后捐资3 500万元建起姜疃镇鲁花中心小学和丰台中学。在2020年抗击疫情过程中，集团第一时间捐赠2 000万元用于疫情防控与救治。集团成立

"大爱鲁花、情满中华"党员志愿服务队，积极投入到脱贫攻坚等急难险重任务中，组织员工开展多项社会志愿服务，真正把"鲁花香"送进万家、洒向社会。

二、成效亮点

1. 品牌影响力显著增强

鲁花集团已经成为中国食用油领军品牌之一，其产品线不断拓宽，涵盖了食用油、调味品、米面等多个领域。同时，鲁花还获得了多项国家级荣誉和认证，如"国家科学技术进步奖""国家首批'放心油'""中国食品安全承诺奖"等。

2. 经济效益持续增长

鲁花集团的销售收入和利润连续多年保持增长态势，年销售额近400亿元，年产花生油超过100万吨。同时，鲁花还通过全产业链布局和科技创新，降低了生产成本，提高了产品附加值和市场竞争力。

3. 社会效益显著

鲁花集团的发展带动了当地及周边地区的就业和经济发展，解决了农村富余人员的就业问题。同时，鲁花还通过土地流转、合作种植等方式，带动农民增收致富，为乡村振兴做出了积极贡献。

三、经验启示

1. 坚持创新驱动发展

科技创新是鲁花集团高质量发展的核心驱动力。鲁花通过持续投入研发资金和技术力量，不断推出新技术、新产品和新模式，推动了企业的快速发展和转型升级。

2. 注重全产业链协同发展

鲁花集团注重全产业链的布局和协同发展，从原料基地建设到生产加工体系再到销售网络构建，每一个环节都紧密相连、相互支撑。这种全产业链的发展模式有助于提升企业的整体竞争力和抗风险能力。

3. 坚守品质与安全底线

品质和安全是鲁花集团发展的生命线。鲁花始终坚守“绝不让消费者食用一滴不利于健康的油”的初心，通过完善的质量管理体系和数字化管理手段，确保产品的安全、健康和高品质。这种对品质和安全的坚守赢得了消费者的信任和口碑。

4. 良好的企业文化价值观

道德是一切文化的根基和灵魂。鲁花用成功的实践经验表明，做人、做事、做企业完全可以走道德这条路，只要出发点是利人为公、先爱他人、行善积德的价值观，是完全能够成就一番事业的。鲁花用事实证明，把中华优秀传统文化和习近平新时代中国特色社会主义思想运用到企业管理中也是行得通，很管用的。

第六章
民营经济高质量发展：中国式现代化的历史使命

改革开放，是当代中国最显著的特征、最壮丽的气象，中国在强国建设、民族复兴的伟大征程上取得了历史性、革命性、开创性的伟大成就。民营经济作为我国经济的重要组成部分，既是改革开放的重要成果，也是推动改革深化不可或缺的力量，一路风雨、一路高歌，经历了爬坡之艰，克服了涉滩之险，呈现出多方面的强劲发展新态势（参见附件一），[187]并发挥了极其重要的作用。

新起点开启新征程，建设中国式现代化离不开民营经济的大发展。从中国式现代化特征来看，民营经济的发展凝聚了建设中国式现代化的磅礴伟力，是实现全体人民共同富裕的重要途径，是促进人与自然和谐共生的关键抓手，是走和平发展道路的重要途径。[188]从法理上看，实现中国式现代化不能没有民营经济；从建设现代化强国目标来看，经济总量的做大需要民营经济；从更多现实情况来看，走在创新国家前列与实现国家长治久安更需要民营经济。①另外，从现实情况看，截至2024年9月底，中国实有民营经济主体总量达18 086.48万户，占到了经营主体总量的96.37%，同比增长3.93%。中国民营经济在稳定增长、促进创新、增加就业、改善民生等方面的贡献日益突出。②

---

① 韩保江：实现中国式现代化离不开民营经济大发展，网易网 https://www.163.com/dy/article/I7MDM5LB05128EJD.html

② 稳定增长、促进创新、增加就业、改善民生 民营经济贡献日益突出，央视网 https://jingji.cctv.com/2024/11/06/ARTIWOogV0022sXsKiIr2EHD241106.shtml

畅想新未来，高质量发展是全面建设社会主义现代化国家的首要任务，是中国式现代化的本质要求。民营经济作为中国式现代化的生力军，在面对诸多不确定因素与挑战的同时，更当牢固树立改革可期、改革必成的战略自信，多措并举激发活力，塑造高质量发展新优势，不断创新路径、压实责任，防范化解重大风险，以肩负起更大使命、承担起更重责任、发挥出更大作用，真正扛起新形势下的历史使命。

第一节　民营经济高质量发展机遇与挑战

一、民营经济高质量发展的机遇

中国式现代化具有系统性、全面性，包括经济、政治、文化、社会、生态文明等维度，其中经济现代化是实现中国式现代化的物质保障和有力支撑。民营经济高质量发展的程度直接体现了我国的综合经济实力、市场活力和群众购买力，也体现了应对当前各种冲击的支撑力和发展韧性。[189]中国式现代化的推进，为民营经济发展带来了认知机遇、趋好机遇、立法机遇、开放机遇等多种机遇。

（一）认知机遇：党中央高度重视民营经济为民营经济高质量发展提供战略支撑

党中央对民营经济的认知层次不断提升，为民营经济高质量发展提供了理论支撑与政策支持。改革开放以来，从个体经济、私营经济是公有制经济必要的和有益的补充到非公有制经济是“我国社会主义市场经济的重要组成部分”，进而到始终坚持“两个毫不动摇”的深刻转变，其背后是党中央对民营经济的认识不断深化，是民营经济在推动经济持续发展、提高群众收入、提升人民生活水平和质量等方面发挥重要作用的实践结果。党的十八大以来，我们党加强顶层设计，强化政策引导，陆续出台了一系列重要文件（参见附件二），为民营经济健康发展提供了有力政策支持和制度保障，同时进一步明确指出，“民营经济是我们党长期执政、团结带领全国人民实现‘两个一百年’奋斗目标和中华民族伟大复兴中国梦的重要力量”，[190]因此，民营经济的高质量发展，不仅是推动中国经济转型升级的重要力量，更是实现经济持续健康发展的关键所在。

（二）趋好机遇：中国经济长期向好的趋势为民营经济高质量发展提供稳定环境

在实现中国式现代化进程中，我国经济长期向好的基本面没有变，经济发展面临结构调整和转型升级，而民营经济在推动国内国际双循环中扮演了关键角色，促进了生产要素的有效流通和区域经济的发展，增强了经济的韧性；民营经济也是我国改革开放最重要的增量改革，40多年来从小到大、从弱到强，撑起了中国经济的半壁江山，成为推动经济增长的“千斤顶”和繁荣市场经济的“生力军”，将随之迎来重大历史机遇。为了推动整个国民经济持续健康发展，党和国家持续优化民营经济发展环境、加大对民营经济的政策支持力度、强化民营经济发展法治保障、持续营造关心促进民营经济发展的社会氛围，支持民营企业改革发展壮大，激发民营经济发展活力。我国拥有独特的制度优势、党的坚强领导的政治保障以及集中力量办大事的政治优势，全面深化改革也将不断释放更大的发展动力和潜力，政策措施不断调整优化，宏观调控能力不断增强，同时还拥有庞大的市场需求、稳定的外部环境等，这些都为民营经济的高质量发展提供了良好的条件和氛围。[189]

（三）立法机遇：制定民营经济促进法为民营经济高质量发展提供有力法治保障

制定民营经济促进法，能将实践中促进民营经济发展壮大的好的经验做法进一步规范化、法制化，可以有效提高相关制度措施的连续性和稳定性，为民营经济发展提供法治保障；同时，通过法律规范引导民营经济组织及其经营者依法经营，自觉履行社会义务，并不断提升其法治意识和风险防范能力，能为民营经济高质量发展筑牢法治之基。2024年10月10日，司法部、国家发展改革委公布《中华人民共和国民营经济促进法（草案征求意见稿）》，向社会公开征求意见。该草案将坚持“两个毫不动摇”明确为法律制度，以立法形式向社会表明这是国家长期坚持的大政方针，进一步释放促进民营经济高质量发展的鲜明信号。制定民营经济促进法，是党的二十届三中全会作出的重要部署；国家为促进民营经济发展专门启动立法，传递出党和国家支持民营经济发展的坚定决心，将更好发挥法治固根本、稳预期、利长远的保障作用，[191]意味着对民营经济发展规律认识达到新高度，是民营经济高质量发展历程中的重要里程碑。①

（四）开放机遇：共建"一带一路"为民营经济高质量发展提供国际竞争新优势

市场经济是开放经济，而开放则是中国式现代化的鲜明标识。面对单边主义、保护主义的蔓延，中国在"一带一路"倡议指引下，正坚定推进高水平开放。其中，产业国际化是共建"一带一路"的重要方面，将为民营经济高质量发展提供国际竞争新优势。以非洲为例：非洲大陆人口众多，市场规模、生产力要素潜力巨大，民营企业在非洲共建"一带一路"国家建设国际产能合作标准工业园，可以发挥"一带一路"的引领作用，促进资金、技术、人才、管理等生产要素与非洲发展中国家交融合作，打造我国参与国际合作和竞争的新优势②。同时，我国民营企业通过主动参与全球化竞争，利用国内外基础设施融入全球产业链，吸纳、用好全球资源要素，在探索高质量发展的过程中，必须经受住国际市场和国际竞争的检验，并能运用自身行业引领性对外输出标准。③因此，共建"一带一路"并不断提升国际合作与竞争优势，也是民营经济高质量发展的必由之路。

二、民营经济高质量发展的挑战

随着经济全球化和信息化进程加快，以及国际国内环境的严峻变化，民营经

---

① 王其江：以高质量立法推动民营经济高质量发展，中金在线网 http：//3g.cnfol.com/news/guandianpinglun/20241011/30968145.shtml

② 打造我国参与国际合作和竞争的新优势，人民政协网 http：//www.rmzxb.com.cn/c/2021-03-07/2803613.shtml

③ 北京民营经济高质量发展机遇在哪，北京商报网 https://www.bbtnews.com.cn/2024/0826/527129.shtml

济发展的传统结构、模式、优势和动力正在加速重构，我国民营经济高质量发展也面临着诸多复杂挑战。

（一）创新驱动与数智转型：新旧动能转换挑战

新旧动能转换的过程，既是培育新动力和新动能的过程，也是各种风险和矛盾加快释放的过程。[192]我国民营经济增长新旧动能转换，正面临着传统产业产值比重较大、产业链尚不成熟、服务业增速放缓，以及高新技术产业产值比重偏低等产业转型升级的挑战；同时也面临着数智转型投入高与不敢转、不会转等难题，以及科技创新能力不强、创新竞争激烈、科技创新人才储备不足、品牌创新力度不够等创新动能的挑战。[193]另外，生产性服务业发展相对滞后，相对突出的资源约束与环境污染问题，以及缺乏与新动能相匹配的金融服务体系等，也是民营经济增长新旧动能转换面临的突出挑战。要克服这些挑战，不仅需要发挥互联网和数字技术对经济发展的放大、叠加、倍增作用，还需要以信息化培育新动能、用新动能推动新发展，并通过创新驱动与数智转型，不断提高全要素生产率，持续赋能民营经济高质量发展。

（二）融资困境与市场准入：资金流动性挑战

资金流动性问题是制约民营经济发展的主要挑战之一。这不仅涉及民营经济对资金需求的规划和使用，以及面临的金融支持渠道少、社会资本投资热情减弱等问题，还包括它们在资本市场的弱势地位和融资渠道的局限性。这种挑战表现为投资机会不平等和融资困难两个方面，深刻反映了资本市场与实体经济融合过程中的深层次矛盾。[194]一方面，尽管政府已出台多项扶持政策以促进民营企业融资，但在具体实施层面，这些政策的实际落地效果并不尽如人意。银行部门基于风险控制考量，对民营企业特别是中小型企业的贷款审批持保守态度，使得融资难、融资贵的问题依然困扰着大量民营企业。另一方面，融资渠道的市场准入局限性也是不容忽视的障碍。中小企业往往缺乏足够的资产作为抵押，难以达到传统银行的贷款标准，同时，民间融资渠道也因经济波动和监管趋严而受到限制，存在着明显的银企信息不对称现象，“不敢贷”“不愿贷”“不能贷”的情况，[195]也进一步加剧了融资困境。

（三）人才短板与流动壁垒：人才战略与公平竞争挑战

人才短缺与流动问题，是影响我国民营经济高质量发展的重要挑战之一。这些问题体现在人才的吸引、留存、评价、激励以及适应外部环境变化等方面。首先，相较于大型国企或外资企业，部分民营企业在品牌知名度与综合实力上略显薄弱，这直接导致其在高端人才市场上的吸引力不足，缺乏专业人才，离职、跳槽现象也较为普遍，难以稳固一支高素质的核心团队。[196]其次，人才评价体系与激励机制的缺陷限制了民营企业的发展，如现有的人才激励机制形式比较单一，缺少目标激励、关怀激励、榜样激励、竞争与评比激励、培训激励、薪酬激励等综合激励体系，难以反映人才的真实价值，评价导向不够合理，分配激励亟待完善。再次，社保、医疗、户口、教育、购房、购车等人才能够享受到的一些公共服务，存在政策一刀切、保障机制缺失问题。若相关政策配套不到位，出现区域严重失衡，就会形成人才流动壁垒，并导致更多的人才公平竞争挑战。

（四）合作瓶颈与资源制约：民营经济健康发展挑战

民营经济在追求健康发展的过程中，尤其是在探索中高端科技领域时，可能面临合作机会欠缺的困境，还会碰到有效资源不足或者过度资源利用等问题。这些都直接关系到其能否成功获取关键资源、实现技术突破和产品创新，影响到民营经济健康发展。具体表现如下：一是民营企业在与资源丰富的大型国有企业竞争时，因规模小和资源有限，常在吸引高质量合作伙伴时处于不利地位。二是对于初创类民营企业，受信誉和知名度不足的影响，在项目成功率和创新成果的市场潜力上有较大挑战。三是资金的短缺和政策法规的门槛，尤其是资金不足会直接限制合作的广度和持续性。同时，民营企业在风险管理方面相对不成熟，可能导致其在面对合作风险时采取过于保守的态度，从而错失宝贵的合作机会。[197]

（五）多维任务与重要目标：民营经济发展壮大挑战

促进民营经济发展壮大，是深入贯彻党中央决策的重大要求，也是加快推动高质量发展的关键支撑。民营经济在上规模、提质量不断发展壮大的过程中，将会面临多维任务与重要目标的瓶颈制约。从任务视角看，各地政府需要持续完善支持政策体系、求真务实解决实际问题、想方设法促进民间投资、加强协调配合形成合力等，打通影响民营经济的障碍点；①从目标视角看，高质量发展、中国式现代化、新科技革命和产业革命、国际市场新形势等都对民营经济发展壮大提出一系列更高的要求[198]。因此，民营经济工作是一项系统工程，涉及面广、政策性强，我们必须着力破解其中存在的突出矛盾和制约因素。民营经济在中国式现代化进程中扮演着重要角色，必然会受到其所担负经济、社会、文化和政治领域等多维目标、任务的影响和制约。为了突破这些限制，我们必须从讲政治的高度来认识、把握民营经济在现代化建设全局中的重要地位和重要作用，切实增强政治自觉、思想自觉和行动自觉。

① 河南省促进民营经济发展壮大厅际联席会议第一次全体会议召开，大河网 https://news.dahe.cn/2024/11-01/1841096.html

第二节 民营经济高质量发展的优势营造

在新征程上把坚持高质量发展作为新时代的硬道理，并实现民营经济“质的有效提升和量的合理增长”新目标，民营企业必须善于抢抓发展机遇，有效应对挑战，主动营造和发挥新型政党制度、现代化产业体系、数字经济、现代商会、统一战线等高质量发展新优势。[199]

一、新型政党制度优势

政党制度是现代国家政党与政权、政党与社会、政党与政党等关系的综合反映。中国新型政党制度既不同于西方的多党制，也区别于有的国家的一党制，实现了对旧式政党制度的多重超越，创造了一种崭新的政党制度，开创了人类政治文明新形态。[200]新征程新使命，持续发挥中国新型政党制度的独特优势，对于助力民营经济高质量发展目标的实现具有重要实践意义。

（一）新型政党制度是中国特色社会主义民主政治的重要组成部分

2018年全国政协第十三届一次会议将中国共产党领导的多党合作和政治协商制度表述为“从中国土壤中生长出来的新型政党制度”。[201]毫无疑问，新型政党制度是中国共产党的伟大政治创造，具有执政与参政互动耦合、政党与人民利益统合、协商与统一有机结合的独特优势；[202]新型政党制度也是习近平总书记对中国共产党领导的多党合作和政治协商制度的新定位，是中国特色社会主义民主政治的重要组成部分。从内在机理来看，中国新型政党制度，初发于对马克思主义政党理论的继承发展、积淀于近代中国政党政治的历史演变、传承于中国共产党对政党制度的探索、来源于中华传统和合文化的丰厚滋养；从独特优势来看，中国新型政党制度克服和避免了旧式政党制度的诸多弊端，在利益代表、党际关系、决策施政方面彰显出独特优势；从实践进路来看，新时代坚持和完善中国新型政党制度，应始终坚持和完善中国共产党的全面领导，加强民主党派自身建设以提升其履职尽责能力，不断优化中国新型政党制度的运行机制，着力提升中国新型政党制度的国际影响力。[200]为此，党的二十大指出要发挥我国社会主义新型政党制度优势。我们坚信在为实现中国式现代化新征程上，中国新型政党制度必将焕发出新的生机和活力，作出新的更大贡献。

（二）持续发挥新型政党制度的巨大优势助推民营经济高质量发展

政党制度之间的分野源于政党与社会、政党与政权、政党与政党三对关系的不同构造，而中国新型政党制度交融于马克思主义政党理论与中国的具体国情，成长于中国特色社会主义的伟大实践，其“新”就在于其拥有以人民为中心的价值优势、“一体多元”的结构优势、系统集成的机制优势、全程贯通的民主优势等。[203]相比旧式政党制度，中国新型政党制度具有鲜明的中国特色和中国风格，在多个方面实现了对旧式政党制度的多重超越，如：从“利益代表”视角看，确定了以人民利益而非少数人利益为价值取向；从“党际关系”视角看，确定了以团结合作而非分裂对抗为基本形式；从“决策施政”视角看，确定了以政治协商而非党派斗争为根本途径。[200]中国新型政党制度是中国的伟大政治创造，是对人类政治文明的重大贡献。实践证明，中国共产党始终高度重视包括民营经济在内的统战工作。在踔厉奋发新征程、奋力实现高质量发展的时代背景下，我们必须深入贯彻落实习近平总书记关于做好新时代党的统一战线工作的重要思想，持续发挥好新型政党制度的巨大优势，将中国共产党关于鼓励民营企业坚定发展信心、厚植家国情怀，转方式、调结构、做实业，自觉走高质量发展路子的好声音传播出去，汇聚各方智慧，推动民营经济加快转型，实现民营经济高质量发展。[204]

二、现代化产业体系优势

现代化产业体系作为我国现代化经济体系的有机组成部分和重要支撑，既关系国家经济工作战略部署的重点任务，也必将成为贯穿中国式现代化道路全过程的长期任务。党的二十大报告将“建设现代化产业体系”作为加快构建新发展格局，着力推动高质量发展的重要组成部分。[205]因此，为推动民营经济高质量发展，必须发挥好现代化产业体系这一现代化国家的物质技术基础优势。

（一）现代化产业体系开启高质量跨越式发展新引擎

2023年12月召开的中央经济工作会议提出，“必须把坚持高质量发展作为新时代的硬道理”。“硬道理”这三个字，强调的是本质、是方略，强调了科学论断毋庸置疑的地位，也传递出贯彻科学论断的坚定决心。把高质量发展确定为新时代的“硬道理”，既是适应中国社会主要矛盾变化的历史使然，也是应对复杂国际环境、统筹我国发展与安全的现实使然，更是遵循经济发展规律、推动从量变到质变的逻辑使然，①体现除以发展为重心的进取信号。2024年政府工作报告提出“大力推进现代化产业体系建设，加快发展新质生产力”的工作任务，为建设现代化产业体系指明了发展的路径与着力点，即以科技创新引领新质生产力发展，建设现代化产业体系。现代化产业体系包括未来产业与战略性新兴产业，其范畴和发展趋势：一是以人工智能、量子信息、移动通信、物联网、区块链为代表的新一代信息技术加速突破应用；二是以合

① 高质量发展是新时代硬道理，扬子晚报网 https://www.yangtse.com/content/1821081.html

成生物学、基因编辑、脑科学、再生医学等为代表的生命科学领域孕育新的变革；三是融合机器人、数字化、新材料的先进制造技术正在加速推进制造业向智能化、服务化、绿色化转型；四是以清洁高效可持续为目标的能源技术加速发展将引发全球能源变革；五是空间和海洋技术正在拓展人类生存发展新疆域。[206]可以看出，现代化产业体系由颠覆性技术而生，代表了未来竞争优势，并开启高质量跨越式发展新引擎。

（二）构建现代化产业体系优势支撑民企高质量发展

产业不落实，发展就落空。惟有加快构建符合民企实际、时代特征的现代化产业体系，打造更多发展新优势，才能支撑民企高质量发展。为此，必须落实好现代化产业体系建设的两大实践向度。一是切实锚定“大幅提升全要素生产率”的实践向度。全要素生产率（TFP）是生产要素中除资本和劳动要素之外的其他要素对经济增长的贡献，亦称“索洛残值”。总的说来，影响全要素生产率提升的主要因素，包括技术进步、技术效率、资源配置效率和制度变迁。关注“全要素生产率提升”，实际上就是变依赖要素投入增长的粗放型增长方式为技术创新、优化资源配置内生性驱动以及体制与制度改革红利驱动的内涵型增长；应强化的现代化产业体系实践方向，核心是高水平科技自立自强与高水平对外开放，关键是充分释放宏观制度改革的红利，目标是持续推进高端化、智能化、绿色化技术的产业推广应用，进而支撑民企高质量发展。二是正确处理“现代产业与传统产业发展关系”的实践向度。现代产业与传统产业发展关系，简单反映为资源在产业间配置状态以及产业间技术经济联系，其优化形态则表征为产业结构合理化与高级化。产业结构合理化是产业结构高级化的基础，脱离合理化的产业结构高级化，可能导致“产业空心化”。中国目前正处于向第二个百年奋斗目标进军的关键时期，从产业结构的演化趋势来看，存在“工业化趋势过快”问题，而具有“专业性强、创新性活跃、产业高度融合、带动就业作用显著”等特征的生产性服务业则发展潜力巨大。[207]这无疑也为加快民企高质量发展留下了巨大空间。

三、数字经济优势

数字革命成为世界百年未有之大变局的关键变量，伴随着大数据、人工智能、移动互联网、物联网等技术对人类生活与商业的渗透，人类已进入了数字时代。从应对逻辑看，中国分别抓住五次重大趋势性变革机会，即商品化、市场化、城镇化、全球化、数字化的重大变革机遇，成功应对经济波动的风险挑战（参见图6–1）。[208]随着互联网、大数据、人工智能等各种高新技术的持续更新迭代，各行业领域逐渐呈现出网络化、智能化、数字化的发展趋势；同时，全球市场竞争格局也开始步入全新的加速重构阶段，使得数字化技术手段逐渐成为全球各国经济变革的核心驱动力量。[209]以《中华人民共和国国民经济和社会发展第十四个五年规划和2035年远景目标纲要》和《“十四五”数字经济发展规划》两个文件为核心，加上更具有区域特色的地方政府文件和其他作为新时代行为规范的法律法规，逐渐形成了数字化转型指导文件体系（参见图6–2）。①从中央到地方的数字化蓝图是日渐清晰的，资源和行动会更加聚焦，为民营企业提供了新的发展空间，对民营经济高质量发展具有显著的促进作用。

图6–1　中国应对经济波动经历的五次重大趋势性变革

① 数字人才发展体系：粮仓模型白皮书，极客邦科技双数研究院

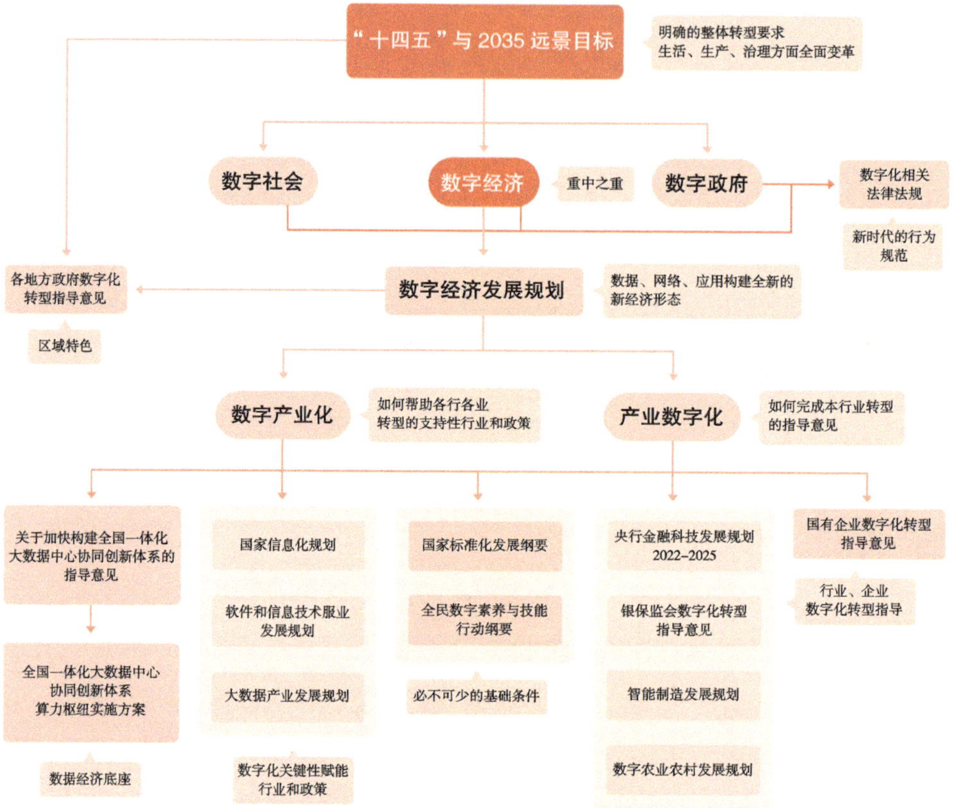

图6-2 数字经济的文件体系：覆盖完整与体系成型

（一）促进数字经济与民营经济的高质量多维度融合

数字经济的概念自20世纪90年代末期逐渐兴起，并经历了从简单的数字化转型到全面的经济生态系统的演变过程。数字经济发展的基本属性，主要体现在三个方面：一是数字经济发展的特性属性，包括高技术特性、高渗透特性、高融合特性、高增长特性和高安全特性；二是数字经济发展的变革属性，包括质量变革、效率变革、动力变革、管理变革、治理变革等属性；三是数字经济发展的路径属性，包括平台化、智能化、生态化、人性化、共享化等路径属性。[210] 随着数字经济的迅猛发展，其"路径属性"也无处不体现着数字经济所主导的、与民营经济融合的多维路径趋势；在数字化时代，数字经济与民营经济的高质量融合，自然成为推动民营经济高质量发展的重要途径。为此建议，通过政府和行业持续优化融合的制度环境，如加快制定和修订与数字经济相关的法律法规、行业内部推动技术标准的统一和可操作性；不断加大技术投入和创新力度，如构建一个全面的技术更新支持体系，通过加大资金支持和政策优惠力度来协助中小型民营企业进行技术升级；多元协同推进民营企业数字化进程，如政府为中小型民营企业提供资金补贴和税收优惠，减轻它们在市场准入阶段的经济压力；多渠道培育复合型数字人才，如政府和企业共同加大对数字技术教育和培训的投入等系列措施，[211]以确保数字经济与民营经济的高质量融合。

（二）聚焦数字经济打造民营经济高质量发展新引擎

中国是全球数字化转型的推动者、贡献者。预计到2035年，中国数字经济规模占GDP比重将达到71.6%，人工智能产业规模有望达1.73万亿元，全球占比从目前的10%提升至30.6%。①数字经济不仅改变了传统的商业模式和经济结构，还为民营经济在市场机会拓展、运营效率提升和竞争格局重塑等方面带来了良好机遇与发展优势。[210]《2022中国民营企业数字化转型调研报告》显示，我国民营企业的数字化转型还处于起步阶段，数字化转型企业覆盖率低，仅有25%的民营企业开展了数字化转型，聚焦数字经济打造民营经济高质量发展新引擎，已成当务之急。从宏观视角看，建设数字中国是数字时代推进中国式现代化的重要引擎，是构筑国家竞争新优势的有力支撑。一个“重要引擎”，一个“有力支撑”，足以说明数字化在未来经济发展中的分量之重，通过数字技术赋能，民营经济可以更快提升自身效率，增强其整体竞争力；通过数字技术结合，可以提升民营企业产品品质，并能让其产品附带更多功能，让市场更加广阔；通过数字技术融合，可

---

① 中国发展为动荡世界注入确定性，中国网 http://www.china.com.cn/txt/2024-11/01/content_117520548.shtml

以解决民营企业发展中的诸多现实痛点难点问题，并有助于扭转传统经济中民营企业的弱势地位。从微观视角看，民营企业投身高质量发展，既是新时代赋予的客观使命，也是续写中国式现代化新篇章的主观自觉，需要从强化大众数字素养的普遍落地、数字技术与实体经济的深度融合、数字平台功能的优化提升、数字惠企服务的便捷暖心、数字产业生态的开放共赢等更多细分措施入手，不断形成民营经济高质量发展合力。[212]由此，聚焦数字经济打造民营经济高质量发展新引擎，不再是一道选择题，而是一道必答题。

四、现代商会优势

现代商会具有得天独厚的优势，是政府和企业之间的桥梁；其使命也很清楚，就是促进新型政商关系，促进地方经济发展，促进地方招商引资，同时助力民营经济高质量发展，促进民营企业家健康成长。

（一）现代商会是企业和政府之间的桥梁

中央和国家层面高度重视现代商会组织的建设，这既充分肯定了商会组织在促进我国经济和社会发展中所发挥出的作用，同时也赋予了我国现代商会组织更加艰巨的职责和使命；而中国市场经济的不断发展与政府职能转变的加快推进，从更高认知层面促使现代商会的重要性日益凸显。与西方商会相比，中国现代商会既具有沉厚的文化软实力与活跃的区域协同力，又具有“三性（统战性、经济性、民间性）统一”的独特优势，担当着“服务员”“宣传员”“联络员”“监督员”等多个角色，在招商引资、宣传政策、提供服务、反映诉求、维护权益、加强自律及公益捐赠等方面发挥积极作用，[213]是企业和政府之间的桥梁。这些优势的有效发挥，一方面能够协助政府进行行业管理和市场监管，通过制定行业规范和自律准则，规范企业行为，维护市场秩序；另一方面能够为企业提供有效交流合作的平台，通过及时传达政府的政策法规，帮助企业更好地理解和适应政策变化，避免因不了解政策而陷入经营困境，同时能更好探明现代商会发挥重要作用的可能路径。[214]

（二）全联直属商会综合影响力持续增强

统战性、经济性、民间性有机统一是党中央对全国工商联所属商会功能属性的明确定位。在全国工商联的领导下，全联各直属商会以建设中国特色一流商会为目标，努力建设成为政治引导、经济服务、诉求反映、权益维护、诚信自律、协同参与社会治理的中国特色商会组织，[215]不断加强规范化建设，提升工作质量和效能，以久久为功的恒心，敢于破圈的闯劲，主动整合多方资源，重点聚焦行业特色，讲好品牌故事，其自身综合影响力得到持续增强。数据显示，截至2024年2月，全国工商联31家直属商会班子成员中民营企业家共有1 200余人，所属企业规模相对较大、行业代表性较强；会员覆盖率不断扩大，31家商会共有直属会员近2万家，联系企业5万余家；31家直属商会中共有全国先进社会组织2家，全国4A级社会组织4家，全国“四好”商会14家。各直属商会从立足行业特点、满足会员需要出发，努力搭建会员、行业、政府之间的沟通桥梁，举办系列特色亮点活动，形成特色工作品牌，投身“万企兴万村”光彩事业，助力乡村振兴和区域经济发展，积极构建和谐劳动关系，弘扬优秀企业家精神，有效推动商会建设迈上新台阶，不断促进商会提高服务企业、服务社会的水平和能力，并持续助力民营经济高质量发展。①

五、统一战线优势

2020年发布的《关于加强新时代民营经济统战工作的意见》指出，促进民营

① 以高品质“有为”谋高质量发展——全国工商联各直属商会擦亮品牌书写“两个健康”新篇章，中华全国工商业联合会网 http://www.acfic.org.cn/qlgz/gzzssh/202402/t20240229_200013.html

经济高质量发展，是民营经济统战工作的题中应有之义，是衡量工作成效的重要标准。[216]因此，在新时代新征程中，为推动民营经济高质量发展，发挥好统一战线的显著优势和独特作用不可或缺。

（一）促进民营经济高质量发展，是强化统战工作的重要体现

统一战线作为中国革命、建设和改革的一个基本问题，是中国共产党执政兴国的重要法宝。[217]民营经济是我国经济制度的内在要素和中国特色社会主义的重要经济基础，是统一战线的重要组成对象，“两个健康”也是非公有制经济领域统战的主题。[218]完善大统战工作格局，则是习近平总书记关于做好新时代党的统一战线工作的重要思想的重要内容，是做好新时代统战工作的重要保障，也是进一步全面深化改革、为推进中国式现代化凝心聚力的重要举措。[219]在党的坚强领导下，随着中国经济的高质量发展，尤其是民营经济发展规模不断扩大，一大批企业家快速成长壮大起来，党中央、国务院高度肯定民营经济和民营企业家的作用，用“56789”来形象地概括民营企业的重要性和贡献，党的民营经济统战工作也不断开拓创新，积累宝贵经验，取得新的成效。同时也应看到，进入新时代新征程，民营经济人士的价值观念和利益诉求日趋多样，民营经济统战工作面临的风险挑战也明显增多。促进民营经济高质量发展，既是加强和创新民营经济统战工作的需要，又是加强民营经济统战工作的重要体现，[204]有利于引导广大民营经济人士听党话、跟党走，以高质量发展为中国式现代化做出更大的贡献。

（二）发挥好统一战线的多维优势，推动民营经济高质量发展

统一战线具有多维优势。发挥统战政治优势，通过形成有利于民营经济发展的政策环境、法治环境、市场环境、社会环境，能为促进民营经济高质量发展优化决策提供保障；发挥统战人才优势，通过汇聚群英荟萃、智力密集的人才力量，能为促进民营经济高质量发展凝聚智力效应；发挥统战社会优势，通过有效化解

人民内部矛盾、积极凝聚市场中各方力量，能为促进民营经济高质量发展发挥协调关系作用。[220]因此，统一战线是实现中华民族伟大复兴道路上克难制胜、永续前进的重要“法宝”，我们务必统一思想，凝聚共识，深刻领会“唯实惟先、善作善成”的内在要求。要进一步提高站位，紧紧锚定“两个确保”，增强服务高质量发展的政治自觉；要进一步凝心聚力，认真贯彻党的二十届三中全会精神，不断提升服务高质量发展的实践质效；要进一步加强协作，用足资源深挖潜力，努力提高招引精度，不断取得招商引资新成效；要进一步强化政策支撑，扩大宣传影响，压实服务高质量发展的责任担当；要进一步树牢结果导向，发挥统一战线独特优势，弘扬严实作风，①助力民营经济高质量发展。

① 发挥统战法宝作用 推动经济高质量发展，大河网 https://news.dahe.cn/2024/10-30/1839552.html

第三节 民营经济高质量发展的推进路径

一、“民”字当头，下好改革创新“先手棋”

老子曰：圣人无常心，以百姓之心为心。党的十八大以来，中央更加鲜明地倡导“以人民为中心”的发展理念，高度重视民营经济发展、大力支持民营企业发展，这不仅是发展的需要，更是民生的需要。而改革创新，是根本动力，是发展引擎；“民”字当头，始终将人民“置顶”，突出民生导向，兜牢民生底线，夯实理论根基，让人民群众得实惠，把人民对美好生活的向往作为民营经济高质量发展的中心坐标，务必要从系统改革的认知视角、协同改革的政策视角和长效改革的保障视角，共同下好改革创新“先手棋”。

（一）从系统改革的认知视角不断夯实民营经济高质量发展的理论根基

民营经济波澜壮阔的发展历史，始于改革开放战略的全面实施，是我国四十多年改革开放实践的重要组成部分，是我国全面实施经济体制改革背景下出现的一种具有鲜明时代特色，并烙有深刻中国特色社会主义印记的社会生产关系和经济组织形式。我国经济能够创造持续快速增长奇迹，民营经济功不可没。新时代新征程，民营经济是推进中国式现代化的生力军，是高质量发展的重要基础，是推动我国全面建成社会主义现代化强国、实现第二个百年奋斗目标的重要力量。推动民营经济高质量发展，还需从系统改革与多个维度不断夯实其理论根基。一是把握“自己人”定位，切实落实“自己人”思想。在党的坚强领导下，坚持和落实“两个毫不动摇”，在全社会真正形成大力发展民营经济的集体共识和社会氛围，永远铲除民营经济“消灭论”“离场论”等错误思潮滋生泛滥的土壤，并在政策制定、金融支持、社会服务、法治建设等具体实践中切实落实这一思想，从根本上提振民营经济发展的信心。二是明确“竞争中性”是社会主义市场经济的重要规律。竞争中性是市场经济的基本规律，是实现“所有制中性”的基础。构建现代化的市场经济体系必须打破有限准入秩序，从制度上为市场准入、要素获取等竞争中性的真正实现创造条件。三是推动中国特色社会主义民营经济理论的进一步完善。构建中国特色的所有制理论、完善民营经济发展理论需要进一步吸收改革开放以来诸多实践中得来的宝贵思想结晶，实现马克思主义政治经济学在中国情境下的进一步创造性转化和创新性发展，最终形成与中国特色社会主义、与市场经济发展相适应的新的民营经济理论体系。

（二）从协同改革的政策视角主动破解民营经济高质量发展的重要难题

改革是破解民营企业发展难题的金钥匙，改革各领域、各环节既相互影响又相互作用、各层次与各部门之间既相互依赖又相互制约，只有注重协调共进、协同发力，同步推进配套改革，全面凝聚改革合力，才能确保改革纵深推进，取得预期成效。为了将市场准入、要素获取、公平执法、权益保护等标志性改革举措真正落实到位，还需加快实现以产业扶持为主向维护竞争和促进创新的政策目标转型，并从多个维度持续破解民营经济高质量发展的重要难题。如紧扣“市场准入”改革，可以降低行业门槛和准入条件，消除对民营企业设置的不合理限制或隐性壁垒，从而促进市场竞争、激发创新活力；紧扣“要素获取”改革，可以增加民营企业在土地、劳动力、资本、技术、数据等要素获取方面的竞争力；紧扣“公平执法”，可以严格规范对企业的处罚和罚款，降低企业经营成本，提高企业竞争力；紧扣“权益保护”，能够激励投资和创新，增强企业发展信心，吸引投资和人才，促进市场公平竞争。为此，建议从协同改革的政策视角，进一步强化政策取向上的相互配合与相互促进。一是注重提高政策的针对性，进一步完善政府部门与民营企业家面对面协商机制，根据企业最紧迫的需求出台相应举措。二是注重提高政策的稳定性，让企业有充足的准备应对政策变化，充分知晓政策、理解政策、享受政策，一些经实践证明切实有效的临时性举措可考虑转为长期政策，最大程度释放政策效应。三是注重提高政策的可及性，探索通过数字化管理手段，实现政策梳理归集、精准匹配、主动推送、快速兑现等全过程智能化，以便实现惠企政策的“快享直达”。

（三）从长效改革的保障视角全面回应民营经济高质量发展的法治期盼

众所周知，推进中国式现代化，民营经济不可或缺。这些年，“法治是最好的营商环境”之所以成为一个普遍共识，就是因为每个市场主体都希望通过法律规则体系建立公权力与私权利各自及之间的行为准则和信任基础，并且在执行法律规则的过程中，行政和司法的尺度能够保持必要的一致性、统一性、连贯性。从改革长效性看，任何一项改革必须是法治先行，只有在法律的框架内推进，才能真正建设成公平、公正、统一、高效的市场环境。另外，与政策文件或部门规章相比，立法意味着推动民营经济发展被纳入法治化轨道，通过法律形式保障民营企业家的各项合法权利，实现有法可依、有法必依、执法必严、违法必究。《中共中央关于进一步全面深化改革 推进中国式现代化的决定》提出，将制定民营经济促进法。2024年10月10日，司法部、国家发展改革委在门户网站公布了《中华人民共和国民营经济促进法（草案征求意见稿）》，向社会公开征求意见。为此，中国民营经济研究会和零点有数通过联合建立民营经济发展状况监测系统，于2024年10月依托该系统，重点就法治化营商环境、民营经济促进法立法等重要议题进行调研，形成了《民企立法应覆盖企业维权和合规建设》（参见附件三）的调研报告，并为回应征求对于国家法律法规和政策措施等的意见，及时建立畅通有效政企沟通路径开拓了新的研究方法。因此，制定民营经济促进法，不仅是对未来很长一段时间内我国民营企业和非公有制经济地位的表态，也是及时全面回应民营经济高质量发展的法治期盼，并且体现了我国执政党对下一步国家经济发展战略的思考。接下来，如何在竞争制度、融资制度、信用制度、技术支持、优化行政管理和服务等方面切实维护民营企业、促进其增长，则是一项需要全面铺开、攻坚稳进、持之以恒的艰苦而重要的工作。

二、“质”字为要，下好品牌管理“关键棋”

品牌的塑造是一个战略问题，本质是塑造出企业的核心专长，从而确保企业的长远发展。品牌不仅是一个企业经济实力和市场信誉的重要标志，更是企业整体素质的综合体现。而品牌管理的常规定义是指管理者为培育品牌资产而展开的以消费者为中心的规划、传播、提升和评估等一系列战略决策和策略执行活动，是建立、维护、巩固品牌的全过程。[①]改革开放以来，党和国家高度重视品牌管理，2016年国务院办公厅发布的《国务院办公厅关于发挥品牌引领作用 推动供需结构升级的意见》就明确指出：“品牌是企业乃至国家竞争力的综合体现，代表着供给结构和需求结构的升级方向。”从2017年起，国务院又将每年5月10日设立为“中国品牌日”，向世界宣告中国以品牌建设推动高质量发展的坚定信心。因此，推进品牌强企，务必坚守质量立命，努力把好产品质量关，守好企业品牌生命线；必须以“质”字为要，促进产品附加价值的提升，不断让品牌有更高的溢价和更强的竞争力，务必为推动民营经济高质量发展下好品牌管理这一“关键棋”。

（一）创新品牌管理认知范式

品牌管理需要不断创新以适应时代的发展，从而更好地满足消费者的需求，

① 品牌管理 https://baike.so.com/doc/1412769-1493498.html

提升品牌形象和价值。基于国内学者罗贞礼的观点提出“‘一基三链’品牌管理分析框架”（参见图6-3），其中：“一基”，即“以人品为大健康品牌管理基石”；“三链”，则包括了由“样品—产品—商品”构成的品牌管理产业逻辑链，由“研发—产业化—商业化”构成的品牌管理发展逻辑链，由“品种—品质—品牌”构成的品牌管理形象逻辑链。从品牌管理的基石“人品”开始，到“产业”、到“发展”，再到“形象”，形成了完整的品牌管理多逻辑链条。事实上，品牌是基于人格魅力带来的信任与爱，是品牌的去组织化和人格化；品牌人格化，看重的是人，产品即人品、人品即商品。因此，结合民营企业在品牌管理中存在的认知问题，借鉴该品牌管理分析框架对“人品”寓意的认知强化，主动构建起以“品牌引领”为核心特征的民企创新品牌管理认知范式，对创新民营经济高质量发展的推进路径具有重要现实意义。

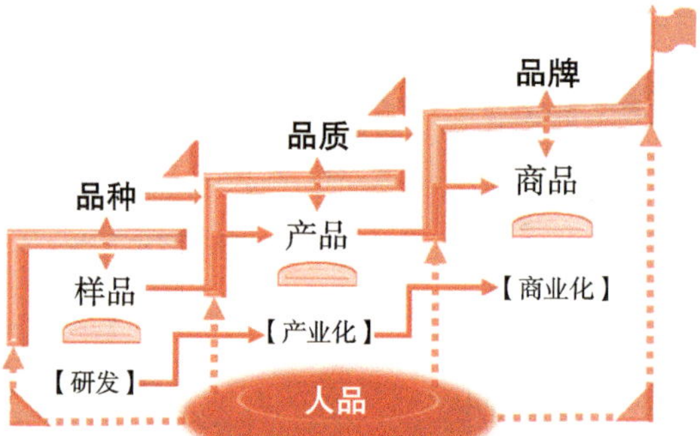

图6-3 “一基三链”品牌管理分析框架

（二）铸就品牌管理文化灵魂

文化是品牌的灵魂；品牌文化是凝结在品牌上的企业精华，具体而言是其蕴涵的深刻价值内涵和情感内涵，也就是品牌所凝练的价值观念、生活态度、审美情趣、个性修养、时尚品位、情感诉求等精神象征。[①]因此，品牌在当今商业环境

① 什么是品牌文化，如何构建品牌文化 https://www.chinapp.com/genzong/172826

中扮演着重要角色，不仅是产品或服务的象征，还代表了企业的承诺。为此，一要大力推进民企文化建设。优秀的民企文化反映出先进的管理理念和崇高的精神境界，能形成刚性约束与柔性教化互补的组织制度，并形成优秀的、能够增强员工凝聚力、认同感的品牌文化，不断提升品牌忠诚度，从而体现企业自身独特的经营行为方式。二要精心培育民企营销文化。营销文化的精髓是营销理念与其价值观。随着营销文化建设的深入和完善，民企工作重心应该也必须转移到市场营销活动上来，并逐渐进入全员营销模式，通过优化营销文化创意策略和完善内部激励约束机制，打造民企独有的竞争优势，从而助力民营经济发展水平的提升。三要加强民企诚信文化建设。诚信文化在企业经营中有着至关重要的作用，加强民企诚信文化建设，需要提升诚信服务的经营思想，以及企业对外的诚信服务质量、服务形象、服务品牌，并通过完善其文明规范化服务内容，为促进民企高质量发展提供基础支撑。

（三）丰富品牌管理行为策略

随着市场的竞争日益激烈，品牌管理行为策略的重要性也日益凸显。近年来，民企品牌发展方向发生了前所未有的改变，品牌不仅仅要理解消费者本身的需求，还要基于消费者的生活状态、互联网行为、生活中的痛点寻求与消费者更加契合的点，在实现品牌形象和信誉度提升的同时，更有效地提升品牌业绩及品牌溢价。为此，建议在品牌引领等行为策略上发力，以更好发挥品牌引领作用，推动供给结构和需求结构升级，助力民企发展方式加速由外延扩张型向内涵集约型转变、由规模速度型向质量效率型转变。一是加强品牌引领，有利于激发民企创新创造活力，促进其生产要素合理配置，提高全要素生产率，提升产品品质，实现价值链升级，增加有效供给，提高供给体系的质量和效率；二是加强品牌引领，有利于民企树立自主品牌消费信心，创造新需求，挖掘消费潜力，引领民生消费，更好发挥民生需求对经济增长的拉动作用，满足人们更高层次的美好生活与文化需求；三是加强品牌引领，有利于促进民企诚实守信，提高产品质量档次和品牌战略布局，着力提升民营经济整体素质和竞争力，主动承担保护环境、节约资源、公益慈善等社会责任，助力民营企业实现更加和谐、更加公平、更可持续的发展。

三、“融”字发力，下好实数合作“制胜棋”

从党的二十大报告要求“促进数字经济和实体经济深度融合”（数实融合），到党的二十届三中全会提出“健全促进实体经济和数字经济深度融合制度”（实数融合）的决策，虽然都是“融”字发力，但“实数融合”背后所体现的对实体经济与数字经济关系定位的理解，更强调精准。首先就表述上的变化而言，更强调实体经济在接纳、利用数字技术时的主动性和积极性，并体现出政策制定者对实体经济发展和数字化转型的重视，以及对其融合过程中实体经济主体作用的强调；其次就政策重心的变化而言，更注重实体经济如何利用数字技术实现自我提升和创新发展，从而推动整个经济体系转型升级；再次就发展要求的变化而言，更强调实体经济与数字经济的边界会逐渐模糊，其深度融合将是大势所趋。因此，推进“实数融合”，“融”字精准发力，既是推动产业基础高级化、产业链现代化的必由之路，也是应对外部环境诸多不确定挑战的战略选择，我们务必找准促进深度融合发展的现实路径，[221]共同为推动民营经济高质量发展下好实数合作“制胜棋”。

（一）以要素融合为前提条件深度改造生产函数

任何生产活动的开展都离不开生产要素的投入，随着大数据、云计算、人工智能等新一代数字技术及商业化应用的加快推进，数据成为继土地、劳动力、资本、技术之后的第五大要素，对于包括制造业在内的国民经济各行业创造的价值越来越重要，并深刻影响着生产函数的实际效用。由于不同行业、不同区域、不同群体之间的数字化基础不同，数据改造生产函数需要建立在已有数字化基础之上，并从要素替代、效用倍增、性能提升、投入延展等方面逐步深化认识；同时，通过建立基础性制度和规则、数据开放共享机制、统一监管制度等，以支持民营企业参与要素交易平台建设和规范交易平台治理。

（二）以技术融合为重要内容构筑数字化应用内核

推动实数融合，就是要通过技术融合建立制造业应用场景与数字产业之间的联系，突破数字领域基础技术和关键共性技术，不断创造实体经济高质量发展新需求。我国拥有超大规模市场优势，对数字化应用需求旺盛，各类最前沿的技术难题、最广泛的数字需求、最丰富的数据源、最多样的应用场景都集中在以制造业为代表的实体部门，亟待把制造业所需新技术、新产品的落地验证和迭代升级应用场景建立起来。另外，以信息化培育新动能，加快制造业数字化转型，用新动能推动新发展，推动实体经济和数字经济融合发展，由此催生更多具有世界影响力和全球竞争力的数字企业，将是推动民企制造业高质量发展的迫切需要，也是开拓数字经济新“蓝海”、支撑经济回升向好的迫切需要。

（三）以物理融合为关键载体形成数字有机连接与公共属性的基础设施

数字经济时代，5G基站、大数据中心、工业互联网等数字化基础设施成为联通物理空间和虚拟世界的载体，更加突出“高速泛在、智能敏捷”，推进跨行业跨界融合和互联互通。通过与制造业深度融合，进而在新型基础设施、应用模式和工业生态上推动创新发展，实现对人、机、物、系统等全面连接。从微观企业层面看，依托新型数字技术将生产各环节全部数字化、网络化。另外，工业元宇宙也将成为“实数融合”的新载体，是复杂先进的新数字化工业经济系统、智能制造的“未来形态”，既包括基础层虚实融合的工业要素，也包括应用层全系统全生命周期创新应用等，能通过强化物理世界与信息世界的联动，保障信息为物理世界服务，实现全生产要素互联、显性化智能决策与辅助生产管理，以及产品全生命周期的透明化管控，最终推动民企制造业数字化向更高层级跃升。

（四）以流程融合为核心环节加快生产系统数字化

数字经济时代，借助大数据、云计算、人工智能、物联网等数字技术，民营企业原有流程的运行模式必然发生巨大变化，会主动构建“信息化”“自动化”和“智能化”的端到端流程，由此驱动新一轮流程再造和优化。更多民营企业则通过“业务协同+数据共享”的数字化流程促进高效协同，使得生产系统越来越具有自感知、自学习、自决策、自执行、自适应等功能，真正做到以用户为中心。从某种意义上来说，数字化流程系统就是一个超级强大的“任务自动派发器”，数字化流程引擎自动地将一个个“工作任务”派发给不同岗位上的“人员”。在此过程中，业务流程和管理流程被打通，同时与数据仓形成环流，最终以数字表达的主流程进一步对接所有子流程，并实现民企生产系统的一体化大协同新格局。

四、“高”字布局，下好人才强企“活力棋”

人才是推进中国式现代化的战略性支撑，中国式现代化需要高技能人才、呼唤高层次人才、渴求高素质人才。习近平总书记在2018年参加十三届全国人大一次会议广东代表团审议时提出了“发展是第一要务，人才是第一资源，创新是第一动力”的“三个第一”思想。[222]党的二十大报告指出：“教育、科技、人才是全面建设社会主义现代化国家的基础性、战略性支撑。必须坚持科技是第一生产力、人才是第一资源、创新是第一动力。”党的二十届三中全会通过的《中共中央关于进一步全面深化改革 推进中国式现代化的决定》提出：“教育、科技、人才是中国式现代化的基础性、战略性支撑。必须深入实施科教兴国战略、人才强国战略、创新驱动发展战略，统筹推进教育科技人才体制机制一体改革，健全新型举国体制，提升国家创新体系整体效能。”对“人才是第一资源”的反复强调，愈发凸显了人才的重要性。因此，培养造就一大批德才兼备的高层次人才、高素质人才、高技能人才，既是国家和民族长远发展所需，也是新时代促进民营经济高质量发展必需。我们务必“高”字布局，切实聚焦聚力下好“人才强企”这一“活力棋”，努力在“引得进”“用得上”“留得住”方面下功夫，并真正汇聚起高质量发展强劲动能。

（一）创新形式，在“引得进”方面下功夫

为吸引更多人才推动民营经济高质量发展，首先引才载体需灵活，要善用市场化力量构建高水平引才平台，突出发挥各类民企创新平台的人才集聚作用；其次要编制人才目录，重点引进与高新技术产业、战略性新兴产业、数字经济核心产业制造业、高技术制造业等相关的中高端人才，尤其是要重视引进与民企实体产业创新发展相配套的高层次专业人才，并通过数智化赋能，实现精准引才，不断满足产业发展的新需要；再次要以“项目+人才”融合式创新为新引擎，采用“订单人才”办法，通过突破引才体制性障碍，加大柔性引才力度，不断充实人才队伍后备力量。

（二）拓宽渠道，在“用得上”方面下功夫

才者，材也，养之贵素，使之贵器。推动民营经济实现高质量发展，必须善于拓宽渠道，精准对接人才的现实需求，努力在“用得上”方面下功夫。面对不同类别、不同层次的人才群体，要优先营造“人尽其才”的良好生态，形成“人才尽来”的发展态势；要坚持人才优先导向，始终把人才资源开发放在引领发展最优先的位置，不断畅通人才成长路径，把珍惜爱护人才、充分信任人才和放手使用人才落到实处；要构建梯次合理的“金字塔型”人才结构，为各类优秀人才提供施展抱负的机会、增长才干的空间，从而构建起一整套高端人才生态体系，形成多个瞄准需求精准用才的集聚高地。

（三）优化服务，在“留得住”方面下功夫

推动民营经济高质量发展，必然离不开一支高端人才队伍的坚实支撑。为此，必须加大对人才服务优势的宣传力度，从宜居、宜业到宜创，积极主动地为各种人才提供优质服务，坚持用感情留人、环境留人、事业留人，真正在“留得住”方面下功夫。用感情留人，需要我们拥有爱才、惜才的真心实意；用环境留人，需要提高人才待遇，不断深化薪酬分配制度等的改革；用事业留人，需要我们拥有放手使用人才的博大胸怀。此外，还要聚焦提升各类人才的获得感，以更加精致贴心的个性化服务，妥善解决他们关注关心的实际问题，努力为其心无旁骛投身创业、服务发展解除后顾之忧。[①]

五、“心”字托底，下好共同富裕“长远棋”

共同富裕是社会主义的本质要求，也是中国式现代化的重要特征；共同富裕具有长期性、艰巨性、复杂性，是一个长期的历史过程。民营经济内生于民，应当既做辛勤劳动、合法经营、敢于创业的致富带头人，努力发展壮大自己，更要“心”字托底，秉持好一颗公益之心、慈善之心，富而思进、富而思源、富而思善，着力下好共同富裕“长远棋”，争做推动共同富裕的践行者，回馈社会、造福于民。

（一）融入大局，把握机遇

走向共同富裕，离不开民营企业和民营企业家的参与。民营企业和民营企业家是实践三次分配的参与者和受益者，初次分配要按市场效率原则，民营企业合

---

① 着力营造“人尽其才”好生态，人民网—中国共产党新闻网 http://dangjian.people.com.cn/n1/2019/0724/c117092-31253841.html

法经营，克服“吃大锅饭”的毛病，激发了员工创富的热情；二次分配由政府主导，通过税收、社保、转移支付等措施进行二次分配，在此过程中，民营企业以向国家照章纳税、为员工照章上社保等方式参与进来；三次分配是由社会道德驱动，民营企业在量力而行的基础上开展慈善公益和扶贫活动。民企通过主动参与国家第三次分配，将产生改善民生、缓解社会矛盾、提高社会稳定程度等外部效应，并将正向促进企业获得更包容的融资条件、更高的劳动生产率和更好的市场环境，助力民营经济实现高质量发展。

（二）练好内功，发展自己

做优、做精、做强企业是企业家的应然使命，也是企业自身的“本分”，更是为共同富裕做贡献的“正道”。为此，民企必须立足新发展阶段，贯彻新发展理念，融入新发展格局，不断发挥自身优势，提高创新能力，锻造核心竞争力，实现产业链与创新链深度融合、高效契合，在企业转型升级、产品更新迭代上下大功夫，在企业管理、技术革新、人才队伍优化等方面拓展思路，坚持依靠创新不断改进生产工艺，优化产业布局，专注“专精特新”方向，加快培育一批智能制造标杆企业，加快打造一批数字化转型“小灯塔”企业，让民营企业跑出创新发展“加速度”，为创造更多社会财富夯实稳健基础，同时不断发展自己，以更好满足人民日益增长的美好生活需要。

（三）担当责任，主动有为

共同富裕不仅是社会主义国家的核心追求，更是推动中国式现代化不可或缺的支柱。面向新征程，民营企业只有自觉把推动共同富裕作为历史使命和时代担当，并主动有为，才能更好推动民营经济高质量发展。一是民营企业必须坚守主业做强实业，强化科技创新主体地位，以及高质量的劳动致富、技术致富、经营致富等路径，不断培育和发展新质生产力，有效推动共同富裕进程；二是民营企业必须坚持以诚信廉洁、守法合规为保障，切实履行社会责任，真诚回报社会，在推动共同富裕的伟大征程中行稳致远、作出新的更大贡献；三是必须弘扬优秀企业家精神，努力在企业层面构建企业利益共同体，在社会层面践行正确义利观，在国家层面投身民族复兴伟业，全力促进共同富裕。

第四节　民营经济高质量发展的对策建议

一、充分发挥党建引领作用，助推民营经济发展壮大

（一）铸牢民营企业党组织建设的根基

一是着力扩大党组织覆盖范围。深入开展调研工作，摸清民营企业的底数以及党组织组建的实际状况。针对那些符合组建党组织条件却仍未建立的民营企业，采取多样化且灵活的组建方式，包括单独组建、联合组建以及区域统建等。例如，在产业园区、商务楼宇等民营企业集中分布的区域积极设立联合党支部，将原本分散的党员纳入统一管理体系。二是选优配强党组织带头人。注重选拔任用政治素质过硬、熟悉经营管理、具备较强组织协调能力并且在企业内部拥有一定影响力与威望的党员来担任民营企业党组织书记。通过企业内部民主推选、上级党组织选派或者面向社会广泛公开招聘等多种选拔方式，确保党组织带头人能够切实有效地引领企业党建工作，使其与企业的经营管理深度融合、紧密衔接，充分发挥示范引领作用。三是扎实推进基层党组织标准化规范化建设。严格督促民营企业党组织落实“三会一课”制度，定期组织开展主题党日活动，全面规范党组织生活，不断增强党组织的凝聚力、向心力与战斗力，使民营企业党组织成为党在企业中的坚强战斗堡垒和引领企业发展的核心力量。四是加快完善流动党员管理制度。简化民营企业流动党员组织关系转接手续流程，选择一些地市作为试点，根据实际情况在遵守党

规党纪基础上，适当给予民营企业基层党组织一定转关系的权限，让民企基层党组织都能够便捷有效地转接流动党员的正式组织关系。试行以流出地原单位或社区党组织为辅，以流入地党组织为主的双向管理模式，更好地实现流入地和流出地的双向互动，落实流动党员的流入流出登记制度，建立完善外出联系制度。

（二）推动党建工作与民企经营深度融合

一是将党建融入公司治理议事规则。构建党组织与企业管理层之间的沟通协商长效机制，积极引导民营企业党组织参与到企业的重大决策环节之中，使企业做出的重大决策紧密契合国家大政方针和政策导向。二是以党建引领企业文化建设。发挥党组织在企业文化塑造方面的引领作用，将党的先进理念、红色文化与企业文化有机融合，提炼形成积极向上、富有特色且符合企业发展需求的企业文化核心价值观。三是发挥党员先锋模范作用。在企业生产、经营、服务等一线岗位设立党员示范岗，在车间、部门等区域划分党员责任区，引导党员亮身份、作表率，以更高的工作标准、更严谨的工作态度、更优质的服务质量影响和带动身边的员工，促进企业整体工作效率和产品服务质量提升。组织民营企业党员成立志愿服务队，结合企业业务特点和社会需求，开展形式多样的志愿服务活动，在服务社会的过程中，展现民营企业党员的良好形象，提升企业的社会美誉度。

（三）强化民营企业党建工作保障机制

一是加强党建工作指导与培训。上级党组织加强对民营企业党建工作的指导，同时，组织民营企业党务工作者参加各类党建业务培训，确保党建工作扎实有效开展。二是落实党建经费保障。通过多种途径保障民营企业党建工作经费，鼓励企业按照规定将党建经费列入企业年度预算，实行专款专用。对于党建经费确有困难的民营企业，上级党组织可以通过财政补贴、党费返还等方式给予适当支持，确保党组织有足够的资金用于开展党员教育培训、组织活动、阵地建设等工作。

将民营企业党建经费纳入“两新”组织党建考评中，增强资金保障。三是建立党建工作考核评价机制。将党组织建设、党员作用发挥、党建与企业经营融合等情况纳入考核内容，定期对民营企业党建工作进行考核评估。

二、支持提升自主创新能力，增强民营经济内生动力

（一）强化知识产权保护和创新激励

一是着重加强知识产权领域的司法保护工作。积极构建并不断完善知识产权侵权快速处理机制，对各类侵权行为秉持零容忍的态度，加大惩处力度。结合民营企业创新发展实际，进一步完善知识产权相关法律体系，细化专利、商标、著作权等方面的保护条款，明确各类知识产权侵权行为的认定标准和处罚措施，适当提高侵权赔偿标准，确保赔偿的金额足以切实弥补民营企业由于遭受侵权而产生的损失。打造知识产权快速维权机制，通过优化流程、整合资源等方式，缩短维权周期，降低民营企业在维护自身知识产权过程中所耗费的成本。二是加强知识产权执法力度。整合知识产权、市场监管等多部门的执法力量，建立常态化的联合执法机制，加强对民营企业知识产权侵权行为的查处力度，提高案件办理效率。同时，畅通民营企业知识产权维权渠道，设立知识产权维权援助中心，为民营企业提供法律咨询、侵权证据收集、纠纷调解等全方位的维权服务，降低企业维权成本，增强其知识产权保护意识和维权能力。三是推动知识产权价值转化。搭建知识产权交易平台，完善知识产权评估、交易、转化等相关机制，形成知识产权创造、保护、运用的良性循环，反哺企业的后续创新投入，提升民营企业创新的内生动力。

（二）加强科技创新平台体系建设

发展新质生产力是推动高质量发展的内在要求和重要着力点。从发展新质生

产力的载体看，科技创新平台具有汇聚人才、加快科技成果转化、促进产业升级等多重优势，是促进创新链产业链融合、形成科技创新策源优势、提升区域原始创新能力、推动产业结构战略性转变的重要支撑。一是加强重大科技创新平台建设。重大科技创新平台具有投资体量大、建设周期长、整合难度高、交叉学科多等特点，是国家创新体系中的顶级“装备”，民营企业务必从优化平台布局、升级既有科创载体、形成多元化资金投入格局、鼓励多方主体协同创新、构筑开放式平台组织架构等方面入手，不断拓展重大科技创新平台建设的实施路径。二是推动公共技术服务平台建设。可由政府牵头或引导，联合高校、科研机构以及行业龙头企业，汇聚各类高端实验设备、专业技术人才等资源，因地制宜地建设一批高质量的众创空间和科技企业孵化器，共同打造面向民营企业的公共技术服务平台。三是打造产学研合作创新平台。积极推动民营企业与高校、科研机构建立紧密的产学研合作关系，通过设立产学研合作专项基金、举办产学研对接洽谈会等方式搭建产学研合作桥梁，促进双方在人才培养、技术研发、成果转化等方面深度合作，广泛拓展对外合作渠道，积极建设科技创新平台，推进科技成果转化与产业化。

（三）培育高素质科技创新人才队伍

创新是发展的第一推动力，科技创新是现代化建设全局的重中之重，而其关键是要有大量德才兼备的高素质科技人才。一是对人才引进给予政策倾斜。制定专门针对民营企业引进创新人才的优惠政策，例如，对于民营企业引进的高层次创新人才，在落户、子女教育、住房保障等方面给予与国有企业同等甚至更优厚的待遇，吸引更多优秀人才流向民营企业，充实其创新人才队伍。二是加大人才培训与培养力度。鼓励民营企业与专业培训机构、高校合作，开展形式多样的人才培训项目。同时，支持民营企业选派优秀员工到高校、科研机构深造学习，培养一批既懂技术又懂管理的复合型创新人才。三是建立人才激励机制。通过股权激励、项目分红、荣誉表彰等多种方式，充分调动员工的创新积极性，让人才在民营企业中能够获得与自身贡献相匹配的回报。

三、夯实市场经济法治制度，优化民营经济营商环境

（一）保护民企合法权益，加快制定相关法律法规

一是建立健全涉及民营经济主体的配套法律体系，加强法律法规的针对性与协调性。充分考量民营经济不同行业、不同规模企业的特点，制定贴合实际且更具针对性的专项法规或实施细则。比如，为中小微民营企业量身打造在融资、知识产权保护等关键领域的扶持性法规，切实保障其合法权益。此外，重视法律法规之间的协调统一，积极防范不同法规间出现冲突或衔接不畅的问题，避免民营企业在遵循法律规定时陷入迷茫。为此，可设立跨部门的法规协调小组，专门负责统筹协调相关工作，确保整个法律体系顺畅有序，为民营企业营造良好的法治环境。二是全面审查现有涉及民营经济的法律法规，清除不合理的条款和规定。定期对涉及民营经济的现有法律法规进行全面梳理，重点排查其中存在的与当前市场经济发展不适应、不合理限制民营经济发展或者条款表述模糊不清的内容，及时启动修订程序，确保法律法规的科学性和适用性，比如对于一些在市场准入方面曾设置过高门槛但已不符合当下鼓励民营经济发展形势的规定进行合理调整。三是建立动态的法律法规更新机制。密切关注民营经济发展过程中出现的新情况、新问题，如新兴行业中民营企业面临的特殊法律需求等，及时出台相关补充性法规，填补法律空白，让民营企业在经营活动中有法可依。

（二）优化法治环境，强化法治宣传教育

一是开展多样化普法活动。提高民营企业家和从业人员的法律意识，通过法

治教育和宣传活动增强社会对法治的认同感。利用线上线下多种渠道进行法治宣传，结合民营企业实际需求，制作针对性强、通俗易懂的普法资料，以生动形象的方式讲解与民营企业经营密切相关的法律法规，如涉及劳动用工、合同签订、知识产权保护等方面的法律要点，便于民营企业更好地理解和接受。二是培养企业内部法治文化。鼓励民营企业将法治教育纳入企业内部培训体系，定期组织员工学习法律法规知识，提高全体员工的法治意识，可通过设置内部法律知识考核、竞赛等形式增强学习效果。引导民营企业建立健全内部法律顾问制度，聘请专业律师为企业提供日常法律咨询、合同审查等法律服务，帮助企业在经营决策过程中遵循法律规定，从源头上预防法律风险，营造良好的企业内部法治氛围。三是建立民营企业法治服务平台。整合律师事务所、公证机构、司法鉴定机构等各类法律服务资源，打造一站式的法治服务保障平台，让民营企业通过该平台便捷地获取法律咨询、法律援助、公证、司法鉴定等全方位的法律服务，解决在经营过程中遇到的各类法律问题。在平台上设置常见法律问题知识库，收集整理并实时更新涉及民营经济的各类法律问题及解答，方便民营企业自行查询学习，提高其自主解决法律问题的能力。安排专业人员在平台上对国家和地方出台的有关民营经济的政策法规进行解读，帮助民营企业准确把握政策法律精神，指导其更好地运用政策法规来发展业务，比如对于税收优惠政策、产业扶持政策等方面的法律适用进行详细讲解。

（三）构建亲清政商关系，筑牢公平竞争基础

一是优化营商环境，保障公平竞争和市场准入。坚决破除不合理的准入门槛与隐性壁垒，杜绝权力寻租、利益输送等不良行为，确保权力在阳光下运行，充分发挥市场在资源配置中的决定性作用，并更好地发挥政府的引导与服务功能，共同营造风清气正、健康有序且充满活力的市场生态。消除地方保护、区域封锁和行业壁垒，确保民营企业能够平等地使用生产要素，公平地参与市场竞争。同

时，完善市场退出机制，助力资源实现合理的重新配置，着力破除制约民营经济发展的政策和制度障碍，为民营经济营造更为宽松、有利的发展空间。二是建立常态化沟通机制，发挥民营企业作用。建立政府与民营企业常态化的沟通交流机制至关重要。政府部门要认真倾听民营经济主体的诉求，切实解决他们面临的实际困难。此外，各级政府部门应当邀请优秀企业家参与涉企政策、规划、标准的制定和评估工作，充分调动企业家的积极性，使其在相关事务中发挥应有的作用，从而进一步促进民营经济健康发展。三是持续深化“放管服”改革。精简行政审批事项，不断优化审批流程，削减不必要的办事环节。在此基础上，加强事中事后监管，切实提高政务服务的质量与效率。

四、加快数字化转型步伐，赋能民营经济可持续发展

（一）构建完善的数字基础设施

一是加快数字基础设施建设。建设一体化智能化公共数据平台，推动公共数据有序开发利用。鼓励民营企业开展数字化共性技术研发，参与新型基础设施投资建设和应用创新。推广低成本、模块化智能制造设备和系统，提升企业生产效率和产品质量水平。二是网络设施升级。加大对高速宽带网络、5G网络在民营企业聚集区域的覆盖建设投入，确保民营企业能获得稳定、高速的网络连接，为数字化业务开展提供基础保障。推动网络服务质量提升，加强对网络运行状态的监测和优化，降低网络延迟和故障率。三是数据中心建设与共享。规划和建设区域性数据中心，鼓励民营企业以租用等方式使用，降低其数字化转型中的数据存储和处理成本。建立数据共享机制和平台，促进民营企业之间以及与公共部门之间的数据流通和共享，挖掘数据潜在价值。

（二）强化金融综合服务支持

一是提供数字化转型财政支持专项资金。解决企业在数字化转型过程中面临的融资难题，降低技术和资金壁垒，帮助企业实现数字化转型。对民营企业购买数字化设备、软件系统、开展数字化技术研发等项目给予补贴或贷款贴息支持，对不同规模和行业的民营企业制定差异化的补贴标准。二是实施税收优惠政策。对民营企业在数字化转型过程中的相关投入实行税收减免，如对购置数字化生产设备、引进数字化技术服务等费用，允许在企业所得税前加计扣除。对从事数字化转型相关的软件和信息技术服务企业，给予增值税等相关税收优惠，降低其为民营企业提供服务的成本。三是鼓励银行等金融机构针对民营企业数字化转型的特点和需求，开发专门的金融产品和服务。支持金融机构开展知识产权质押、数据资产质押等新型融资方式的试点工作，帮助拥有自主知识产权或大量数据资产的民营企业将无形资产转化为可用于融资的有效抵押物，拓宽企业的融资渠道。完善风险评估体系，对民营企业数字化转型项目的风险进行科学评估，根据评估结果合理确定风险补偿比例，引导金融机构优先支持那些风险可控、发展前景良好的数字化转型项目。四是提供数字化培训补贴。政府组织开展面向民营企业员工的数字化技能培训项目，并对参与培训的企业给予培训费用补贴。支持民营企业与高校、职业院校、专业培训机构等合作开展定制化的数字化人才培养计划，对合作项目给予一定的资金支持或政策优惠，促进产教融合，为民营企业输送适应数字化转型需求的专业人才。

（三）推进数字化成功案例分享

一是要引导广大民营企业深刻认识数字化转型的重大意义。习近平总书记强调，要推动制造业等产业数字化，利用互联网新技术对传统产业进行全方位、全链条的改造，提高全要素生产率，发挥数字技术对经济发展的放大、叠加、倍增作用；要推动实体经济和数字经济融合发展，以信息化培育新动能，用新动能推动新发展。通过分享典型案例的数字化转型成功经验，能更好发挥其示范意义，并推动更多民企的数字化转型。二是强化推广数字化转型典型案例力度。引导广大民营企业推出数字化方案，推出更多数字化转型示范企业，不断提高其数字化能力；可由政府牵头评选、认定选出成效显著的民营企业作示范，总结提炼其经验模式，通过现场观摩、经验交流、案例宣传等形式传授转型方法、路径，带动更多民营企业开展数字化转型。三是制定激励与奖励制度。优先对示范企业给予“数字化转型示范标杆企业”证书及项目申报、资金扶持等方面优先考虑的荣誉与政策奖励，激励其持续深化转型，着力推动民企数字化转型向更大范围拓展、更深程度渗透、更高层次演进，为经济高质量发展和制造强国建设提供有力支撑。

五、多措并举畅通融资渠道，缓解民营企业融资难题

（一）拓展多元化融资渠道

在股权融资方面，进一步优化股票发行上市制度，积极鼓励更多优质民营企业进行融资。在此过程中，要强化对民营企业上市的辅导与培育工作。一方面，帮助企业提升公司治理水平，建立健全现代化的企业管理制度，使企业决策更加科学、透明；另一方面，提高其信息披露质量，确保市场投资者能够及时、准确地获取企业经营信息，从而增强市场对民营企业的信心。积极培育和发展风险投资、私募股权投资等股权投资机构，并引导其加大对民营企业的投资力度。政府设立产业引导基金，撬动社会资本广泛参与，共同为民营企业提供股权融资支持。鼓励民营企业积极引入战略投资者，通过股权转让、增资扩股等灵活方式优化股权结构。在债权融资方面，不断完善债券市场发行机制，全力支持民营企业发行各类债券，包括公司债、可转债、中小企业集合债等。鼓励中小企业充分利用创

新创业债、科创票据等固定收益创新产品的优势，发挥供应链金融资产证券化产品在稳定产业链、供应链中的独特作用，推动产业协同发展。积极鼓励信用增进机构为民营企业债券发行提供担保服务。探索发展高收益债券市场，为风险偏好较高的投资者开辟新的投资渠道，进一步拓宽民营企业直接融资来源。推动设立多层次资本市场体系，为不同规模、不同发展阶段的民营企业提供多样化的上市挂牌选择，充分满足其融资需求。在信贷融资方面，依据中国人民银行等八部门联合印发的《关于强化金融支持举措 助力民营经济发展壮大的通知》，着力畅通信贷渠道，确保民营企业能够获得稳定的资金支持。此外，发展资产证券化产品也是拓展民营企业融资渠道的重要手段。支持企业依托应收（供应链）账款、融资租赁、小额贷款等基础资产发行资产证券化产品，此类产品能够直接面向产业链上下游民营企业，精准满足其融资需求，有力协助其拓展融资渠道。

（二）优化金融服务，强化政策支持

一是强化统筹协调，落实优惠政策。着力加强各部门在政策制定与执行方面的协同配合，确保财政政策、货币政策、产业政策在支持民营企业融资这一目标上形成强大合力。深入梳理现有融资相关政策，查漏补缺，对配套政策进行优化完善，确保其能覆盖民营企业融资的各个环节，为民营企业提供全方位的政策支撑。采取有力措施推动各项融资优惠政策尽快落地见效，减少政策在执行过程中的梗阻与拖延现象，让民营企业能够实实在在地享受到政策带来的实惠。二是优化信贷管理机制。简化信贷审批流程，大力提高审批效率。充分利用金融科技手段，实现信贷审批的自动化和智能化操作，最大限度地减少人工干预环节，有效缩短审批时间，切实满足民营企业对于资金及时性的迫切需求。明确金融机构对民营企业贷款的尽职免责标准，打消金融机构从业人员的顾虑，减轻其“惧贷”心理。三是助力民营企业不同阶段发展的特色服务。持续创新金融产品与服务，开发更多样化的信贷产品，比如应收账款质押贷款、知识产权质押贷款、订单融资等。开展供应链金融服务，围绕核心企业，为其上下游的民营企业提供全方位融资支持。

（三）完善信用和担保体系

一是加强信用评价体系建设。加快构建完善的民营企业信用评价体系，全面整合税务、市场监管、法院等多部门所掌握的信息资源，从多个维度、客观公正地评估民营企业的信用状况，生成具有权威性的信用报告。金融机构依据这份信用评价结果，科学合理地确定对民营企业的信贷额度、利率水平等融资条件，对信用良好的民营企业给予更优惠的待遇。二是完善信用修复机制。针对民营企业出现的非恶意失信行为，在其主动纠正失信行为后，及时协助企业修复信用记录。在此过程中，要明确信用修复的具体条件、规范操作程序，同时设定合理的标准，并简化修复流程、提高修复效率，以此激励民营企业珍视自身信用，秉持诚信经营的理念，为其后续重新获取融资机会创造有利条件，帮助民营企业重回健康发展轨道。三是健全融资担保体系，强化担保服务能力。着重建立契合其特点的优质中小企业信用融资担保体系，加大对担保机构的扶持力度。同时，积极构建风险补偿机制，针对担保机构在为民营企业提供担保业务时产生的风险损失，按照相应比例予以补偿。四是创新担保方式，分散担保风险。鼓励担保机构突破传统保证担保的局限，积极开展多种形式的担保业务创新。推动担保机构与再担保机构开展合作，构建起多层次的担保体系，合理分担风险。

（四）持续优化金融生态环境

一是严打非法金融活动。加大对非法集资、金融诈骗等各类非法金融活动的打击力度，坚决打击违法违规金融活动，维护正常金融秩序和消费者合法权益，为民营企业营造合法、安全的融资环境。二是净化金融生态环境。强化金融监管部门之间的协同合作，通过开展联合执法行动、建立健全信息共享机制等方式，形成强大的监管合力，及时察觉并严厉查处各类非法金融行为，增强民营企业在融资过程中的安全感，确保民营企业融资活动能够在健康有序的市场环境中顺利开展。

六、推动高水平对外开放，提升民营经济国际竞争力

（一）以深层次改革稳步扩大制度型开放

党的二十届三中全会通过的《中共中央关于进一步全面深化改革 推进中国式现代化的决定》提出："开放是中国式现代化的鲜明标识。"过去40多年，我国经济发展是在开放条件下取得的，未来我国经济实现高质量发展也必须在更加开放条件下进行，同样，未来中国民营经济的高质量发展也必然在更加开放的条件下得以加快推进。一是对接国际高标准经贸规则，加强规制透明度。积极主动与CPTPP、DEPA等国际高标准经贸规则对接，持续完善相关制度，加速构建与国际通行规则相适配的制度体系与监管模式，采用互认、遵从良好规制实践等形式，推动国内规制的协调合作，削减因规制差异引发的贸易和投资阻碍。运用标准联通、互认等手段，深化标准国际化合作，积极促进国内标准与国际标准对接，提高我国标准的国际化水平，增强在国际标准制定中的话语权，助力我国货物、服务"走出去"。二是推动共建"一带一路"与积极落实RCEP。深度参与全球产业分工和合作，充分挖掘和利用"一带一路"带来的市场潜力与发展机遇，促进地区间的互联互通，加快建设西部陆海新通道，助力区域重大战略实施，构建陆海内外联动、东西双向互济的开放格局。加快建设"走出去"行业服务平台和海外服务驿站，为企业"走出去"提供全方位、多层次的服务支持，帮助企业更好地适应RCEP框架下的贸易投资规则，拓展国际市场，提升我国在区域经济合作中的地位和影响力。三是发挥自贸试验区和自贸港的先行先试作用。自贸试验区和自贸港要充分发挥制度型开放"试验田"的功能，不断探索和创新，积累更多可复制可推广的经验。

（二）不断提升民营企业国际化经营能力

鼓励民营企业积极拓展全球市场，减少对单一市场的依赖，充分发挥民营企业机制灵活、创新能力强的优势，加强与共建“一带一路”国家和地区在基础设施建设、贸易投资、能源资源开发等领域的经贸合作往来，实现互利共赢的良好发展格局。支持民营企业参与国际展会、境外商标注册和专利申请，以增强其品牌建设和国际化运营的能力。倡导民营企业积极融入全球创新网络，加速将境外创新成果转化为国内产业化成果。支持民营企业通过合作、合资、收购和兼并等多种方式参与国际经济合作，以提升其在全球产业链和供应链中的地位。鼓励民营企业向核心零部件和高端制成品的设计研发领域拓展，加强品牌建设，提升“中国制造”的国际形象。

（三）建立和完善安全风险防范机制

要统筹开放和安全，牢固树立总体国家安全观，强化风险意识，树立底线思维，维护国家核心利益和政治安全，建立健全风险防控制度，提高自身竞争能力、开放监管能力、风险防控能力。一是建立防范化解风险协作机制，指导民营企业防范应对贸易保护主义、单边主义等外部挑战；提供公益涉外法律顾问服务，引导企业在“走出去”过程中遵守当地法律法规，履行社会责任。二是建立完善境外风险信息共享机制，密切跟踪重点国家（地区）疫情及政治、经济、社会等各方面发展形势，做好风险提示预警工作；加强涉外法律体系建设，确保民营企业在国际市场中的合法权益。三是完善海外利益保障机制，建立健全防范措施，及时回应企业在海外投资经营中的利益诉求。

（四）培育具有国际视野的人才队伍

一方面，拓展企业家的国际视野与开放合作精神。通过搭建国际交流合作平台，组织民营企业参与国际展会和商务洽谈会等活动，帮助企业深入了解国际市场需求和投资环境，精准把握国际合作机会。同时，支持企业开展跨境电商业务，开辟海外销售新渠。另一方面，持续加强国际合作，鼓励民营企业与国外企业开展全方位、多层次的技术合作、产业合作与人才交流活动。

（五）增强民营经济“走出去”的法律保障能力

民营企业无论是积极投身“一带一路”建设，还是抢抓RCEP落地机遇，或是主动谋求“出海”发展，都离不开大量涉外法律服务的支持与保障。《中华人民共和国民营经济促进法》的制定与实施，必将为我国民营企业更好“走出去”提供更强法律保障。一是高度关注民营经济在“走出去”过程中的海外权益保护。《中华人民共和国民营经济促进法》第三十三条规定：“加强知识产权保护的区域、部门协作，为民营经济组织提供知识产权协同保护、多元纠纷解决、维权援助以及海外知识产权纠纷应对指导和风险预警等服务。”受跨境、法域不同等因素影响，该条规定通过强化海外知识产权保护的应对指导，对于从事海外贸易、投资的民营经济组织就更显重要；二是加强对民营经济组织及其经营者在“走出去”过程中的关心和爱护。《中华人民共和国民营经济促进法》第四十三条规定：“民营经济组织及其经营者在海外投资经营应当遵守所在地国家或者地区的法律，尊重当地习俗和文化传统，维护国家形象，不得从事损害国家安全和国家利益的活动。”该条规定不仅是对民营经济组织及其经营者在“走出去”过程中提出的明确要求，更是对民营经济组织及其经营者的保护；三是强化对民营经济组织在“走出去”过程中的合法权益保障。《中华人民共和国民营经济促进法》第五十七条规定：“支持、引导民营经济组织拓展国际交流合作，在海外依法合规开展投资经营等活动；加强法律、金融、物流等海外综合服务，完善海外利益保障机制，维护民营经济组织及其经营者海外合法权益。”该条规定无疑彰显了对民营经济组织在海外合法权益及时提供国家层面保护的坚定决心，也是一条有效的防范措施。

七、弘扬优秀企业家精神，坚定不移走共同富裕道路

（一）保护民营企业家合法权益

强化依法保护民营企业和企业家的合法权益，保障各种所有制经济在市场竞争中的平等地位，使其能平等使用生产要素、公开公平公正参与市场竞争。坚持推动经济发展在法治轨道上运行，为民营经济营造稳定的发展预期。建立健全企业家参与政策制定机制，完善知识产权保护制度，为民营经济发展筑牢法治根基，激励企业家放心大胆地开展经营与创新活动。

（二）以企业家精神培养对社会的责任感

一是加强对优秀企业家先进事迹的宣传和表彰。按规定加大对优秀企业家的评选表彰力度，定期举办企业家座谈会、表彰奖励活动，总结推广优秀企业家典型案例，发挥示范带动作用，引导更多企业家追求卓越、勇于创新、敢于担当，带动整个民营经济群体形成良好的精神风貌与价值导向。二是积极引导民营企业家增强思想认同。从思想引领入手，通过开展丰富多样的培训、讲座、研讨会等活动，组织民营企业家深入学习习近平新时代中国特色社会主义思想，帮助他们深刻领会党和国家方针政策，增强对国家发展道路与制度的认同，坚定永远听党话、感党恩、跟党走的信念。三是引导企业担当，实现经济社会效益双赢。树立责任意识，鼓励民营企业家踊跃参与扶贫济困、捐资助学、环保公益等社会公益事业，将履行社会责任融入企业长期发展战略规划，建立健全社会责任管理体系，并定期发布企业社会责任报告，自觉接受社会监督，以切实行动回馈社会，践行“先富带后富”理念，为实现共同富裕添砖加瓦。

（三）提升企业家诚信意识和合规经营能力

要按照《中共中央 国务院关于促进民营经济发展壮大的意见》要求，通过外优法治环境、内强合规筋骨，不断提升企业家诚信意识和合规经营能力。一方面，加强诚信教育，切实提高民营企业家对诚信经营重要性的认识与重视程度。要及时建立完善企业诚信档案，对守信企业予以表彰奖励，对失信企业进行公示惩戒，营造诚实守信的良好市场环境；同时，要把法治文化融入企业经营管理人员和员工日常行动中，在潜移默化中提升依法治企水平，并引导企业树立诚信经营和依法治企的品牌形象。另一方面，强化合规管理，营造企业合规环境，构建合规管理体系，将合规理念贯穿企业发展全过程和各环节。要经常组织专业法律人士为民营企业提供精准的法律咨询与系统培训服务，助力企业构建健全合规管理体系，督促企业加强对法律法规、行业准则的学习与遵守，有效防范各类法律风险，确保企业在合法合规的健康轨道上稳健发展，为民营经济可持续发展提供有力保障。

（四）积极引导民营企业建立现代企业制度

针对部分民营企业在现代企业制度建设中仍存在诸多问题的现实情况，应以政府引导、市场自愿为原则，通过加快建立现代企业制度，以推动民营企业实现高质量发展。一要大力弘扬优秀企业家精神，倡导企业家诚信合法经营，以身作则，成为爱国敬业、守法经营、创业创新、回报社会的杰出典范，全力提升民营企业经营管理水平，积极引导民营企业加快现代企业制度建设步伐。二要支持民营企业聚焦主业实业，传承与弘扬工匠精神，在企业内部积极构建和谐劳动关系，推动形成全体员工利益共同体，让企业发展成果能够更加公平、广泛地惠及每一位员工，引领民营企业实现高质量、可持续发展，为经济社会发展贡献更大力量。三要充分尊重企业意愿，发挥企业在建立现代企业制度中的主体作用，同时通过服务引导、示范引领、加强监管等方式更好发挥政府作用，鼓励、支持、引导民营企业建立“治理结构合理、股东行为规范、内部约束有效、运营高效灵活”的现代企业制度，增强企业建立现代企业制度的主动性和规范性，进一步释放民营企业发展活力，精心打造百年企业品牌。

附件一　我国的改革开放与民营经济发展新态势

我国的改革开放与民营经济发展新态势

	我国改革开放整体成就特征	民营经济发展新态势
我国经济实力空前跃升	2012 年至 2023 年，我国国内生产总值从 51.9 万亿元增至 126.1 万亿元，人均 GDP 已连续 3 年超过 1.2 万美元，稳居世界第二大经济体，跻身中等偏上收入国家行列，成为全球制造业第一大国、货物贸易第一大国、商品消费第二大国、外汇储备第一大国。	民营经济稳步增长、活力涌现，贡献了 60% 以上的 GDP，企业数量超过 5 300 万户，接近 2012 年的 5 倍；民间固定资产投资超过 25 万亿元，较 2012 年翻了一番。
我国科技实力空前提升	自 2013 年起，我国成为世界第二大研发经费投入国；到 2023 年底，我国创新指数跃升至全球第 12 位，拥有的全球百强科技创新集群数量跃居世界第一；载人航天、深海深地、量子信息、大飞机等领域捷报频传，“嫦娥”揽月、“北斗”组网、“蛟龙”潜海，大国重器彰显科技硬实力。	民营企业助力科技强国建设，贡献了全社会 70% 以上的技术创新成果，涵盖了超 80% 的国家专精特新“小巨人”企业、超 90% 的高新技术企业。
人民生活空前改善、民生福祉大为增进	我国打赢了人类历史上规模最大、力度最强、成效最好的脱贫攻坚战，全面建成小康社会，创造了彪炳史册的人间奇迹；建成了世界上规模最大的社会保障网，中等收入群体规模超过 4 亿人；家电全面普及，消费品持续升级，汽车进入寻常百姓家，人民群众对美好生活的向往正在不断变为现实。	民营企业彰显了责任担当，提供了 80% 以上的城镇就业岗位，贡献了 90% 以上的新增就业，踊跃参加光彩事业、“万企帮万村”行动、“万企兴万村”行动，助力巩固脱贫攻坚成果、赋能乡村全面振兴。

续表

	我国改革开放整体成就特征	民营经济发展新态势
中国高水平对外开放惠及全球	共建“一带一路”成果丰硕，既发展了中国，又造福了世界；中欧班列优势凸显，通达欧洲 25 个国家 200 多个城市；规则、规制、管理、标准等制度型开放加快推进，中国新发展为世界带来了新机遇。	民营经济作出重要贡献，2024 年前 8 个月，民营企业进出口总额为 15.74 万亿元，占我国外贸总值的 55.1%。

备注：根据参考文献[187]自行整理。

附件二　近年来我国出台的支持民营经济发展的部分重要文件相关内容

近年来我国出台的支持民营经济发展的部分重要文件相关内容

（2023年7月起）

加快营造市场化、法治化、国际化一流营商环境，优化民营经济发展环境，依法保护民营企业产权和企业家权益，全面构建亲清政商关系，使各种所有制经济依法平等使用生产要素、公平参与市场竞争、同等受到法律保护，引导民营企业通过自身改革发展、合规经营、转型升级不断提升发展质量，促进民营经济做大做优做强。

——关于促进民营经济发展壮大的意见（2023年7月14日）

习近平总书记指出，党中央始终坚持“两个毫不动摇”、“三个没有变”，始终把民营企业和民营企业家当作自己人；要激发民间资本投资活力，鼓励和吸引更多民间资本参与国家重大工程、重点产业链供应链项目建设，为构建新发展格局、推动高质量发展作出更大贡献。

——关于进一步抓好抓实促进民间投资工作努力调动民间投资积极性的通知（发改投资〔2023〕1004号）

为深入贯彻党中央、国务院关于促进民营经济发展壮大的决策部署，全面落实《中共中央、国务院关于促进民营经济发展壮大的意见》，推动破解民营经济发展中面临的突出问题，激发民营经济发展活力，提振民营经济发展信心，现提出以下措施……促进公平准入……强化要素支持……加强法治保障……优化涉企服务……营造良好氛围。

——关于实施促进民营经济发展近期若干举措的通知（发改体改〔2023〕1054号）

围绕制造业重点产业链，建立“政府—企业—金融机构”对接协作机制，摸清产业链上中小微企业名单，了解企业融资需求，鼓励金融机构结合产业链特点，立足业务特长，“一链一策”提供有针对性的多元化金融支持举措，优质高效服务一批链上中小微企业，持续提升中小微企业融资便利度和可得性，加大金融支持中小微企业专精特新发展力度。

——关于开展“一链一策一批”中小微企业融资促进行动的通知（工信部联企业函〔2023〕196号）

关于“完善政府诚信履约机制，建立健全政务失信记录和惩戒制度”的有关要求，深入推进政府诚信建设，为民营经济发展创造良好环境……充分认识完善政府诚信履约机制的重要意义……建立违约失信信息源头获取和认定机制……健全失信惩戒和信用修复机制……强化工作落实的政策保障。

——关于完善政府诚信履约机制 优化民营经济发展环境的通知（发改财金〔2023〕1103号）

财政部、税务总局发布了支持小微企业和个体工商户发展的税费优惠政策文件。两部门按照享受主体、优惠内容、享受条件、享受方式、政策依据、政策案例的体例进行梳理，编写形成了《支持小微企业和个体工商户发展税费优惠政策指引（1.0）》，供纳税人缴费人和各地财税人员参考使用。

——《支持小微企业和个体工商户发展税费优惠政策指引（1.0）》前言

为推动中小企业高质量发展提供有力保障……落实落细减税降费政策，减轻小微企业税费负担……强化财政金融政策协同，保障中小企业融资需求……发挥财政资金引导作用，支持中小企业创新发展……落实政府采购、稳岗就业等扶持政策，助力中小企业加快发展……健全工作机制和管理制度，提高财税政策效能。

——关于加强财税支持政策落实 促进中小企业高质量发展的通知（财预〔2023〕76号）

鼓励金融机构开发符合小微企业、个体工商户生产经营特点和发展需求的产品和服务，加大首贷、续贷、信用贷、中长期贷款投放。建立完善金融服务小微企业科技创新的专业化机制，加大对专精特新、战略性新兴产业小微企业的支持力度。优化制造业小微企业金融服务，加强对设备更新和技术改造的资金支持。强化对流通领域小微企业的金融支持。规范发展小微企业供应链票据、应收账款、存货、仓单和订单融资等业务。拓展小微企业知识产权质押融资服务。鼓励开展贸易融资、出口信用保险业务，加大对小微外贸企业的支持力度。

——国务院关于推进普惠金融高质量发展的实施意见（国发〔2023〕15号）

鼓励存储产品制造企业持续提升关键存储部件等自主研发制造水平，打造存储介质、存储芯片、存储系统和存储应用相互促进、协同发展的产业生态……积极引入绿色能源，鼓励算力中心采用源网荷储等技术，支持与风电、光伏等可再生能源融合开发、就近消纳，逐步提升算力设施绿电使用率。加快探索构建市场导向的绿色低碳算力应用体系，推动业务模式、计费模式和管理模式创新。

——关于印发《算力基础设施高质量发展行动计划》的通知（工信部联通信〔2023〕180号）

开展专精特新中小企业“一月一链”投融资路演活动，帮助企业对接更多优质投资机构。推动专项支持的企业进入区域性股权市场，开展规范化培育和投后管理。支持开展企业上市知识产权专项服务，加强与证券交易所联动，有效降低上市过程中的知识产权风险。

——专利转化运用专项行动方案（2023—2025年）

22条举措聚焦五个方面，落实《中共中央 国务院关于促进民营经济发展壮大的意见》部署要求，回应了民营经济各类关切：一是持续优化民营经济发展环境；二是加大对民营经济政策支持力度；三是强化民营经济发展法治保障；四是着力推动民营经济实现高质量发展，支持民营企业参与标准制定，计量服务中小企业，依法规范和引导民营资本健康发展，推动平台经济健康发展；五是持续营造关心促进民营经济发展壮大社会氛围，及时推广经验做法，加大宣传。

——根据《市场监管部门促进民营经济发展的若干举措》整理

取消住房城乡建设等领域16个罚款事项，调整工业和信息化等领域17个罚款事项。取消罚款事项的，自本决定印发之日起暂时停止适用相关行政法规和部门规章中的有关罚款规定。调整罚款事项的，按照修改后的相关行政法规和部门规章中的有关罚款规定执行。

——关于取消和调整一批罚款事项的决定（国发〔2023〕20号）

最大程度鼓励民营企业参与政府和社会资本合作新建（含改扩建）项目，制定《支持民营企业参与的特许经营新建（含改扩建）项目清单（2023年版）》并动态调整。市场化程度较高、公共属性较弱的项目，应由民营企业独资或控股；关系国计民生、公共属性较强的项目，民营企业股权占比原则上不低于35%；少数涉及国家安全、公共属性强且具有自然垄断属性的项目，应积极创造条件、支持民营企业参与。对清单所列领域以外的政府和社会资本合作项目，可积极鼓励民营企业参与。

——关于规范实施政府和社会资本合作新机制的指导意见

坚持依法平等保护原则，对各类市场主体、各类所有制企业一视同仁对待；坚持宽严相济刑事政策，全面准确把握涉民营企业刑事案件中从严和从宽的政策导向；坚持高质效检察履职办案，做到检察办案质量、效率、效果有机统一于公平正义。

——根据《关于全面履行检察职能推动民营经济发展壮大的意见》整理

全面落实公平竞争政策制度，支持探索公建民营模式，提高设施建设及服务运营效率。依法保护户外运动民营企业土地使用权、场地经营权和知识产权等经营权益。提高民营企业家在规划调整、土地开发、户外运动产品标准制定等政策制定和评估等方面的参与度。保护户外运动民营企业和民间个人活动组织者的积极性，支持其安全有序发展并做大做强。

——促进户外运动设施建设与服务提升行动方案（2023—2025年）

加强“以竹代塑”产品深度研发，补齐天然材料性能短板。加快研发先进制造装备，优化产品生产工艺流程，提高竹林采伐、运输、加工环节机械化水平。支持企业在核心技术攻关、科技成果转化等方面加大投入力度，丰富“以竹代塑”新技术、新产品。支持符合条件的企业申报国家级工业设计中心、国家技术创新示范企业、专精特新中小企业。

——加快“以竹代塑”发展三年行动计划

当前，新一轮科技革命和产业变革带来的机遇和挑战并存，中小企业专精特新发展愿望更加迫切，对中小企业公共服务体系建设提出了新的更高要求。要主动顺应中小企业发展需求和产业技术变革趋势，坚持有为政府与有效市场更好结合、整体推进与重点突破更好结合、能力提升与机制创新更好结合，进一步加大工作力度，推动中小企业公共服务体系建设迈上新台阶，在服务中小企业高质量发展中发挥更大作用。

——关于健全中小企业公共服务体系的指导意见（工信部企业〔2023〕213号）

推动实施人形机器人创新工程，围绕专用软件、核心部组件、整机及应用示范等重点任务加大投入。发挥制造业转型升级基金等带动作用，引导产业资本与金融资本积极参与。用好国家产融合作平台，支持领军企业上市融资，推动形成“科技—产业—金融”良性循环。组织人形机器人大赛、展会等活动，激发各界创新活力。

——人形机器人创新发展指导意见

培育骨干企业和创新企业。实施旅游企业培育计划，聚焦重点领域和产业链关键环节，分层次培育一批骨干企业和创新企业，不断增强企业竞争力……依法支持旅行社和星级饭店参与政府采购和服务外包，不得以星级、所有制等为门槛限制相关企业参与政府采购的住宿、会议、餐饮等项目。

——国内旅游提升计划（2023—2025年）

涵盖加工贸易从“前期备案”到“中期生产销售”到“后期核销核查”的全

生命周期和全链条管理，解决企业诉求集中、反映强烈的业务办理时限不足、企业集团准入门槛较高、联网监管账册和以企业为单元账册政策重叠等问题，推出单耗管理改革、“保税+ERP”监管改革、“短溢区间”改革等一整套政策“组合拳”，进一步优化监管模式，创新监管机制。

——根据《海关总署关于推动加工贸易持续高质量发展改革实施方案》整理

有序扩大中央财政支持北方地区清洁取暖范围，对减污降碳协同项目予以倾斜。按照市场化方式加大传统产业及集群升级、工业污染治理、铁路专用线建设、新能源铁路装备推广等领域信贷融资支持力度，引导社会资本投入。按要求对银行业金融机构开展绿色金融评价，吸引长期机构投资者投资绿色金融产品。积极支持符合条件的企业、金融机构发行绿色债券，开展绿色债券信用评级，提高绿色债券的信息披露水平。

——空气质量持续改善行动计划

坚持有效市场和有为政府更好结合，统筹调动社会资源，健全优质普惠公共服务向社区延伸下沉的体制机制，积极探索构建公建民营、民办公助等多样化建设运营模式，有效盘活利用城市存量资源，实现社区嵌入式服务可持续发展。

——城市社区嵌入式服务设施建设工程实施方案

支持开展“入企帮扶”服务，鼓励行业协会和专业机构为企业提供支持，提升计量服务支撑，加大试验验证和检验检测服务供给，加强产业技术基础公共中试能力建设，为企业提供综合技术服务。支持专业机构搭建公共服务平台，研发面向企业自评估、自诊断需要的模块化、轻量化贯标工具，提升贯标流程的标准化、数字化、智能化水平。

——制造业卓越质量工程实施意见

扩大民营企业技术技能人才供给，通过深化校企合作、建设高技能人才培养基地、设立技能大师工作室等方式加强技能人才培养。建立职称评审“绿色通道”或“直通车”，畅通人才评价渠道，健全人才激励机制。优化民营企业就业创业服务，综合运用各项涉企扶持政策，支持民营企业稳岗扩岗，强化民营企业公共就业服务，搭建中小企业创新创业服务平台，扶持民营企业创业发展。推动构建和谐劳动关系，健全协调劳动关系三方机制，强化民营企业劳动争议协商调解，优化劳动保障监察服务。加大社会保险惠企支持力度，继续实施阶段性降低失业保险、工伤保险费率等政策，组织开展新就业形态就业人员职业伤害保障试点，发挥工伤保险降风险作用。

——根据《人力资源社会保障部关于强化人社支持举措 助力民营经济发展壮大的通知》（人社部发〔2023〕61号）整理

推动普惠小微贷款持续增量扩面，鼓励银行业金融机构为生活性服务业中小微企业数字化转型提供信贷支持，使资金更多流向中小微企业、个体工商户。

——关于加快生活服务数字化赋能的指导意见（商服贸发〔2023〕302号）

要从民营企业融资需求特点出发，着力畅通信贷、债券、股权等多元化融资渠道。银行业金融机构要加大首贷、信用贷支持力度，积极开展产业链供应链金融服务，不盲目停贷、压贷、抽贷、断贷。优化民营企业债务融资工具注册机制，鼓励和引导机构投资者积极科学配置民营企业债券。支持民营企业上市融资和并购重组，发挥区域性股权市场、股权投资基金对民营企业的支持服务作用。通过提升经常项目收支便利化水平、完善跨境投融资便利化政策、优化跨境金融外汇特色服务，支持民营企业“走出去”“引进来”。

——根据《关于强化金融支持举措 助力民营经济发展壮大的通知》（银发〔2023〕233号）整理

发挥民营经济作用，完善政企沟通联系机制，打破不合理的市场准入壁垒，推动银发经济政策、资金、信息等直达快享。

——关于发展银发经济增进老年人福祉的意见（国办发〔2024〕1号）

鼓励和支持电信运营商及产业链企业发展新型算力网络，加快建设跨区域、多层次算力高速直连网络，积极推进算网深度融合，加快算网协同编排调度、算力池化和应用跨架构部署、SRv6、智能无损网络、400G/800G、全闪存储、全光网络等先进技术部署应用。

——关于深入实施“东数西算”工程 加快构建全国一体化算力网的实施意见（发改数据〔2023〕1779号）

推动关键技术和核心装备攻关，强化企业创新主体作用，以创新引领发展。加快推动标准制修订工作，引领行业协同规范发展。建立健全配套监管措施，完善测试认证、系统接入、聚合调控等环节配套管理机制，保障车网互动场景下电网运行安全。

——关于加强新能源汽车与电网融合互动的实施意见（发改能源〔2023〕1721号）

鼓励银行机构加大对加工贸易企业特别是中小微企业生产经营及进出口的信贷支持力度。支持保险机构加大对加工贸易企业特别是中小微企业的出口信用保险支持力度。鼓励金融机构优化完善外汇衍生品和跨境人民币业务，更好满足包括加工贸易企业在内的外贸企业汇率避险和跨境人民币结算需求。鼓励各地加强对中小微加工贸易企业在汇率避险方面的培训、咨询等公共服务。

——关于提升加工贸易发展水平的意见（商贸发〔2023〕308号）

坚持科技创新“四个面向”，强化企业科技创新主体地位，提高金融服务质效。围绕技术研发、科技成果转移转化、知识产权运用保护等重点领域，支持大型科技型企业发挥引领作用，营造有利于科技型中小微企业发展的良好金融环境，激发企业生命力和创新活力。

——关于加强科技型企业全生命周期金融服务的通知（金发〔2024〕2号）

支持中小企业聚焦主业、精耕细作，不断增强中试软硬件产品创新能力和核心竞争力，促进大中小企业融通创新，培育更多专精特新中小企业。

——关于印发《制造业中试创新发展实施意见》的通知（工信部联科〔2024〕11号）

个体工商户是重要的经营主体，在繁荣经济、增加就业、推动创业创新、方便群众生活等方面发挥着重要作用。为贯彻党中央、国务院关于促进个体工商户发展的决策部署，落实《促进个体工商户发展条例》（以下简称《条例》）相关规定，需要针对其数量巨大、点多面广、利益诉求多元化、发展水平差异化的特点，采取个性化措施进行分型分类培育和精准帮扶，着力提升个体工商户总体发展质量。

——关于开展个体工商户分型分类精准帮扶提升发展质量的指导意见（国市监注发〔2024〕10号）

推动大中小企业融通发展，支持具有专利技术特长的中小企业入链融链。支持中小企业参与产业专利池运营，探索利用专利开源等转化运用新模式，加快形成产业链知识产权协同发展机制。

——专利产业化促进中小企业成长计划实施方案

推动股票发行注册制走深走实，增强资本市场制度竞争力，提升对新产业新业态新技术的包容性，更好服务科技创新、绿色发展、国资国企改革等国家战略实施和中小企业、民营企业发展壮大，促进新质生产力发展。

——关于加强监管防范风险推动资本市场高质量发展的若干意见（国发〔2024〕10号）

加大融资信用服务平台建设统筹力度，健全信用信息归集共享机制，深入推进“信易贷”工作，深化信用大数据应用，保障信息安全和经营主体合法权益，推动金融机构转变经营理念、优化金融服务、防控金融风险，为企业特别是中小微企业提供高质量金融服务。

——统筹融资信用服务平台建设提升中小微企业融资便利水平实施方案

完善民营企业利用公共实训基地开展职业技能培训的合作机制，强化技能人才培养和用工保障，更好服务民营企业，促进民营经济发展壮大，国家发展改革委会同有关部门决定，从2024年至2027年，加力提效用好公共实训基地，开展百万民企员工职业技能提升行动。

——关于共享公共实训基地开展民营企业员工职业技能提升行动的通知（发改就业〔2024〕349号）

鼓励通过公建民营、民办公助等方式，引导社会力量参与推动养老、托育服务设施建设和运营，通过开展运营能力评价等方式，支持实力雄厚、项目优质、诚实守信的龙头机构，推动提升服务质量。

——“十四五”积极应对人口老龄化工程和托育建设实施方案

支持中小微企业、民营企业等各类经营主体参与标准制修订，支持民营企业牵头设立国际性产业与标准组织。

——《贯彻实施〈国家标准化发展纲要〉行动计划（2024—2025年）》

增强对小微企业法人服务能力，加大首贷、续贷投放，积极开发小额信用贷款产品，推广随借随还的循环贷模式；突出支持小微企业科技创新、专精特新和绿色低碳发展，强化对重点产业链供应链上下游、外贸、消费等领域小微企业信贷供给保障；加大对粮食重点领域、脱贫人口等群体信贷投入。

——根据《国家金融监督管理总局办公厅关于做好2024年普惠信贷工作的通知（金办发〔2024〕26号）》

推动科技创新公司债券高质量发展，重点支持高新技术和战略性新兴产业企业债券融资，鼓励政策性机构和市场机构为民营科技型企业发行科创债券融资提供增信支持。

——资本市场服务科技企业高水平发展的十六项措施

优化工程建设招标投标领域支持中小企业发展政策举措，通过预留份额、完善评标标准、提高首付款比例等方式，加大对中小企业参与招标投标的支持力度。鼓励大型企业与中小企业组成联合体参与投标，促进企业间优势互补、资源融合。探索将支持中小企业参与招标投标情况列为国有企业履行社会责任考核内容。

——关于创新完善体制机制推动招标投标市场规范健康发展的意见（国办发〔2024〕21号）

制造业企业要发挥主体作用，增强现代供应链管理思维，瞄准发展趋势，对标对表不断提升供应链管理水平。行业协会、招投标服务机构、供应链解决方案服务商、平台企业等要坚持服务导向，为企业供应链管理提供智力支持和系统解决方案。各级工业和信息化、交通运输、商务主管部门要不断完善政策保障和支撑环境，强化组织实施……充分发挥供应链主导企业的辐射带动作用，以点带链、以链带面提升供应链整体水平。积极发挥专精特新中小企业强链补链作用，推动大中小企业在设施设备、要素资源、信息数据等领域的多方协同，优化供应链、发展产业链、提升价值链。

——关于印发《制造业企业供应链管理水平提升指南（试行）》的通知（工信厅联运行〔2024〕25号）

统筹用好现有财政资金政策，支持数字商务经营主体及重点项目，促进金融企业与数字商务企业对接，积极支持数字商务中小企业融资需求。

——数字商务三年行动计划（2024—2026年）

对闲置或运营效率偏低的公办养老机构，可按规定采取公建民营、公办民营、委托经营等方式引入社会力量参与。

——关于加快发展农村养老服务的指导意见（民发〔2024〕20号）

引导金融机构运用质量融资增信手段对优质企业特别是中小微企业开展金融服务，更好服务实体经济高质量发展。

——关于开展质量融资增信工作更好服务实体经济高质量发展的通知（国市监质发〔2024〕52号）

推广使用知识产权维权援助指引，鼓励各地积极开展公益性维权援助，提供面向中小微企业的维权援助服务。

——知识产权保护体系建设工程实施方案

强化政府采购政策功能，加大对科技创新、绿色发展、中小企业发展等支持力度。

——政府采购领域“整顿市场秩序、建设法规体系、促进产业发展”三年行动方案（2024—2026年）

加强人工智能全产业链标准化工作协同，加强跨行业、跨领域标准化技术组织的协作，打造大中小企业融通发展的标准化模式。

——国家人工智能产业综合标准化体系建设指南（2024版）

培育壮大龙头企业。推动大型石化化工企业聚焦国家战略需求和产业升级需要，加大高端产品关键技术攻关，通过战略合作、兼并重组和专业化整合，提升国际竞争力、产业链控制力。大力培育中小企业。鼓励龙头企业发挥“链主”作用，将配套中小企业纳入重要产业链供应链管理。培育细分领域的专精特新中小企业和“小巨人”企业、单项冠军企业和高新技术企业，引导中小企业锚定重要产业链供应链关键环节和典型应用场景打造专业特色业务，巩固提升国内及全球市场地位。

——精细化工产业创新发展实施方案（2024—2027年）

推进本辖区内职工医疗保险费基本信息、欠缴信息、变动情况，新型农业经营主体保险信息、补贴信息，涉农类清单信息，医保定点民营医疗机构信息，水电气费缴纳信息的归集共享，并及时共享至全国信用信息共享平台。

——关于进一步提升融资信用服务平台服务质效深入推进“信易贷”工作的通知（发改办财金〔2024〕548号）

强化企业科技创新主体地位，支持龙头企业牵头组建关键核心技术攻关联合体，加大对中小企业绿色低碳技术研发的资助力度，鼓励各类所有制企业参与相关国家科技计划。

——关于加快经济社会发展全面绿色转型的意见

鼓励政府性融资担保机构为符合条件的服务业小微企业和个体工商户提供融

资增信支持。

——国务院关于促进服务消费高质量发展的意见（国发〔2024〕18号）

深入推进电信业务向民间资本开放，加大对民营企业参与移动通信转售等业务和服务创新的支持力度，有序推进卫星互联网业务准入制度改革，更好地支持民营电信企业发展。

——关于创新信息通信行业管理 优化营商环境的意见（工信部信管〔2024〕147号）

通过提高对科技创新类中小企业风险分担和补偿力度，增强地方政府性融资担保机构、再担保机构的担保意愿和担保能力，引导银行加大对科技创新类中小企业融资支持力度，撬动更多金融资源投向科技创新领域，为实现高水平科技自立自强、加快形成新质生产力、促进经济高质量发展提供有力支撑。

——关于实施支持科技创新专项担保计划的通知（财金〔2024〕60号）

各类经营主体可依法平等进入清单之外的领域。严禁在清单之外违规设立准入许可、违规增设准入条件、自行制定市场准入性质的负面清单，或者在实施特许经营、指定经营、检测认证等过程中违规设置准入障碍。市场准入负面清单实行动态调整，清单事项内容、主管部门等向社会全面公开。

——中共中央办公厅 国务院办公厅关于完善市场准入制度的意见（2024年8月1日）

指导生态环境部门更好支持服务民营经济发展，发挥民营企业在推动绿色低碳高质量发展中的重要作用，以生态环境高水平保护增创民营经济发展新动能新优势。

——根据《关于印发〈生态环境部门进一步促进民营经济发展的若干措施〉的通知》（环综合〔2024〕62号）整理

支持长江经济带相关企业符合条件的基础设施项目发行资产证券化产品和基础设施领域不动产投资信托基金（REITs）。

——关于进一步做好金融支持长江经济带绿色低碳高质量发展的指导意见

合理确定民营企业贷款利率水平，严格规范信贷融资各环节收费，持续提升民间投资项目融资便利化水平，促进解决民营企业融资难、融资贵问题。

——关于建立促进民间投资资金和要素保障工作机制的通知（发改办投资〔2024〕705号）

围绕数据采存算管用，培育高水平数据要素型企业。聚焦算力网络和可信流通，支持数据基础设施企业发展。落实研发费用加计扣除、高新技术企业税收优惠等政策。

——关于加快公共数据资源开发利用的意见（2024年9月21日）

银行业金融机构应当贯彻落实金融支持实体经济发展的要求，加大小微金融投入，提升融资对接力度，切实增强小微企业金融服务获得感。根据小微企业客户的实际需求，改进业务流程，积极提升金融服务水平，推动小微企业高质量发展。

——关于做好续贷工作 提高小微企业金融服务水平的通知（金规〔2024〕13号）

发挥中小企业发展基金、专项资金等作用，引导冰雪文化和旅游企业、冰雪运动企业、冰雪装备器材企业等加快数字化、网络化、智能化、绿色化转型，培育一批冰雪领域专精特新中小企业。支持中小企业聚焦优势领域深耕细作，针对细分市场或专门客户群体，开发专项技术、独特工艺，提供特色服务。

——关于以冰雪运动高质量发展激发冰雪经济活力的若干意见（国办发〔2024〕49号）

附件三　民企立法应覆盖企业维权和合规建设

民企立法应覆盖企业维权和合规建设

法治是最好的营商环境，不仅是民营企业发展的定心丸，更是赋予其捍卫切身利益和财产安全的有力武器。中国民营经济研究会和零点有数联合建立民营经济发展状况监测系统。近期依托该系统，重点就法治化营商环境、民营经济促进法立法等重要议题进行调研。本季调研征集了1 091位民营企业家的看法，研究对象覆盖175个城市（一线、新一线、二线、三线及以下城市样本占比分别为16.4%、22.45%、20.0%、41.1%），涵盖不同规模企业类型（大型、中型、小微企业占比分别为1.6%、19.5%、78.8%）。以下为主要研究发现。

发现一：民营企业期待持续加强营商环境建设

《优化营商环境条例》自2020年开始实施，取得了明显成效。监测数据显示，81.2%的受访企业认为，所在地的区域营商环境有助于自身发展，其中44%认为非常有利及比较有利。75.34%的受访企业认为，所在行业的产业营商环境有助于自身发展，其中39.0%认为非常有利和比较有利。与此同时，仍有18.0%的受访企业表示所在地营商环境对企业发展不利，24.7%的企业认为所在行业的营商环境对企业发展不利。

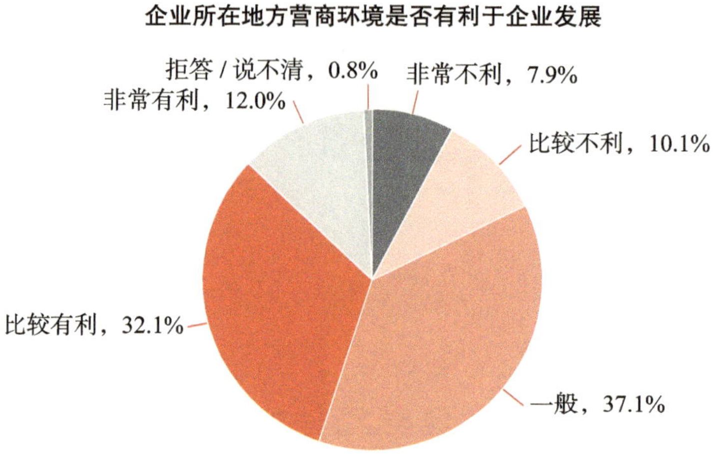

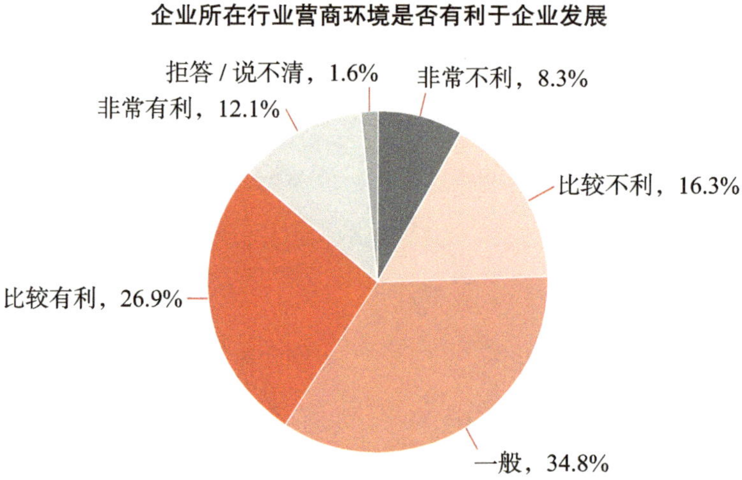

附图 1　民营企业对营商环境是否有利于企业发展的评价

发现二：民营企业当前面临企业维权和合规经营两个风险集中区

课题组针对民营企业家对当前法治环境建设重点的期待进行了调研。在过往同项调研中，占比较高的往往是对政府依法行政的期待和诉求。而本期数据中，排在第一位的是“为企业合规经营提供有效引导”，占比 51.0%，明显高于其他举措。这一数据是积极信号，体现了当前民营企业合规意识的逐步提升、合规建设需求的不断增长。

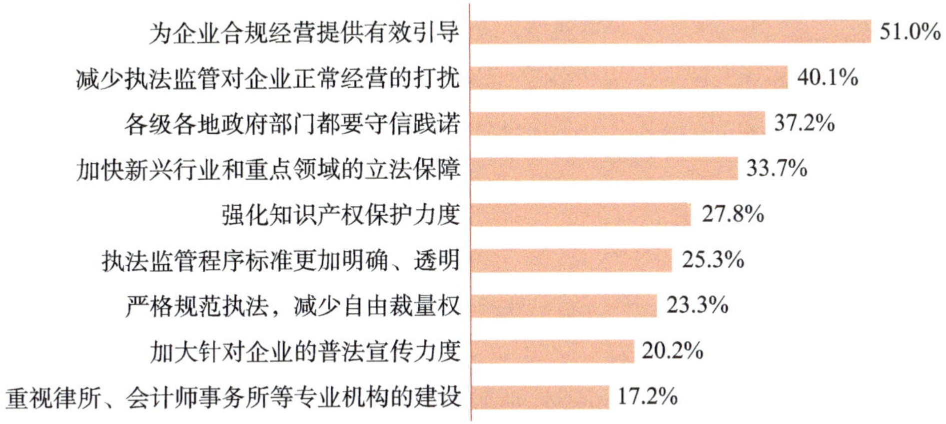

附图 2 民营企业认为当前法治环境需重点加强的工作

课题组与受访民营企业家讨论了他们担心的经营风险。数据显示，民营企业关注的经营风险排在前五的均为企业权益类问题，分别是三角债纠纷（40.1%）、公共欠款与新官不理旧账等政务诚信问题（40.0%）、企业历史发展中涉法瑕疵倒查追责问题（35.6%）、公共采购竞标中的公平性问题（33.7%）、企业产权保护问题（32.5%）。当前，《中华人民共和国民营经济促进法（草案征求意见稿）》已公布，向社会公开征求意见，加快推进这一专门立法，正是要为民营企业、民营企业家强化法治保障。

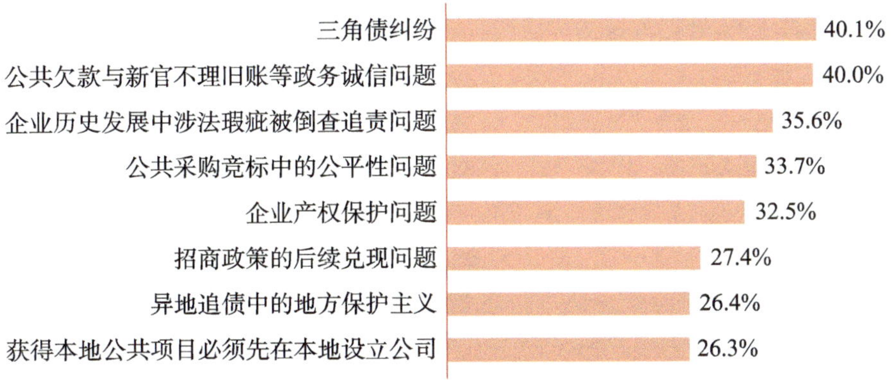

附图 3 民营企业关注的经营风险

发现三：民营企业自身存在合规经营能力短板

本次研究发现，尽管民营企业合规经营理念不断增强，风险防范意识显著提升，但内部管理制度不健全、内部控制体系不完善等问题在民企中普遍存在。数据显示，民营企业认为自身合规经营能力短板主要集中在裁员争议纠纷（69.1%）、合同管理与规范性缺失（66.4%）、采购合规与供应链管理风险（65.8%）、财务合规制度（61.7%）、数据安全风险（60.6%）等方面。受访企业同时表示，随着外部环境的不确定性上升、法律法规的更新和完善、监管力度的加强，这些问题越来越显化，企业对此的担忧整体呈正增长趋势。其中，对裁员争议纠纷（65.3%）、股权争议与投资资金到位度风险（57.1%）、财务合规制度（57.1%）、数据安全风险（56.7%）、合同管理与规范性缺失（54.2%）的担忧增加趋势更加明显。

附表 1　民营企业合规经营能力短板及其担忧增加趋势

经营场景	较多存在 + 少量存在		担忧增加趋势	
	占比（%）	排序	占比（%）	排序
裁员争议纠纷	69.1%	1	65.3%	1
合同管理不善与合同规范性不足	66.4%	2	54.2%	5
采购合规与供应链管理不善	65.8%	3	53.7%	6
财务合规制度不健全	61.7%	4	57.1%	2
数据安全风险控制不力	60.6%	5	56.7%	4
股权争议与投资资金到位度不足	58.0%	6	57.1%	2
避税漏税	54.5%	7	49.2%	7
知识产权相关争议	52.7%	8	46.7%	9
内幕交易与泄密	49.8%	9	47.3%	8
内部不当谋利侵占与贪腐	46.4%	10	39.6%	12
行贿索贿	44.2%	11	41.3%	11
出海涉法合规风险	36.3%	12	44.0%	10

发现四：民营企业对法治化营商环境的关注点存在明显差异

从不同产业看，互联网和相关服务业作为新兴行业，更迫切需要加快新兴行业和重点领域的立法保障（43.3%）；农林牧渔矿（60.5%）及文体教育行业（49.3%）与民生密切相关，对政府部门守信践诺有着更强的期盼，希望确保政策的连续性和稳定性；传统及先进制造业、传统及现代服务业等则对为企业合规经营提供有效引导抱有更高期待，占比均超过50%。

从不同规模看，裁员争议纠纷、采购合规与供应链管理风险、合同管理与合同规范性是大中小微型企业面临的共性风险。对所有内部合规现象的敏感度大型企业高于中型企业，中型企业高于小微企业。

从不同周期来看，初创企业（成立0~6个月）尤为重视加快新兴行业和重点领域的立法保障（56.3%）。进入成长期（3~5年）的企业，在继续关注新兴行业和重点领域立法保障的同时（43.4%），对强化知识产权保护力度的需求也在上升（40.9%）。成熟期企业（成立10年以上）更多表达了希望减少执法监管对企业正常经营打扰的诉求（46.1%）。

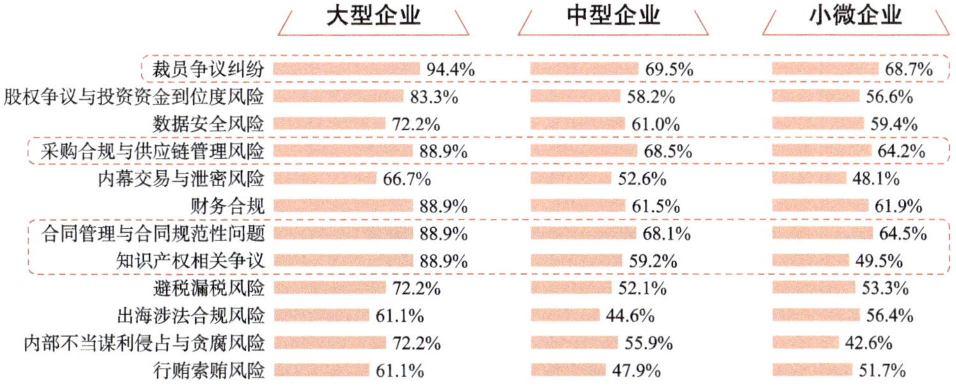

附图4 民营企业法治化营商环境关注点的差异化表现

发现五：民营企业期待专业服务机构发挥更大作用

本次调研中，有17.2%的受访企业认为，法治化营商环境应重视专业服务机构建设。课题组进一步追踪了企业对各主体在法治化营商环境建设发挥作用的期待，四类市场化机构排序前五，分别是调解机构（60.1%）、仲裁机构（56.5%）、公证机构（55.3%）、律师事务所（54.5%）。受访企业对市场化机构作用的期待程度，显著超过了对公检法司、政法委等机关单位的期待。

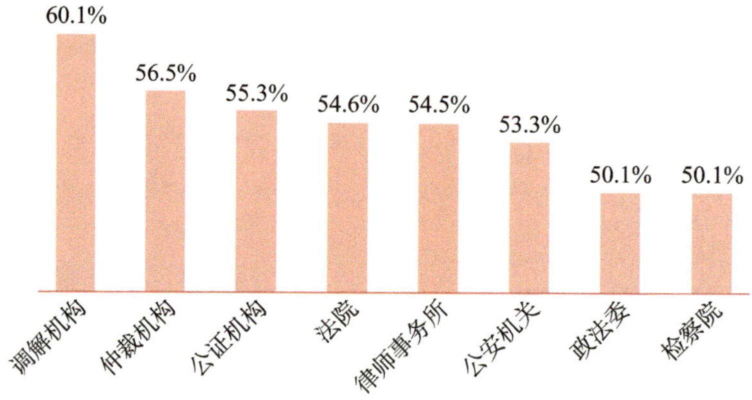

附图 5　民营企业各个主体在法治化营商环境建设发挥作用的期待程度

结 语

民营经济，作为中国特色社会主义市场经济重要的组成部分，是具有鲜明中国特色的经济概念和经济范畴，并在经济社会发展中呈现出了“五六七八九”的贡献特征，成为促进经济增长、增加国家税收、提高就业创业、推动科技创新、激发市场活力、提升经济效率的重要支柱。进入新时代，以习近平同志为核心的党中央高度重视民营经济发展，坚持“两个毫不动摇”“两个健康”的大政方针，并明确民营经济是推进中国式现代化的生力军，是高质量发展的重要基础，是推动我国全面建成社会主义现代化强国、实现第二个百年奋斗目标的重要力量。可见，站在中国式现代化建设全局的高度，我们必须充分认识到民营经济就是一种依靠“民资、民智、民力”发展经济的形态，认识到民营经济对全面推动社会主义市场经济发展和中国式现代化建设的重要性。

基于对中国式现代化具有系统性、全面性，包括经济、政治、文化、社会、生态文明等多个维度的关注程度，以及市场、政府、企业、社会、群众等作为民企实践协同驱动构成要素的作用方式差异性，本书紧紧围绕“中国式现代化背景下民营经济发展研究”这一命题，力求在我国民营经济的理论综述和实践事实基础上，遵从社会经济是一个有机整体，各主体之间存在密切联系、相互作用和相互影响等认知理念，紧密结合改革开放以来民营经济的发展历程，并从“高质量发展”这一全面建设社会主义现代化国家首要任务出发，我们创建了中国式现代化民企实践的“1+5”动能模型，并通过聚焦动能维度、因素维度、路径维度进行维度刻画，提出了“有效市场—有为政府—有利企业—有机社会—有感群众”的协同驱动机制范式，并对典型案例经验进行有效梳理，最终取得了较好的理论探索成果，并起到抛砖引玉的作用。

作为全书点题性的结论章，本书还围绕“民营经济高质量发展：中国式现代化的历史使命”，从机遇与挑战、优势营造、推进路径、对策建议等细分内容，对研究命题更自由地展开了深入研究，提出了不断营造新型政党制度、现代化产业体系、数字经济、现代商会、统一战线等发展新优势，下好改革创新“先手棋”、做强主业“关键棋”、实数合作“制胜棋”、人才强企“活力棋”、共同富裕“长远棋”等推进新路径，以及充分发挥党建引领作用、助推民营经济发展壮大，支持提升自主创新能力、增强民营经济内生动力，夯实市场经济法治制度、优化民营经济营商环境，加快数字化转型步伐、赋能民营经济可持续发展，多措并举畅通融资渠道、缓解民营企业融资难题，推动高水平对外开放、提升民营经济国际竞争力，弘扬优秀企业家精神、坚定不移走共同富裕道路等对策建议，从而为推动民营经济高质量发展提供实践指引。

诚然，囿于本书研究视角和结构，很难追求内容上的面面俱到。但我们坚信，民营经济在推动国家高质量发展、优化产业结构的同时，将肩负起在全球化、数字化转型、绿色发展和技术创新中更为复杂的使命；民营经济在应对全球经济不确定性、双碳目标和绿色经济等挑战时，也亟待解决制度创新、技术驱动、资本支持和国际化发展等多维度协同难题。另外，在中国式现代化背景下，持续推进民营经济的理论创新也显得尤为迫切。对此，期待学术界、企业界和政策制定者能继续开展深入研究与认真探讨。我们深信，通过所有制结构的优化、企业社会责任的强化、技术创新的推动、企业家精神的弘扬、更多民企的现代化实践，尤其是随着作为第一部专门关于促进和保障民营经济发展的基础性法律，即《中华人民共和国民营经济促进法》于2025年4月30日第十四届全国人民代表大会常务委员会第十五次会议通过，并自2025年5月20日起施行，在以中国式现代化全面推进强国建设、民族复兴的新征程上，民营经济必将肩负起更大使命、承担起更重责任、发挥出更大作用，必将推动中国式现代化建设取得更大成就。为此，我们将对民营经济持续、健康、高质量发展进行持续关注与深入研究。

参考文献

［1］罗荣渠.现代化新论：中国的现代化之路［M］.上海：华东师范大学出版社，2013：12.

［2］徐艳玲，徐林芳.中国式现代化的内涵演进、鲜明特征与经验启示［J］.江西师范大学学报（哲学社会科学版），2023（3）：9-17.

［3］习近平在学习贯彻党的二十大精神研讨班开班式上发表重要讲话强调，正确理解和大力推进中国式现代化［N］.人民日报，2023-02-08（1）.

［4］任志江，林超，汤希.从新民主主义工业化道路到中国式现代化新道路——中国共产党对现代化道路的百年探索［J］.经济问题，2022（2）：17-26.

［5］朱前星.论中国现代化基本内涵和价值导向的百年变迁［J］.湖南师范大学社会科学学报，2023，52（6）：20-25.

［6］任志江，赵德馨.中国共产党领导制定实施经济发展战略的历史变迁研究［J］.社会科学，2021（2）：148.

［7］邓小平.邓小平文选：第2卷［M］.北京：人民出版社，1994：237.

［8］习近平.高举中国特色社会主义伟大旗帜为全面建设社会主义现代化国家而团结奋斗——在中国共产党第二十次全国代表大会上的报告［M］.北京：人民

出版社，2022：21.

［9］习近平.决胜全面建成小康社会夺取新时代中国特色社会主义伟大胜利——在中国共产党第十九次全国代表大会上的报告［M］.北京：人民出版社，2017：11.

［10］中国式现代化研究课题组，高培勇，黄群慧.中国式现代化的理论认识、经济前景与战略任务［J］.经济研究，2022，57（8）：26–39.

［11］许芳.中国式现代化道路的三重解读：历史发展·内涵剖解·实践路径［J］.中学政治教学参考，2024（7）：1+4–6.

［12］李政，廖晓东.中国式现代化理论的历史回溯、核心逻辑与原创价值［J］.中学政治教学参考，2024，52（1）：17–25.

［13］郭广银.中国特色哲学社会科学必须以马克思主义为指导［J］.红旗文稿，2021（9）：4–7+1.

［14］代玉启.中国式现代化理论体系的生成逻辑［J］.人民论坛，2023（19）：13–17.

［15］王伯睿，黄家顺.中国式现代化理论体系的思想源流与实践脉络［J］.江汉论坛，2024（3）：28–35.

［16］董志勇.深化中国式现代化理论研究［N］.人民日报，2023–05–08（9）.

［17］张占斌.从比较视野看中国式现代化对传统现代化理论与实践的多重超越［J］.人民论坛·学术前沿，2024（5）：15–25.

［18］曲青山.深刻理解中国式现代化五个方面的中国特色［J］.求是，2023（16）.

［19］任薏如，郭战伟.深刻理解中国式现代化的丰富内涵［J］.农村·农业·农民（A版），2023（11）：14–17.

［20］习近平.高举中国特色社会主义伟大旗帜 为全面建设社会主义现代化国家而团结奋斗——在中国共产党第二十次全国代表大会上的报告［M］.北京：人

民出版社，2022：22.

［21］石巧红，罗建.中国式现代化语境中全体人民共同富裕的三个维度［J］.海南大学学报（人文社会科学版），2023，41（4）：26–32.

［22］张翼.中国式现代化是全体人民共同富裕的现代化［N］.中国社会科学报，2023–02–14（A03）.

［23］习近平.中国式现代化是强国建设、民族复兴的康庄大道［J］.求是，2023（16）

［24］刘日明.中国式现代化："两个文明"相协调的内在逻辑［J］.人民论坛·学术前沿，2024（5）：5–14.

［25］张艳国，罗斌华.人与自然和谐共生的中国式现代化：科学内涵、战略要求与实现路径［J］.岭南学刊，2024（2）：18–31.

［26］吴志成.中国式现代化是走和平发展道路的现代化［J］.马克思主义研究，2023（10）：81–93+160.

［27］和音.坚定不移走和平发展道路［N］.人民日报，2022–10–07（2）.

［28］吴晓丹.中国式现代化是走和平发展道路的现代化［J］.学习月刊，2023（2）：9–11.

［29］傅慧芳.新时代新征程全面推进中国式现代化的根本遵循［N］.光明日报，2023–05–11（6）.

［30］戴木才.中国式现代化的重大原则［N］.经济日报，2023–03–23（10）.

［31］陈晓，蕾张慧春.中国式现代化重大原则的生成逻辑、丰富内涵与价值意蕴［J］.学理论，2023（6）：16–20.

［32］刘红凛.全面推进中国式现代化必须毫不动摇坚持党的领导［J］.红旗文稿，2023（7）：27–30.

［33］祝志男.必须坚持和加强党的全面领导［J］.北京支部生活，2023（10）：6–7.

［34］杨晓溪，吴增礼.强化青年学生对中国特色社会主义道路认同［J］.中国高等教育，2023（8）：43–45.

［35］马松红，杨月红.以人民为中心：中国式现代化的价值追求［J］.华北水利水电大学学报（社会科学版），2023，39（05）：9–14.

［36］王刚.牢牢把握现代化的本质以人民为中心推进中国式现代化［J］.新型城镇化，2023（10）：14.

［37］光明日报评论员.牢牢把握高质量发展这个首要任务［N］.光明日报，2023–03–06（1）.

［38］刘伟.高质量发展与中国式现代化［J］.当代经济研究，2024（2）：5–6.

［39］贺蕃蕃.中国式现代化的中华优秀传统文化基因［J］.湖南省社会主义学院学报，2023，24（5）：85–87.

［40］刘晓敬.创造人类文明新形态是中国式现代化的本质要求［N］.重庆日报，2022–12–26（13）.

［41］唐任伍.论中国式现代化的价值体系［J］.北京师范大学学报（社会科学版），2023（3）：5–15.

［42］逄锦华.中国式现代化：模式、方法、产业体系及路径选择［J］.北方论丛，2024（4）：36.

［43］徐坤.毛泽东工业化思想的历史逻辑与范式转化［J］.现代哲学，2022（5）：52–58.

［44］卢子尧.毛泽东工业化思想对中国式现代化道路的贡献［J］.中国军转民，2024（16）：50–52.

［45］邓洲.新型工业化的时代特征和中国特色［J］.中国石化，2024（7）：24–26.

［46］吴忠民.论全球化对生成和提升现代化动力的巨大作用［J］.当代世界与社会主义，2024（4）：5.

［47］胡继平，徐飞彪.全球化蜕变及其对“全球南方”的意义［J］.当代中国与世界，2024（3）：4–5.

［48］胡继平，徐飞彪.全球化蜕变及其对“全球南方”的意义［J］.当代中国与世界，2024（3）：5–7.

［49］吴忠民.论全球化对生成和提升现代化动力的巨大作用［J］.当代世界与社会主义，2024（4）：4–11.

［50］杭聪.经济全球化规则制约非洲工业化的历史分析［J］.学术探索，2023（9）：63–76.

［51］鄢一龙.中国式现代化创造了具有世界普遍意义的经验［J］.科学社会主义，2023（2）：12.

［52］习近平谈治国理政（第3卷）［M］.北京：外文出版社，2020：421.

［53］于沛.百年未有之大变局与世界历史进程［J］.世界社会主义研究，2022（4）：10–16.

［54］苏军良.全球化思维和逆全球化布局 全产业链的必要性和可行性研究——基于国家安全角度的思考［J］.武汉金融，2021（7）：62–63.

［55］逄锦华.中国式现代化：模式、方法、产业体系及路径选择［J］.北方论丛，2024（4）：45.

［56］鄢一龙.中国式现代化创造了具有世界普遍意义的经验［J］.科学社会主义，2023（2）：12–20.

［57］翟崑.“全球南方”与经济全球化的合力：以中国—东盟共建“一带一路”为例［J］.当代中国与世界，2024（3）：71–80.

［58］石云鸣，姚桓.党领导民营经济发展壮大的历史脉络和学理逻辑［J］.北京行政学院学报，2024（2）：43–45.

［59］赵聪慧.新中国成立以来党的民营经济政策演进历程及历史经验研究［D］.河南工业大学，2023.

［60］柯婉茹.新时代中国共产党民营经济思想研究［D］.西南财经大学，2023.

［61］李清亮.中国民营经济发展研究——从制度变迁视角看民营经济合法性地位的确立和制度环境的改善［D］.上海：复旦大学，2012.

［62］李双金.改革开放以来中国民营经济发展的理论探索［J］.上海经济研究，2023（7）：53-63.

［63］高云龙.勇立改革潮头 书写时代华章［N］.人民政协报，2019-01-18（1）.

［64］白静.大政方针引领民营经济走向广阔舞台——十九大以来党对民营经济理论的创新发展［J］.中国科技产业，2023（8）：13-15.

［65］杨虎涛.演化经济学讲义——方法论与思想史［M］.北京：科学出版社，2011.

［66］HODGSON G M，KNUDSEN T.Darwin's conjecture：the search for general principles of social and economic evolution［M］.Chicago and London：The University of Chicago Press，2010.

［67］李枫，高闯.新中国70年政策推动下的民营经济演化发展研究［J］.经济与管理研究，2019，40（12）：3-15.

［68］白瑞雪.现代演化经济学主要思想述评［J］.人文杂志，2011（2）：89-93.

［69］史晋川，钱滔.新时代我国民营经济发展理论的重要成就［J］.国家治理，2024（6）：7-11.

［70］任力，何苏燕.习近平关于民营经济重要论述的理论贡献与实践意义——基于"晋江经验"的分析［J］.中国经济问题，2024（1）：7-16.

［71］蔡继明.消灭剥削并不意味着一定要消灭私有制 重新认识剥削与私有制的关系［J］.人民论坛，2013（12）：16-19.

［72］韩东屏.不消灭私有制也能彻底消灭剥削——兼及对马克思剩余价值理

论和利润构成理论的修正［J］.河北学刊，2014，34（5）：22–28.

［73］蔡继明.我国经济体制变革历程及其理论分析［J］.改革，2018（6）：26–37.

［74］谷书堂，蔡继明.按贡献分配是社会主义初级阶段的分配原则［J］.经济学家，1989（2）：100–108+128.

［75］蔡继明.非劳动生产要素参与分配不等于剥削［J］.中共中央党校学报，2003（1）：49–54.

［76］李惠斌.劳动产权理论及其意义［J］.马克思主义与现实，2013（3）：146–157.

［77］滕泰，张海冰.中国民营经济论：活力、生态与未来［M］.北京：中译出版社，2024.

［78］滕泰.民营企业家应获得五种报酬［J］.企业家，2023（9）：11–13.

［79］李晓鹏.强大的国有经济是民营经济发展的坚强后盾［J］.中华魂，2019（5）：10–12.

［80］汪立鑫.国有经济与民营经济已进入共生发展关系［J］.政治经济学报，2019，15（2）：196–103.

［81］王欣.中国式现代化建设需要国企民企深度合作［J］.国企管理，2024（3）：27–28.

［82］尹晓敏.以“自己人”思维推动民营经济高质量发展［J］.浙江经济，2023（10）：34–37.

［83］李清亮.中国民营经济发展研究——从制度变迁视角看民营经济合法性地位的确立和制度环境的改善［D］.上海：复旦大学，2012.

［84］蔡昉.中国改革成功经验的逻辑［J］.中国社会科学，2018（1）：29—44.

［85］杨大鹏，王凌聪.“四千精神”引领浙江民营经济高质量发展的实践探

索［J］.江南论坛，2023（6）：25–29.

［86］辜胜阻，韩龙艳.中国民营经济发展进入新的历史阶段［J］.求是，2017（7）：33–35.

［87］黄孟复.中国民营经济史·纪事本末［M］.北京：中华工商联合出版社，2010.

［88］郭朝先，李成禅.新中国成立70年来我国民营企业发展成就及未来高质量发展策略［J］.企业经济，2019（9）：14–23.

［89］庄聪生.十九大标志中国民营经济迎来新历史机遇 进入新发展阶段［J］.中国中小企业，2017（11）：22–25.

［90］吴海宝.讴歌党领导民营经济发展70载伟大成就 再谱新时代工商联工作伟大篇章［J］.黑龙江省社会主义学院学报，2023（2）：33–38.

［91］朱鹏华.民营经济高质量发展的基础、挑战与路径［J］.理论视野，2023（4）：45–51.

［92］方茜.中国所有制理论演进与实践创新［J］.社会科学战线，2020（9）：56–65.

［93］胡梦琪.中国共产党所有制理论的百年演进与基本经验研究［D］.郑州：郑州轻工业大学，2023.

［94］中共中央文献研究室，中央档案馆.建党以来重要文献选编（第五册）［M］.北京：中央文献出版社，2011：423–519.

［95］中共中央文献研究室，中央档案馆.建党以来重要文献选编（第七册）［M］.北京：中央文献出版社，2011：231.

［96］江西省档案馆，等.中央革命根据地史料选编（上册）［M］.南昌：江西出版社，1982：572.

［97］中共中央文献研究室，中央档案馆.建党以来重要文献选编（第十二册）［M］.北京：中央文献出版社，2011：541.

［98］毛泽东.毛泽东选集（第3卷）［M］.北京：人民出版社，1991：1060.

［99］毛泽东.毛泽东选集（第4卷）［M］.北京：人民出版社，1991：1433.

［100］胡梦琪.中国共产党所有制理论的百年演进与基本经验研究［D］.郑州：郑州轻工业大学，2023：34–36.

［101］胡梦琪.中国共产党所有制理论的百年演进与基本经验研究［D］.郑州：郑州轻工业大学，2023：36–38.

［102］中共中央文献研究室.十一届三中全会以来重要文献选读（上）［M］.北京：人民出版社，1987：483.

［103］中共中央文献研究室.十一届三中全会以来重要文献选读（上）［M］.北京：人民出版社，1987：584.

［104］中共中央文献研究室.十三大以来重要文献选编（上）［M］.北京：人民出版社，1991：25.

［105］中共中央文献研究室.新时期经济体制改革重要文献选编（下）［M］.北京：中央文献出版社，1998：865.

［106］中共中央文献研究室.十四大以来重要文献选编（中）［M］.北京：人民出版社，1997：1837.

［107］冯俊.中国特色社会主义理论体系论纲［M］.北京：人民出版社，2017：158.

［108］胡家勇.改革开放40年中国所有制理论的创新和发展［J］.中州学刊，2018（5）：29.

［109］习近平.高举中国特色社会主义伟大旗帜 为全面建设社会主义现代化国家而团结奋斗［N］.人民日报，2022–10–26（001）.

［110］本书编委会.习近平关于社会主义经济建设论述摘编［M］.北京：中央文献出版社，2017：63.

［111］中共中央关于坚持和完善中国特色社会主义制度 推进国家治理体系和

治理能力现代化若干重大问题的决定［N］.人民日报，2019-11-6（001）.

［112］习近平.习近平谈治国理政（第二卷）［M］.北京：外文出版社，2017：26.

［113］中共中央 国务院关于新时代加快完善社会主义市场经济体制的意见［J］.中国产经，2020（11）：27-38.

［114］中共中央文献研究室.十八大以来重要文献选编（中）［M］.北京：中央文献出版社，2016：517.

［115］中共中央文献研究室.十八大以来重要文献选编（上）［M］.北京：中央文献出版社，2014：501.

［116］新华社.中共中央关于全面推进依法治国若干重大问题的决定［J］.理论学习，2014（12）：4-16.

［117］中共中央关于制定国民经济和社会发展第十四个五年规划和二〇三五年远景目标的建议［N］.人民日报，2020-11-04（001）.

［118］中共中央 国务院关于促进民营经济发展壮大的意见［N］.人民日报，2023-7-20（001）.

［119］刘戒骄，王德华.所有制结构创新与民营经济发展［J］.财经问题研究，2019（7）：7-8.

［120］胡梦琪.中国共产党所有制理论的百年演进与基本经验研究［D］.郑州轻工业大学硕士学位论文，2023-06-01，40.

［121］习近平.在民营企业座谈会上的讲话［N］.人民日报，2018-11-02（002）.

［122］刘戒骄，王德华.所有制结构创新与民营经济发展［J］.财经问题研究，2019（7）：8-9.

［123］胡梦琪.中国共产党所有制理论的百年演进与基本经验研究［D］.郑州：郑州轻工业大学，2023：47-49.

［124］胡梦琪.中国共产党所有制理论的百年演进与基本经验研究［D］.郑州：郑州轻工业大学，2023：51–56.

［125］蒋学模.政治经济学教材［M］. 13版.上海：上海人民出版社，2005：224.

［126］蒋学模.政治经济学教材［M］. 13版.上海：上海人民出版社，2005：225.

［127］涂晓今.新编政治经济学［M］.北京：人民出版社，2009：45.

［128］张志忠.90年代以来西方市场社会主义的所有制理论述要［J］.教学与研究，2001（9）：71–76.

［129］程恩富，董金明.坚持以公有制为主体的共同富裕是中国特色社会主义的经济本质［J］.海派经济学，2023，21（04）：232–233.

［130］涂晓今.新编政治经济学［M］.北京：人民出版社，2009：45.

［131］朱小静，严楚弘，常荆莎.新时代如何更好地坚持和实现公有制主体地位［J］.决策与信息，2020（03）：13–19.

［132］宋涛.政治经济学教材［M］.北京：中国人民大学出版社，1985：259.

［133］刘戒骄，王德华.所有制结构创新与民营经济发展［J］.财经问题研究，2019（07）：3–11.

［134］何玉长.公有制实现形式的历史演进与现实思考［J］.学术月刊，1998（07）：42–46.

［135］邓小平文选（第三卷）［M］.北京：人民出版社，1993：355.

［136］中共中央文献研究室.十六大以来重要文献选编（上）［M］.北京：中央文献出版社，2005：20.

［137］中共中央关于全面深化改革若干重大问题的决定［M］.北京：人民出版社，2013：11.

［138］周文.促进民营经济发展壮大［N］.经济日报，2023–10–25.

[139] 涂晓今.新编政治经济学 [M] .北京：人民出版社，2009：45.

[140] 方茜.中国所有制理论演进与实践创新 [J] .社会科学战线，2020（9）：65.

[141] 马克思，恩格斯.共产党宣言 [M] .北京：人民出版社，2014：86.

[142] 陈秀华.毛泽东思想和社会主义初级阶段基本经济制度——论社会主义初级阶段所有制结构发展变化趋势或规律 [J] .政治经济学研究，2022（2）：142–155.

[143] 郭冠男，宋爱娴.创新发展新时代所有制理论 促进民营经济发展壮大 [J] .中国经贸导刊，2023（9）：61.

[144] 刘戒骄，王德华.所有制结构创新与民营经济发展 [J].财经问题研究，2019（7）：10.

[145] 刘戒骄，王德华.所有制结构创新与民营经济发展 [J].财经问题研究，2019（7）：3.

[146] 赵聪慧.新中国成立以来党的民营经济政策演进历程及历史经验研究 [D] .郑州：河南工业大学，2023.

[147] 郭冠男，宋爱娴.创新发展新时代所有制理论 促进民营经济发展壮大 [J] .中国经贸导刊，2023（9）：59.

[148] 彭五堂，李彬.列宁新经济政策思想对完善社会主义初级阶段所有制结构的启示 [J] .观察与思考，2024（2）：42–50.

[149] 郭冠男，宋爱娴.创新发展新时代所有制理论 促进民营经济发展壮大 [J] .中国经贸导刊，2023（9）：60–61.

[150] 张文武.民营经济促进共同富裕：理论澄清、逻辑机制与现实路径 [J].社会科学研究，2024（3）：69–75.

[151] 隗斌贤.新时代民营经济“两个健康”的理论与实践探索 [J] .治理研究，2019（2）：19–30.

［152］汪占熬，贾劭婕，张琼心．“两个健康”理论体系的构建与探索［J］．温州职业技术学院学报，2021，21（4）：7-11.

［153］王芳．新时期民营企业的责任与困境［J］．中外企业家，2020（18）：104.

［154］向元高，罗进辉．富豪榜与民营企业税收规避［J］．经济学（季刊），2022（1）：197-216.

［155］谢建泉．现代化经济体系中民营企业的贡献及发展路径［J］．中国商论，2021（1）：170-172.

［156］周戎．发挥民企对科技创新的作用［N］．经济日报，2021-08-30（011）.

［157］朱卿元，葛扬．民营经济高质量发展：中国式现代化的历史使命［J］．南通大学学报·社会科学版，2024，40（4）：136.

［158］郑备．国务院关于促进民营经济发展情况的报告——2024年6月25日在第十四届全国人民代表大会常务委员会第十次会议上［J］．中华人民共和国全国人民代表大会常务委员会公报，2024（4）：668-673.

［159］何自力．中国式现代化的中国特色与世界贡献［J］．前线，2022（11）：90-93.

［160］朱列．新时代广西民营经济高质量发展的机遇、挑战与路径研究［J］．市场论坛，2022（1）：1-6.

［161］崔蓬伟，谷人旭，王腾飞．产业协同集聚对区域创新效率的影响研究——以高技术产业与生产性服务业为例［J］．资源开发与市场，2022（8）：964-972.

［162］徐政，吴晓亮，郑霖豪．民营经济推进中国式现代化：困境与路径［J］．当代经济管理，2024，46（4）：37.

［163］徐政，吴晓亮，郑霖豪．民营经济推进中国式现代化：困境与路径［J］．当代经济管理，2024，46（4）：41-42.

［164］朱鹏华．民营经济高质量发展的基础、挑战与路径［J］．理论视野，

2023（3）：45–51.

［165］任蓓，王晓明.民营企业家精神驱动中国式现代化机制研究［J/OL］.重庆工商大学学报（社会科学版）.hops：//link.cnki.net/urlid/50.1154.0.20240613.0935.002

［166］张文武.民营经济促进共同富裕：理论澄清、逻辑机制与现实路径［J］.社会科学研究，2024（3）：69–75.

［167］高姣萍.论中国式现代化与民营经济的高质量发展［J］.领导科学论坛，2024（4）：13.

［168］新华社.中共中央 国务院关于促进民营经济发展壮大的意见［J］.中华人民共和国国务院公报，2023（22）：4–9.

［169］徐政，吴晓亮，郑霖豪.民营经济推进中国式现代化：困境与路径［J］.当代经济管理，2024，46（4）：41–44.

［170］邹小军，李志远.国防现代化视野下的国防软实力建设［J］.毛泽东邓小平理论研究，2014（11）：52–57，92.

［171］应永利.新时代推进民营经济与共同富裕协同发展［J］.时代经贸，2022（12）：131–134.

［172］刘丽丽，薛良.国防现代化融入中国式现代化的思考与探索［J］.中国军转民，2024（14）：107–108.

［173］任蓓，王晓明.民营企业家精神驱动中国式现代化机制研究［J/OL］.重庆工商大学学报（社会科学版）.https://link.cnki.net/urlid/50.1154.C.20240613.0935.002.

［174］郜振虎，李安民.改善心智模式，提升耐烦能力 奋发有为追梦新时代［J］.中国工人，2020（8）：54–55.

［175］李捷，刘露.开启创新驱动引擎，扎实推进产学研合作——以四川省内江市为例［J］.上海企业，2024（10）：41–43.

［176］苑泽明，尹琪，于翔.数据资产如何赋能企业高质量发展——对传统生产要素的优化机制［J］.西部论坛，2024，34（3）：54–73.

［177］白欣冉.基于数字经济的现代流通产业要素配置优化效应研究［J］.全国流通经，2024（16）：12–15.

［178］朱菊芳，胡若晨，郑佳佳.体育市场高质量发展："有效市场—有为政府—有机社会"协同推进机制与实现路径［J］.成都体育学院学报，2023，49（5）：62–69.

［179］吴件，孙道，卢新宇，等.市场有效自律、政府有为监管与社会有机共治：电商高质量发展中的监管模式及其运作机制研究［J］.中国公共政策评论，2024，25（1）：119–136.

［180］唐红艳，蒙玉珊，李玉华.强化"五大引领"助力企业发展［J］.企业文明，2024（8）：45–46.

［181］金宁馨.多措并举，助力企业创新发展［J］.云端，2024（42）：100–102.

［182］彭娟.从市场细分开始寻找民营企业经济与社会效益双赢之路——以职达连锁求职旅社为例［J］.特区经济，2010（6）：163–165.

［183］李玲，江宇.有为政府、有效市场、有机社会——中国道路与国家治理现代化［J］.经济导刊，2014（4）：15–22.

［184］罗贞礼.科学把握形成新质生产力的三重逻辑［N］.中国财经报，2023–11–14（5）.

［185］丁俊，李朝阳.论组织成长力的培养［J］.大学时代，2006（2）：12–13.

［186］钞鹏.企业国际化与母国国际影响力［J］.经济问题探索，2011（4）：85–89.

［187］高云龙.坚持和落实"两个毫不动摇"促进"两个健康"［N］.学习时

报，2024-10-30（1）.

［188］刘波.发挥民营经济在中国式现代化建设中的重要作用［J］.求知，2023（7）：39-41.

［189］高蛟萍.论中国式现代化与民营经济的高质量发展［J］.领导科学论坛，2024（4）：13-16.

［190］习近平在看望参加政协会议的民建工商联界委员时强调：正确引导民营经济健康发展高质量发展［N］.人民日报，2023-03-07（1）.

［191］张瑭.夯实民营经济发展壮大的法治之基［J］.中国经济周刊，2024（19）：4.

［192］王小广.新旧动能转换：挑战与应对［J］.人民论坛，2015（35）：16-18.

［193］包忠明，袁淑清.区域经济增长新旧动能转换面临的挑战与创新策略——基于常州经济数据的分析［J］.经济论坛，2020（1）：56-63.

［194］吴萨，熊利平.民营经济发展的投资机会与融资问题［J］.宏观经济管理，2013（3）：65-67.

［195］赵丽."十四五"时期我国民营经济高质量发展面临的问题与应对策略［J］.中州学刊，2022（2）：13-19.

［196］张贵.民营企业科技创新竞争力研究［J］.人民论坛，2023（22）：48-53.

［197］朱卿元，葛扬.民营经济高质量发展：中国式现代化的历史使命［J］.南通大学学报·社会科学版，2024，40（4）：134-144.

［198］朱鹏华.民营经济高质量发展的基础、挑战与路径［J］.理论视野，2023（4）：45-51.

［199］沈丽霞，罗贞礼.营造民营经济高质量发展新优势［J］.经济，2024（12）：34-37.

［200］陈晓晖，连森.中国新型政党制度的内在机理、独特优势及实践进路［J］.中共青岛市委党校.青岛行政学院学报，2024（3）：95–101.

［201］新华社.习近平在看望参加政协会议的民盟致公党无党派人士侨联界委员时强调 坚持多党合作发展社会主义民主政治 为决胜全面建成小康社会而团结奋斗 汪洋参加看望和讨论［J］.中国政协，2018（5）：3–4.

［202］斯琴格日乐，郑玉.新型政党制度优势的社会治理效能发挥［J］.广州社会主义学院学报，2024（3）：31–38.

［203］蒋晶.中国社会主义新型政党制度优势的多维审视［J］.天津市社会主义学院学报，2024（1）：45–50.

［204］徐嵩.发挥新型政党制度优势 助推民营经济高质量发展［J］.前进论坛，2023（12）：33–34.

［205］常玮育.加快建设现代化产业体系 塑造高质量发展新优势［J］.新长征，2023（5）：41–42.

［206］习近平.在中国科学院第十九次院士大会、中国工程院第十四次院士大会上的讲话［J］.中华人民共和国国务院公报，2018（17）：7–13.

［207］刘文勇，郭连生.现代化产业体系建设的事实经验与实践向度［J］.学习与探索，2024（9）：106–115.

［208］刘晓萍.关于加快数字化改革应对新变局的几点建议［J］.中国经贸导刊（中），2020（10）：11–13.

［209］刘娟.数字经济时代民营企业高质量发展的困境与应对措施研究［J］.全国流通经济，2024（4）：61–64.

［210］罗贞礼.我国数字经济发展的三个基本属性［J］.人民论坛·学术前沿，2020（17）：6–12.

［211］施志晖，陆岷峰.新发展格局下数字经济与民营经济高质量融合研究［J］.郑州轻工业大学学报（社会科学版），2024，25（5）：49–55.

［212］罗贞礼.数字经济——民营经济高质量发展新引擎［J］.中国工商，2023（5）：36–39.

［213］董斌.发挥商会优势 促进民营经济高质量发展［J］.经营管理者，2020（10）：50–52.

［214］林拓，虞阳，张修桂.现代商会与国家治理：历史与国际的视角——兼论我国商会的“中国特色”［J］.复旦学报（社会科学版），2015，57（4）：108–115.

［215］高云龙.培育和发展中国特色商会组织［J］.人民论坛，2021（10）：6–8.

［216］关于加强新时代民营经济统战工作的意见［N］.人民日报，2020–09–16（006）.

［217］刘延东.发挥统一战线的优势和作用，促进党的执政能力建设［J］.求是，2004（22）：4.

［218］杨卫敏.新时代统一战线概论［M］.杭州：浙江工商大学出版社，2020：123.

［219］石泰峰.完善大统战工作格局［N］.人民日报，2024–08–5（6）.

［220］谌炎.发挥统一战线优势 推动民营经济高质量发展［J］.山西社会主义学院学报，2021（3）：48–54.

［221］朱克力.从“数实融合”到“实数融合”［J］.检察风云，2024（17）：36–37.

［222］罗贞礼.以“三个第一”思想引领民营经济高质量发展［J］.中国工商，2022（9）：45–47.

后　记

《中国式现代化背景下民营经济发展研究》，是在中国民营经济研究会承担的国家社会科学基金社科学术社团主题学术活动资助课题研究成果基础上，为推动新时代民营经济发展而聚焦其理论和实践层面的系统探讨。本书由全国工商联研究室一级巡视员沈丽霞负责整体框架设计和全书统稿，中国民营经济研究会高级专家、特聘研究员，清华大学社科学院新经济与新产业研究中心原研究室主任罗贞礼协助进行了全书统稿。其中，书稿的第一、第二章由沈丽霞、罗贞礼执笔，第三章由罗贞礼、高梦琴执笔，第四章由罗贞礼、宋雪静执笔，第五章由沈丽霞、罗贞礼、张淑敏、顾爱华执笔，第六章由沈丽霞、罗贞礼、刘宇琪、胡晓婧执笔，结语由罗贞礼执笔，最后由沈丽霞定稿。

借本书出版之际，特别感谢全国工商联原副主席、中国民营经济研究会会长李兆前对本课题的方向指导；感谢全国工商联研究室、全国工商联智库办公室对选题的前期启迪与支持；感谢国家社科基金及中华工商联合出版社的诸多服务与辛勤帮助；同时感谢本书所附或未能提及的诸多参考文献作者，本书寓含了他们的许多思想和智慧；并向所有关心、支持本书出版的社会各界人士表示衷心谢意！最后，也恳请大家对本书不足之处给予批评指正！

作者

2025年5月于北河沿大街93号院